Geir Jordet

UNTER DRUCK

Geir Jordet

UNTER DRUCK

Was wir aus der Psychologie
des Elfmeterschießens
fürs Leben lernen können

Aus dem Englischen von
Ulrike Becker, Sven Dörper und
Thomas Wollermann

DUMONT

Für Yanique

INHALT

VORWORT

Ein Elfmeterschießen bedeutet den größtmöglichen Druck im Leben eines Fußballers. Elfmeter sind Kopfsache, keine Frage der Technik.

Beim Elfmeter wird deutlich, wie mentale Faktoren die spielerischen Fähigkeiten beeinträchtigen können. Als Harry Kane bei der Weltmeisterschaft 2022 im Spiel gegen Frankreich seinen Elfmeter für England nicht verwandelte, hätte ich verstanden, wenn der Torwart gehalten hätte. Aber Kane schoss einfach am Tor vorbei. Das zeigt, was für ein Druck auf ihm lastete.

Beim Elfmeter müssen die Spieler sich, so gut es geht, von der Außenwelt abschotten. Das Spektakel um sie herum darf sie bei der Aufgabe, die vor ihnen liegt, nicht beeinflussen. Äußere Faktoren verstärken den inneren Druck. Nur wenn man sich unter Kontrolle hat, kann man sich auf das konzentrieren, was man vorhat.

Aber man kann nie wissen. Ein Elfmeter ist immer ein Pokerspiel.

Ich kann es nicht haben, wenn der Torwart herauskommt und sich vor den Ball stellt. Mittlerweile gibt es eine Regel, die dem Torhüter verbietet, sich wie ein Clown aufzuführen. Aber auf der Torlinie kann er machen, was er will. Ich finde es gut, wenn er versucht, Einfluss zu nehmen. Das gehört zur emotionalen Intensität der Situation dazu, das wollen die Leute sehen.

Mit meinen Mannschaften habe ich Elfmeterschießen trainiert. Es war Bestandteil des Trainings. Nicht andauernd, aber ab und zu. Dabei habe ich versucht, das gleiche Level an Konzentration herzustellen wie im Spiel. Belohnungen waren hilfreich: Wenn ein Preis winkt, ist man fokussierter.

In der Pause vor einem Elfmeterschießen ist gute Organisation alles. Ich habe mich immer bemüht, die Namen der Schützen schon frühzeitig festzulegen. Dann wurde die Reihenfolge besprochen. Manchmal sagt ein Spieler vielleicht: »Ich mach' den letzten.« Ich sage aber: »Nein, du übernimmst den zweiten!« So was muss der Trainer entscheiden.

Gleichzeitig habe ich versucht, die Spieler in ihrer Entschlossenheit und ihrem Glauben an sich selbst zu bestärken. Ich habe ihnen erklärt: Das ist jetzt unsere Chance, denen zu zeigen, dass wir mental stärker sind. Konzentriert euch ganz auf das, was jetzt ansteht. Vergesst, was war, jetzt zählt nur der Moment.

In meiner Zeit bei Arsenal habe ich an 15 Elfmeterschießen teilgenommen. Die ersten beiden habe ich gewonnen, dann vier in Folge verloren, aber von den letzten neun wieder acht gewonnen. Ich hatte nie so genau darüber nachgedacht, aber Geir Jordet hat mich daran erinnert.

Heutzutage hat sich unsere Nutzung von Daten und Analysen komplett verändert. Zu meiner Zeit als Spieler haben wir uns nicht angeschaut, wie die Gegner Elfmeter schießen. Man wusste vielleicht, wer der wichtigste Elfmeterschütze der Mannschaft war, aber um die anderen hat man sich nicht gekümmert. Wir hatten auch keine speziellen Torwarttrainer. Heute haben wir viel mehr Informationen. Manchmal sehen wir gar nicht mehr, was direkt vor unseren Augen los ist. Es kann passieren, dass wir in ein Denkmuster verfallen, in dem das Elfmeterschießen kaum eine Rolle spielt. Wir konzentrieren uns eher auf andere Aspekte des Spiels. Aber die Spieler müssen sich darüber im Klaren sein, dass ein Elfmeter über große Triumphe oder bittere Niederlagen entscheiden kann. Viel öfter, als man denkt.

Elfmeterschießen sind wichtig und werden in Zukunft noch wichtiger werden. Die FIFA hat die Anzahl der WM-Teilnehmer von 32 auf

48 erhöht. Das bedeutet eine K.-o.-Runde mehr, also auch mehr potenzielle Elfmeterschießen. Und ab 2025 werden wir eine Club-WM mit 32 Teams austragen. Auch dort werden Spiele durch Elfmeterschießen entschieden werden. Wir müssen uns also ernsthaft mit diesem Aspekt des Spiels auseinandersetzen, und das tut Geir Jordet in diesem Buch.

Roberto Baggio sagt, er denke noch heute an seinen verschossenen Elfmeter bei der WM 1994. Das lehrt uns eins: Gute Vorbereitung lohnt sich.

Arsène Wenger, Direktor für globale Fußballförderung bei der FIFA
und ehemaliger Trainer des FC Arsenal (1996–2018)
März 2024

EINLEITUNG

»Nur große Spielerinnen und Spieler können Elfmeter verschießen, weil unbedeutende gar nicht erst antreten.«
Ante Milicic, Trainer der australischen Frauenelf, 2019

Stellen Sie sich Folgendes vor: Sie sind 23 und haben eine einzige Chance. Einen einzigen Schuss, bei dem die ganze Welt zuschaut. Treffen Sie, haben Sie nur geschafft, was alle erwartet haben. Im besten Fall ernten Sie ein anerkennendes Kopfnicken. Aber wenn Sie versagen, zerstören Sie die Träume von Millionen von Menschen, inklusive die Ihrer Mitspieler, Verwandten und Freunde.

Beim letzten Mal, als Sie in dieser Situation waren, haben Sie versagt. Die Folgen waren verheerend. Aber letztendlich hat man Ihnen verziehen. Versagen Sie jetzt wieder, wird es niemand vergessen. Es wird für immer ein Teil von Ihnen sein. Ihr Name wird für immer zum Synonym für diesen Moment des Scheiterns werden.

Hinzu kommt, dass Sie erschöpft sind. Sie haben gerade zwei Stunden harte körperliche Anstrengung hinter sich, und das am Ende eines vollen Monats im Dauereinsatz mit Ihrem Team.

Wenn Sie sich für Ihren Schuss bereit machen, steht ein Gegner vor Ihnen und lächelt. Es folgen gemeine Worte und verstörende Gesten, die alle nur eins zum Ziel haben: in Ihren Kopf zu kommen, Sie zu verunsichern, Ihre schlimmsten Ängste zu wecken und Sie aus der Ruhe zu bringen.

Und noch eine letzte Sache: Dies ist eine Situation, auf die Sie und Ihr Team nicht vorbereitet sind. Sie müssen ohne Probe direkt auf die Bühne. Warum? Weil Ihr Chef nicht glaubt, dass man so etwas trainieren kann.

Ihnen ist schlecht. Sie haben Angst.

Willkommen beim Elfmeterschießen.

Als Kylian Mbappé am 18. Dezember 2022 vom Mittelkreis zum Elfmeterpunkt ging, war genau das seine Lage. Es war das WM-Endspiel zwischen seiner Mannschaft, Frankreich, und Argentinien.

Es wäre nicht übertrieben zu behaupten, dass alle Menschen, die er kannte, ihm in diesem Moment zusahen. 1,5 Milliarden Menschen saßen vor dem Fernseher.[1]

Allein in Frankreich schauten 29 Millionen zu, ein neuer Rekord.[2]

Mbappé trat gegen Argentiniens Torhüter Emi Martínez an, im Weltfußball berühmt-berüchtigt für seinen Trashtalk und seine Störversuche gegenüber gegnerischen Elfmeterschützen. Dazu war die französische Mannschaft jämmerlich unvorbereitet – ihr Coach hatte mehrfach erklärt, er halte es für unmöglich, Elfmeterschießen zu trainieren.

Das letzte Mal war Mbappé für Frankreich im Achtelfinale der Europameisterschaft 2020, die im Jahr 2021 ausgetragen wurde, bei einem Elfmeterschießen angetreten. Damals trafen alle gegnerischen Spieler aus dem Schweizer Team und auch alle Mannschaftskameraden von Mbappé, doch er selbst verschoss. Die Nachwehen waren äußerst unschön. Man gab ihm die Schuld an der Niederlage. Die Fans stellten seinen Charakter infrage: Er sei ein Egoist, nur auf sich selbst bedacht, kein Teamplayer. Es hieß, er sei nicht engagiert genug. Er wurde rassistisch beleidigt. Schließlich traf er sich mit dem Präsidenten des französischen Fußballverbands, um über seinen möglichen Rückzug aus der Nationalmannschaft zu sprechen. Er spielte weiter, aber an seinem Beispiel wurde schmerzhaft deutlich, welche Folgen ein Schuss bei einem Elfmeterschießen haben kann.

Ein Jahr später fand er sich erneut am Elfmeterpunkt wieder. Diesmal stand noch mehr auf dem Spiel. Es ging um den Weltmeistertitel. Mbappé war Frankreichs größter Star, derjenige, von dem alle erwarteten, dass er traf.

Er hatte alles zu verlieren.

Elfmeter haben mich schon immer fasziniert. Genauer gesagt, vergebene Elfmeter. Der Gedanke, etwas schaffen zu müssen, das eigentlich alle für machbar halten, dann daran zu scheitern, und dieses Scheitern hat Auswirkungen auf alle um einen herum … das ist ein Szenario, das mir schon immer außerordentlich erschreckend vorgekommen ist. Aus meiner Faszination wurde Besessenheit, als ich selbst mit dem Fußballspielen anfing. Obwohl ich als Jugendlicher ganz ordentlich spielte, etliche Tore verbuchen konnte und oft Kapitän meiner Mannschaften war, fürchtete ich mich vor Elfmetern. Ich meldete mich nie freiwillig als Schütze. Zweimal allerdings kam ich nicht drum herum.

Beim ersten Mal war ich 15 und spielte ein Testspiel für die Osloer Regionalmannschaft. Seit Jahren hatte ich davon geträumt, in dieser Mannschaft zu spielen. Einmal war ich im Probetraining schon gescheitert, deshalb war ich vor diesem Testspiel nervöser denn je.

Es schien allerdings nicht aufzufallen – jedenfalls nicht am Anfang. Ich spielte das Spiel meines Lebens. Dribbling, Zuspiel, alles klappte perfekt. Ich schoss sogar ein schönes Tor.

Dann gab es Elfmeter für uns.

Ich ging beiseite, so wie immer. Sollten andere sich darum kümmern. Aber der Coach sah das anders. »Geir Jordet wird schießen!«

Mir war gar nicht klar gewesen, dass der Trainer meinen Namen kannte; das war also schon mal etwas, einerseits. Andererseits … einen Elfmeter übernehmen? Ich? Ausgerechnet in *diesem* Spiel? Angst überkam mich. Doch was blieb mir übrig. Ich schnappte mir also den Ball.

Meine Hände zitterten so stark, dass ich ihn kaum festhalten und auf dem Punkt platzieren konnte. Ich ging ein paar Schritte zurück, ohne irgendeinen Plan, was ich vorhatte. Immerhin gelang es mir, ein Ziel ins Auge zu fassen. Daran erinnere ich mich glasklar – ich zielte auf die rechte Ecke, knapp neben den Innenpfosten. So schnell ich konnte, nahm ich Anlauf und schoss. Der Ball rollte langsam ins Netz.

Erleichterung. Ich hatte getroffen. Meine Mitspieler waren glücklich, der Trainer schien beeindruckt. Aber da war etwas, das nur ich wusste. Der Ball war knapp neben dem *linken* Pfosten ins Tor gerollt – genau auf der anderen Seite. Ich hatte mein eigentliches Ziel um etwa sieben Meter verfehlt. Ein reiner Glückstreffer.

Das zweite Mal musste ich bei einem Elfmeterschießen ran. Ich war 17 und spielte beim damals größten internationalen Jugendfußballturnier der Welt mit, dem Norway Cup. Ich gehörte zu einem guten U19-Team mit mehreren norwegischen Jugendspielern, die in internationalen Vereinen spielten. Wir rechneten uns Chancen auf den Turniersieg aus, schafften es auch mühelos ins Achtelfinale und strotzten vor Selbstbewusstsein. Aber die Partie ging in die Verlängerung und dann ins Elfmeterschießen. Ich vergab, und wir schieden aus.

Ein kleiner Trost war, dass noch jemand aus meiner Mannschaft seinen Elfmeter verschossen hatte, noch dazu ein viel erfahrenerer Spieler als ich, der sich vermutlich noch mehr für unsere Niederlage verantwortlich fühlte. Trotzdem war es für mich der Sommer, in dem ich die Träume meiner Mitspieler und Freunde hatte platzen lassen. Denn so fühlt es sich an, wenn man beim Elfmeterschießen nicht trifft. Danach habe ich nie wieder einen Elfmeter geschossen.

Mein Interesse an dem Thema ließ allerdings nicht nach. Im Gegenteil, diese ganz eigene intensive Dramatik des Elfmeterschießens faszinierte mich immer stärker. Im Sommer 2004, als ich gerade meine Promotion in Psychologie und Fußballwissenschaft abgeschlossen hatte und darauf wartete, meinen ersten Job als Wissenschaftler anzutreten, fand in Portugal die Europameisterschaft der Männer statt. Den meisten dürfte dieses Turnier im Gedächtnis geblieben sein, weil ein absoluter Außenseiter es gewonnen hat: Griechenland siegte im Endspiel mit 1:0 gegen die Gastgeber. Für mich markiert dieses Turnier den Anfangspunkt meiner Forschung über die Psychologie des Elfmeterschießens.

Im Viertelfinale der Europameisterschaft 2004 gab es zwei dramatische Elfmeterschießen. Im ersten schlug Portugal England mit 6:5. Zwei Tage später besiegten die Niederlande Schweden mit 5:4. Alle Welt sprach von David Beckham, dem zu der Zeit wohl prominentesten Fußballer überhaupt. Beckham wurde im Elfmeterschießen gegen Portugal als Erster vorgeschickt. Ricardo, der portugiesische Keeper, ging Beckham vor dem Schuss bis zum Elfmeterpunkt entgegen, gestikulierte und redete auf ihn ein. Ein paar Sekunden später schoss Beckham den Ball ein oder zwei Meter über die Latte – ein totaler Fehlschuss. Ich sah die Liveübertragung im Fernsehen und traute meinen Augen nicht. Aber es war ja nichts Neues. Ein Superstar zu sein, ist beim Elfmeterschießen ein Nachteil. Der Druck, der auf einem liegt, ist viel größer als bei anderen Spielern. Und so wird aus einem Ausnahmefußballer urplötzlich ein gewöhnlicher Spieler.

Norwegen ist ein kleines Land, und damals gab es nicht besonders viele Forschende, die sich auf die Psychologie des Fußballs spezialisiert hatten, deshalb rief mich am Tag nach dem Match ein norwegischer Radiosender an und bat mich um ein Interview über das Elfmeterschießen vom Vortag. Direkt bevor wir auf Sendung gingen, informierte mich der Moderator, dass noch ein weiterer Gast an unserem Gespräch teilnehmen würde, zugeschaltet aus einem anderen Studio. Es war Henning Berg. Oh, okay. Berg war in Norwegen enorm bekannt. Er hatte gerade eine äußerst erfolgreiche Spielerkarriere beendet: Hundert Länderspieleinsätze, zwei Weltmeisterschaftsteilnahmen. Und er hatte für Manchester United 66 Spiele in der englischen Premier League absolviert.

Ich war in der Sendung als Erster dran. »Wie kann es sein, dass einer wie Beckham verschießt?«, lautete die Frage. Ich lieferte einige meiner vorgefertigten psychologischen Beobachtungen und Theorien: »Der Druck auf Beckham ist enorm. Er ist im internationalen Fußball ein absoluter Superstar. Alle erwarten, dass er trifft. Vermutlich hat er sich zu viele Gedanken über seinen Schuss gemacht und ...«

Eine laute Stimme schnitt mir scharf das Wort ab.

»Unsinn! Vollkommener Quatsch!«

Das war Henning Berg.

»Ich habe drei Jahre mit Beckham gespielt«, fuhr Berg fort. »Ich kenne ihn sehr gut. Er ist mental absolut stark. Sein Fehlschuss hatte mit Druck rein gar nichts zu tun.«

Ich war so verblüfft, dass ich gar nicht mehr hörte, was er sonst noch sagte. Bergs Kompetenz – oder seine Selbstgewissheit – anzuzweifeln, kam natürlich nicht infrage. Ich hatte ihm nichts entgegenzusetzen und sagte danach kaum noch ein Wort. Als ich das Aufnahmestudio verließ, war ich ziemlich kleinlaut.

Aber auch entschlossen. Trotz Bergs Frontalangriff war ich überzeugt, dass es beim Elfmeterschießen in durchaus relevantem Ausmaß auch um Druck und den Umgang mit diesem Druck geht und dass jedes Elfmeterschießen eine psychologische Dimension hat, die Beachtung verdient. Jedenfalls wurde mir klar, dass ich tiefer in das Thema einsteigen wollte. Und so begann eine Zeit intensiver Recherche. Ich besorgte mir die vorhandenen Studien – und stellte fest, dass die meisten auf Laborversuchen mit Studierenden basierten, die bei einem simulierten Elfmeterschießen antraten. Was sollte das? Wie will man den tatsächlichen Druck beim entscheidenden Elfmeter in einem wichtigen Spiel bei einem Laborversuch auch nur annähernd simulieren? Mir war klar, dass ich mich auf das konzentrieren musste, was im echten Leben bei einem Elfmeterschießen passierte. Mein Interesse wurde bald zur Mission. Ich schaute mir Videos an, las Memoiren und Interviews, betrachtete die Dramen und die Emotionen der echten Elfmeter-Situationen und suchte nach Verhaltensweisen, die von Bedeutung sein könnten. Ich fragte mich: Was unterschied die Spielerinnen und Spieler, die ihre Schüsse verwandelt hatten, von denjenigen, die sie vergeben hatten?

Es schien ganz sicher nützlich, das herauszufinden. Bei den Weltmeisterschaften der Männer sind seit 1974, als diese Methode zur Siegerermittlung bei einem auch nach Verlängerung ausgeglichenen Spielstand eingeführt wurde, insgesamt 35 Spiele durch Elfmeterschießen entschieden worden. Das bedeutet, bei 20 Prozent beziehungsweise einem von fünf K.-o.-Spielen bei einer Weltmeisterschaft kommt es zum Elfmeterschießen. Bei Europameisterschaften ist die Zahl noch höher (26 Prozent), und bei der Copa América beträgt sie sogar 30 Prozent. Bei den Frauen sind es 11 Prozent der WM-Spiele, 15 Prozent der EM-Spiele und 30 Prozent der Spiele bei der Copa América Feminina. Das heißt, jedes Team, das an einem dieser Turniere teilnimmt und Ambitionen auf den Titel hat, sollte darauf vorbereitet sein, zu mindestens einem Elfmeterschießen antreten zu müssen; alles andere wäre äußerst naiv.

Und was die Häufigkeit von Strafstößen innerhalb der regulären Spielzeit betrifft, so kommt es bei 27 Prozent der Spiele in den großen europäischen Fußball-Ligen der Männer zu mindestens einem Elfmeter.[3] Angesichts der Tatsache, dass über die Hälfte aller Fußballspiele entweder unentschieden oder mit nur einem Tor Abstand ausgeht, dürfte klar sein, dass so ein Strafstoß in den meisten Fällen den Spielausgang maßgeblich beeinflussen wird.[4] Den Elfmeter in all seinen Dimensionen besser zu verstehen, kann also durchaus hilfreich sein.

Meinen ersten Durchbruch hatte ich, nachdem ich im Herbst 2004 meine Stelle an der Universität von Groningen angetreten hatte. Historisch haben die Niederlande und England bei Elfmeterschießen ähnliche Erfahrungen gemacht: Für beide Länder sind sie oft traumatisch und schmerzhaft verlaufen. Bis zur EM 2004 waren die Niederlande an vier wichtigen Elfmeterschießen beteiligt: bei den Europameisterschaften 1992, 1996 und 2000 sowie bei der Weltmeisterschaft 1998.

Sie verloren alle vier. Die bitterste Niederlage war vermutlich die bei der EM 2000, als das Land Gastgeber war. Die Mannschaft traf im Halbfinale in der Amsterdam Arena auf Italien. In der regulären Spielzeit vergab die holländische Mannschaft zwei Strafstöße, es blieb beim 0:0, und die Partie ging ins Elfmeterschießen. Drei von vier niederländischen Schützen konnten ihre Elfmeter nicht verwandeln. Italien gewann mit sicherem Vorsprung. Als die niederländische Mannschaft dann bei der Europameisterschaft 2004 im Viertelfinale das Elfmeterschießen gegen die Schweden gewann, kam das für die begeisterte Fußballnation einer Erlösung gleich.

Schon ehe ich meine Stelle antrat, hatte ich darüber nachgedacht, mit meinen niederländischen Kolleginnen und Kollegen ein Studienprojekt zum Thema Elfmeter ins Leben zu rufen. Bei meiner Ankunft stellte sich heraus, dass einer der neuen Kollegen, Chris Visscher, über Beziehungen zur niederländischen Nationalelf verfügte. Und ich selbst kannte zufällig ein paar der schwedischen Spieler, die an dem besagten Elfmeterschießen teilgenommen hatten. Ich dachte, vielleicht könnte ich sie dazu bringen, mir von ihrer Erfahrung zu erzählen. Es dauerte lange und erforderte viel Überredungskunst, aber schließlich bekamen wir Interviewtermine mit Spielern aus beiden Teams, und ich konnte genug Material sammeln, um in einer so noch nie durchgeführten Studie zu untersuchen, wie die Spieler zweier erstklassiger Mannschaften die Konfrontation mit dem Gegner bei einem Elfmeterschießen erlebt hatten.

Mir war schnell klar, dass ein Elfmeterschießen im Fußball ein ideales Setting für die Untersuchung von Performance und Leistung unter Druck darstellt. Noch dazu eines, das große Vorteile bietet. Erstens entsteht dabei etwas, das sich im Laborversuch nicht simulieren lässt und dessen Erzeugung bei gewöhnlichen Probanden auch nicht zu verantworten wäre – nämlich ein hohes Ausmaß an echtem, real existierendem Stress. Anders ausgedrückt: Hier können wir die Auswirkungen von psychischem Druck quasi in freier Wildbahn beobachten, dort, wo er unmittelbar auftritt und erforscht werden kann.

Ein zweiter Vorteil besteht darin, dass wir anhand des Elfmeterschießens die Auswirkungen solchen Drucks auf leistungsstarke Spitzensportler und Spitzensportlerinnen untersuchen können, also eine exklusive Gruppe von Menschen, die wir für eine gewöhnliche Laborstudie kaum rekrutieren könnten.

Und drittens mag der Ausgang eines einzelnen Strafstoßes oder eines Elfmeterschießens zwar simpel und klar sein – verwandelt oder vergeben, gewonnen oder verloren –, doch die kognitiven, emotionalen, sozialen, technischen und taktischen Variablen um dieses Ereignis herum sind unglaublich komplex und liefern uns umfassende, erhellende Erkenntnisse über das menschliche Verhalten unter psychischem Druck.

Die Jahre in den Niederlanden waren für mich der Anfang einer anhaltenden Leidenschaft, die zur Veröffentlichung diverser Studien zum Thema Elfmeterschießen geführt hat. Im Laufe der Zeit habe ich über 30 Topspieler und -spielerinnen ausführlich zu ihren Gedanken, Gefühlen und Erfahrungen beim Elfmeter befragt und die Videoaufzeichnungen von über 2000 Strafstößen en détail ausgewertet. Und ich hatte Gelegenheit, durch Gespräche mit mehr als 20 Elitemannschaften meine Thesen in der Praxis zu überprüfen: mit der deutschen Nationalelf der Männer (WM 2022), dem Frauenteam von Großbritannien/England (Olympische Spiele 2020), der niederländischen Elf (WM der Männer 2006), den norwegischen Nationalteams der Männer und der Frauen (immer wieder im Laufe der letzten 10 Jahre), etlichen Clubs aus der Premier League sowie aus anderen europäischen Top-Ligen.

In diesem Buch stelle ich nun die Highlights meiner Forschungen vor. Ich erkläre, wie psychischer Druck entsteht, wie er sich beim Elfmeterschießen äußert und wie die besten (und einige der schlechtesten) Elfmeterschützinnen und -schützen der Welt in dieser Situation, die zu den stressigsten im Sport überhaupt gehört, zurechtkommen und sich behaupten. Meine Forschungsarbeit bezieht sich überwiegend auf Männer. Das liegt daran, dass die Geschichte des Frauenfußballs nur lückenhaft auf Video festgehalten wurde und die Datenlage in diesem Bereich generell dürftig ist. Das wird sich hoffentlich in Zukunft ändern.

Aber natürlich dreht sich dieses Buch nicht ausschließlich um Fußballerinnen und Fußballer und ihre Elfmeter, sondern auch um unsere Erfahrung und unser Verhalten in Stresssituationen im Allgemeinen. Wie wir sehen werden, geht es beim Umgang von Elfmeterschützen und -schützinnen mit dem Druck, der auf ihnen lastet, nicht nur um die körperliche Aktion, einen Ball ins Ziel zu treten. Ehrlich gesagt, interessiert mich der Elfmeter an sich gar nicht so sehr. Was nach dem Schuss mit dem Ball passiert, steht hier nicht im Fokus. Vielmehr interessiert mich, was *vor* dem Schuss geschieht, was Spielerinnen und Spieler denken und fühlen, was sie tun, wie sie mit anderen umgehen und kommunizieren. Denn darin liegt die Magie. Und genau dort gibt es auch für uns viel zu lernen. Nicht viele von uns werden je vor der Aufgabe stehen, bei einer Weltmeisterschaft einen Elfmeter für unser Land im Tor versenken zu müssen. Aber wir alle werden im Leben immer wieder in stressige Situationen geraten, und es kann uns nur nützen, wenn wir uns dafür wappnen und wissen, was wir tun können, um auch großem Druck standzuhalten, unsere Angst vor dem Scheitern zu überwinden und sie vielleicht sogar in Erfolge umzumünzen.

Für mich ist diese Forschung zu einer lebenslangen Mission geworden, aber so weit wäre es vielleicht nie gekommen, wäre Henning Berg mich damals im Radio nicht so scharf angegangen. Genau zehn Jahre nach dieser für mich denkwürdigen Sendung schloss sich der Kreis. Am 1. Juni 2014 schlug Legia Warschau im letzten Spiel der Saison Lech Posen mit 2:0 und wurde damit in der Saison 2013/2014 Meister der Ekstraklasa, der höchsten polnischen Fußball-Liga. Ich war im Stadion dabei und fand mich nach dem Spiel in der Kabine wieder, um mit den Spielern und meinen Freunden Pål Arne Johansen und Kaz Sokołowski, den Trainern von Legia Warschau, den Sieg zu feiern. Und mit ihrem Boss, dem Cheftrainer … Henning Berg. Im Jahr darauf gewann Legia Warschau den polnischen Fußballpokal. Am dramatischsten war das Viertelfinale, das Henning Bergs Team durch ein eingangs sehr gutes Elfmeterschießen für sich entschied.

Bei dem eingangs erwähnten Elfmeterschießen im WM-Endspiel 2022 trat Kylian Mbappé nicht nur als erster Schütze für Frankreich an, sondern er schoss auch zwei aus dem Spiel heraus gegebene Elfmeter – den ersten 10 Minuten vor Ende der regulären Spielzeit, den zweiten 2 Minuten vor Ende der Verlängerung. Beide Male ging es um alles oder nichts, ein Fehlschuss hätte mit ziemlicher Sicherheit die Niederlage Frankreichs bedeutet. Das ist der Elfmeter: eine eigentlich geringfügige Handlung mit Riesenwirkung, die folglich mit einem immensen psychischen Druck verbunden ist.

Auch wenn Frankreich am Ende verloren hat: Mbappé traf in allen 3 Fällen und lieferte damit eine der außergewöhnlichsten Leistungen ab, die man im Fußball je gesehen hat.

Was hatte er bei diesen Schüssen gegenüber dem Vorjahr anders gemacht?

Diese Frage ist in diesem Buch mein Thema.

KAPITEL 1

Den Druck spüren

»Strafstöße sehen ganz einfach aus, deshalb sind sie so schwierig.«
Johan Cruyff

Das Elfmeterschießen wurde 1970 von der FIFA als offizielles Verfahren zur Ermittlung eines Siegerteams bei unentschiedenen Fußballspielen in K.-o.-Systemen eingeführt. Anfangs ging es dabei zwangsläufig rau und ungeschliffen zu. Die Elfmeterschützen hatten nicht gelernt, wie sie sich in dieser ungewohnten Situation verhalten oder nicht verhalten sollten. Auch die Schiedsrichter waren noch unerfahren und entsprechend lasch in ihrer Kontrolle. Sieht man sich heute Aufnahmen dieser frühen Elfmeterschießen an, wirken sie oft holprig und plump – aber irgendwie auch magisch, vor allem, wenn man zur Psychologie dahinter forscht. Hier ist Leistung unter Druck in Reinform zu erleben.

Nehmen wir zum Beispiel das Elfmeterschießen zwischen Arsenal und Valencia im Endspiel des Europapokals der Pokalsieger von 1980.[1] Nach Ende der Verlängerung stand es immer noch 0:0, und folglich gab es zum ersten Mal in einem großen europäischen Clubwettbewerb ein Elfmeterschießen.

Valencia schickte natürlich als Ersten seinen zuverlässigsten Elfmeterschützen ins Rennen. Das war Mario Kempes, ein Superstar des Fußballs, der 1978 mit Argentinien als einer der Top-Torschützen des Turniers Weltmeister geworden war. Er hatte bei der WM sechs Tore erzielt, zwei davon im Finale gegen die Niederlande, und war zu Südamerikas Fußballer des Jahres gekürt worden. Kempes vergab den Elfmeter. Zum ersten Mal wurde damals eine Fußballlegende vor den Augen der Welt durch das grausame Spektakel eines Elfmeterschießens ihrer Würde beraubt. Es sollte nicht das letzte Mal sein.

Nach den ersten fünf Schüssen für jede Mannschaft stand es kurz darauf weiterhin unentschieden, und nun machte sich Verwirrung breit. Niemand schien genau zu wissen, wie weiter. Sollten die ersten fünf Schützen der jeweiligen Mannschaft erneut antreten? Oder waren jetzt die übrigen Spieler an der Reihe? Während die Torhüter darüber diskutierten, liefen die Trainerteams zum Schiedsrichter und baten um Aufklärung. Weitere Spieler mussten schießen, lautete die Anweisung.

Valencia war an der Reihe und verwandelte den sechsten Schuss. Für Arsenal trat als Nächstes der damals 22-jährige Graham Rix an, der schon im Spiel eine gute Leistung gezeigt hatte. Rix musste treffen, um Arsenal im Spiel zu halten. Traf er nicht, gehörte der Pokal Valencia.

Rix betrat den Strafraum mit der Attitüde von jemandem, dem es nicht schnell genug gehen konnte. Beim Positionieren des Balls schaute er Valencias Keeper Carlos Pereira im Tor an und gab sich frech, indem er einen Schuss mit dem Innenrist antäuschte, noch ehe der Ball lag. Auf dem Video wirkt der Witz heute irgendwie komisch und irgendwie auch nicht; hauptsächlich drückt sich darin Nervosität aus. Natürlich. Alle waren nervös, und jeder zeigte es auf seine Weise.

Rix trat dann nur wenige Schritte hinter den Ball zurück und nahm unmittelbar nach dem Freigabepfiff des Schiedsrichters Anlauf. Sein Schuss war nicht schlecht, doch der Torhüter sprang in die richtige Ecke und hielt den Ball relativ mühelos. Arsenal war besiegt – die erste Mannschaft, die den besonderen Schmerz einer Europapokal-Finalniederlage im Elfmeterschießen zu spüren bekam. Während die jubelnden Spieler von Valencia herbeistürmten, um ihren Torhüter zu feiern, stand Rix nur wie angewurzelt da, die Stutzen auf die Knöchel gerutscht, vornübergebeugt angesichts dieser völlig neuen Art der Demütigung.

Spulen wir ein bisschen vor, ins Jahr 1984, und schauen uns das Elfmeterschießen im Endspiel des UEFA-Pokals (heute der Europa League) zwischen Tottenham Hotspur und Anderlecht an. Nach heutigen Maßstäben erscheint es unfassbar, wie ungeduldig und gehetzt die Spieler wirken. Neun der zehn Elfmeterschützen reagieren auf den Freigabepfiff des Schiedsrichters, als wäre es der Startschuss bei einem Rennen. Da dieser Schiedsrichter schon pfeift, sobald die Spieler den Ball abgelegt haben und ein paar Schritte zurückgegangen sind, warten sie überhaupt nicht, nicht einmal eine Sekunde, um sich zu sammeln, ehe sie Anlauf nehmen. Noch dazu drehen vier der fünf Tottenham-Spieler dem Torhüter den Rücken zu, während sie vom Ball weggehen. Dadurch erzeugt der Freigabepfiff bei ihnen eine einzige schnelle, flüssige und mit Sicherheit schwer zu koordinierende Bewegungsabfolge: Gehen, Umdrehen, Anlaufen, Schießen. Der einzige Schütze von Tottenham, der dem Torwart nicht den Rücken zukehrt, ist Gary Stevens, und der nimmt schon Anlauf, noch ehe der Pfiff verklungen ist, sodass es aussieht, als reagiere der Schiedsrichter auf ihn statt umgekehrt. Stevens wird zum einzigen Spieler in der Geschichte des Elfmeterschießens bei wichtigen Partien, der den Ball im selben Moment tritt, in dem der Schiedsrichter pfeift. Er trifft, und Jacques Munaron, der belgische Torhüter, erhebt verständlicherweise erbittert Einspruch, allerdings ohne Erfolg.

Die belgischen Spieler sind ebenfalls schnell, wenn auch nicht ganz so schnell wie die Engländer. Der Einzige, der sich bei diesem Duell wenigstens ein bisschen Zeit lässt, ist Enzo Scifo. Er ist erst 18 Jahre alt, wirkt aber vor seinem Anlauf unglaublich gefasst. Die eine

Sekunde, die er nach dem Pfiff abwartet, fühlt sich im Vergleich zu den anderen wie eine Ewigkeit an. Scifo hat damals noch eine beeindruckende Karriere vor sich, in deren Verlauf er 84 Länderspieleinsätze für Belgien absolvieren wird. Diesmal allerdings gewinnt Tottenham das Elfmeterschießen mit 4:3 und darf den Pokal in Empfang nehmen.

Oder spulen wir noch einmal zurück und schauen uns an, wie der Deutsche Uli Stielike im Elfmeterschießen beim WM-Halbfinale Bundesrepublik Deutschland gegen Frankreich 1982 in Sevilla seinen Strafstoß ausführt. Es ist das erste WM-Spiel überhaupt, das durch Elfmeterschießen entschieden wird, und damit auch das erste Mal, dass sich dieses besondere Drama vor den Augen der ganzen Welt abspielt.

Beide Teams sind nach 120 Minuten hartem Kampf um den Einzug ins Finale erschöpft. (Frankreich hatte in der Verlängerung schon mit 3:1 geführt, aber Deutschland hat noch zum 3:3 ausgeglichen.) Die Spieler haben sich im Mittelkreis verteilt, keine Spur von der Schulter-an-Schulter-Formation der Mannschaften, die wir heutzutage beim Elfmeterschießen gewohnt sind; alle sitzen oder liegen am Boden. Niemand macht Anstalten, sich warm zu halten, niemand gibt sich Mühe, einsatzbereit oder kampflustig zu wirken. Alle geben sich einfach ihrer Erschöpfung hin.

Uli Stielike ist der dritte Elfmeterschütze für die bundesdeutsche Mannschaft, und der sechste insgesamt. Bislang hat keiner verschossen. Als Stielike zum Ball geht, wirkt er kein bisschen selbstbewusst. Auch er reagiert schnell auf den Freigabepfiff, nähert sich dann aber dem Ball relativ langsam, die Augen auf den Torwart gerichtet. Beim letzten Schritt senkt er den Blick und liefert einen mittelhohen Schuss ab, der aber nur ein, zwei Meter links vom Torwart landet.

Gehalten. Ja – ein Deutscher hat einen Elfmeter verschossen. Kosten Sie den Moment aus, denn das wird 34 Jahre lang nicht wieder passieren, jedenfalls nicht bei einem wichtigen Turnier.

Aber bleiben wir bei Stielike. Noch ehe der Torhüter nach seinem Sprung zur Seite wieder ganz gelandet ist, sinkt Stielike schon auf die Knie und schlägt sich die Hände vors Gesicht. Dann gibt er sich einer Mischung aus Scham und Schwerkraft hin, fällt flach auf den Rasen und rollt sich in seinem Schmerz zu einer Kugel zusammen. Zehn volle Sekunden liegt er so neben der Strafstoßmarke, bis sein eigener Torwart Harald »Toni«Schumacher zu ihm geht, ihn buchstäblich vom Boden aufhebt und ihn mehr oder weniger wegschleppt. Pierre Littbarski, der nächste Schütze für die Deutschen, nimmt den immer noch verstörten Stielike in den Arm, um ihn zu trösten.

Unterdessen tritt aus dem französischen Team Didier Six an, um seinen Elfmeter zu treten – und auch er vergibt. Doch das sieht das Fernsehpublikum gar nicht, weil die Kamera noch auf Littbarski und Stielike hält. Die Zuschauer*innen bekommen den Fehlschuss von Six nur durch Littbarskis enthusiastische Reaktion darauf mit. Was sie dann allerdings sehen, noch ehe die Bilder von Six' Fehlschuss wiederholt werden, ist Six, der ebenfalls zu Boden sinkt, das Gesicht in den Händen vergräbt und sich im Torraum zusammenrollt. Auch Six bleibt 10–15 Sekunden lang so liegen, ehe sein Torwart ihn zum Aufstehen drängt und er wieder auf die Beine kommt. Doch er schafft es nicht aus dem Strafraum hinaus. Er bleibt mit gebeugtem Oberkörper stehen und schaut zu, wie Littbarski den Ball oben in die rechte Ecke drischt. Stielike hingegen liegt für den Rest des Elfmeterschießens zusammengekrümmt weiter oben auf dem Spielfeld, die Hände vor dem Gesicht, und linst nur ab und zu durch die Finger, um zu sehen, was passiert. Schließlich vergibt Frankreich erneut einen Elfmeter und Deutschland gewinnt, aber die Bilder von Stielikes und Six' Leiden und ihre heftigen Reaktionen bleiben im Gedächtnis. Für Six, der damals nicht nur verschossen, sondern auch das Spiel verloren hat, war das Trauma von Sevilla noch lange nicht vorbei: »Ich hatte Schwierigkeiten, einen Job zu finden, denn alle sagten: ›Der ist psychisch labil.‹ Und alles nur wegen dieses einen verschossenen Elfmeters.«[2]

Was die Welt schnell aus diesen schmerzhaften Bildern lernte, war, dass ein Elfmeterschießen ein Ungeheuer ist, das keine Gnade kennt. Es gab neuerdings ein Format, das in Sekundenschnelle Männer in Mäuschen, Superstars in Sündenböcke und hochkarätige Sportler in ein Häufchen Elend verwandeln konnte.

Stielike und Six waren mit die Ersten, die nach einem Fehlschuss bei einem Elfmeterschießen intensive Scham zeigten, aber sie waren keineswegs die Letzten. Für meine Analysen in diesem Buch habe ich Videomaterial von jedem einzelnen Elfmeter (718 Schüsse insgesamt) aus allen Elfmeterschießen bei Weltmeisterschaften, Europameisterschaften und Champions-League-Spielen der Männer von 1970 bis 2023 zusammengetragen. Die Aufnahmen zeigen, dass 53 Prozent der Spieler, die ihren Elfmeter vergaben, sich ähnlich verhielten wie Stielike und Six, sich klein machten, zu Boden sanken, das Gesicht in den Händen vergruben oder auf dem Rückweg in den Mittelkreis den Blick gesenkt hielten und ihre Teamkameraden nicht anschauten.

Ein Elfmeterschießen ist unerbittlich und schonungslos. Aus den zur Schau gestellten Emotionen nach dem Schuss wird deutlich, dass die Reaktion eines Sportlers auf die Begegnung mit diesem Ungeheuer stark davon abhängt, wie er mit dem Druck umgeht – ob er damit zurechtkommt oder davon erstickt wird.

»Choking« im Fußball

Im Hochleistungssport gibt es für das so genannte »Choking«, das plötzliche Versagen unter Druck, jede Menge Beispiele, doch die eindrücklichsten finden sich in Einzelsportarten: der Golfer Jean van de Velde, der bei den British Open 1999 am achtzehnten und letzten Loch einen Vorsprung von drei Schlägen verspielte; die Tennisspielerin Jana Novotná, die 1993 im Finale von Wimbledon noch gegen

Steffi Graf verlor, nachdem sie im letzten Satz bereits mit 4:1 geführt hatte; die australische Schwimmerin Cate Campbell, die im 100 Meter Freistil 2016 bei den Olympischen Spielen als haushohe Favoritin ins Rennen ging und nur Fünfte wurde. »Wahrscheinlich der größte Choke in der olympischen Geschichte«, mutmaßte Campbell hinterher selbst.

Beispiele für Choking in Mannschaftssportarten wie Fußball zu erkennen, ist nicht ganz so einfach. Teams, die in den wichtigsten Momenten im großen Stil einbrechen, sind definitiv nicht die schwächsten: der AC Milan, der 2005 im Champions-League-Finale in Istanbul eine 3:0 Halbzeitführung nicht halten konnte und dann im anschließenden Elfmeterschießen unterlag; Bayern München, die im Champions-League-Finale 1999 nach 90 Minuten mit 1:0 vorne lagen, drei Minuten später aber mit 1:2 verloren; Brasilien, das bei der WM 2014 als Gastgeberland mit 1:7 vernichtend geschlagen wurde, als es um den Einzug ins Finale ging. Bei all diesen Beispielen könnte es sich aber statt um Choking auch einfach um herausragende Leistungen der jeweiligen Gegner gehandelt haben – Liverpool, Manchester United und Deutschland.

Elfmeter allerdings sind sowohl im regulären Spielverlauf als auch in spielentscheidenden Shootouts der Moment, in dem sich Fußball plötzlich dem Einzelsport annähert – sie bedeuten eine direkte Eins-zu-eins- Begegnung, wobei der größere Druck auf dem Schützen liegt. Etwa 80 Prozent der im Spiel gegebenen Elfmeter werden verwandelt. Wie wir noch sehen werden, gibt es dabei jedoch große individuelle Abweichungen, und bei Elfmeterschießen in hochkarätigen Turnieren sinkt diese Prozentzahl drastisch. Trotzdem herrscht, wenn der Spieler auf den Punkt zugeht, die Erwartung, dass er treffen wird. Die Chancen scheinen gut für ihn zu stehen. Ich hatte das Glück, Eliteteams beim Elfmetertraining zusehen zu dürfen, und ich kann sagen, dass dort jedes Mal das Gleiche passiert. Fast alle Schüsse werden verwandelt. Genauer gesagt, wenn ungefähr 20 Spieler antreten und jeder einen Schuss hat, dann gehen oft genug 19 oder 20 Bälle ins Tor. Rein technisch gesehen, ohne Druck, ohne Publikum, ist Elfmeterschießen nicht besonders schwer. Kommen aber ein volles Stadion, eine Fernsehübertragung, gravierende Konsequenzen bei Versagen und entsprechender Druck hinzu, sieht die Sache gleich völlig anders aus, und wie sonst nie beim Fußball steigt das Risiko eines plötzlichen Versagens in ungeahnte Höhen.

Nur damit eins klar ist: Nicht jeder vergebene Elfmeter ist ein Fall von Choking. Manche Schüsse werden einfach gut gehalten, oder es ist Pech im Spiel, oder der Schütze schießt ausnahmsweise schlecht, ohne dass Angst oder Nervosität eine entscheidende Rolle spielen. (Das war im Wesentlichen Hennings Bergs These über Beckhams vergebenen Elfmeter bei der EM 2004, auch wenn ich bis heute anderer Meinung bin.) Ein Elfmeter kann ein überraschend komplexes Ereignis sein, mit vielen Schichten, die man sorgfältig unterscheiden und analysieren sollte, ehe man Schlüsse über Ursache und Wirkung zieht. Trotzdem ist klar, dass Strafstöße und Elfmeterschießen ein einzigartiges Szenario darstellen, anhand dessen sich die Auswirkungen von akutem Stress und Nervosität auf unsere Leistung gut beobachten lassen. Und diese Auswirkungen sind nicht unbedingt schön.

Akuter Stress

An einem gewöhnlichen Sommertag werden in München und Umgebung etwa 20 Menschen mit Herz-Kreislauf-Symptomen wie Herzinfarkt oder Schlaganfall in Krankenhäuser eingeliefert. Am 30. Juni 2006 jedoch stieg diese Zahl auf mehr als das Dreifache, da waren es 64. Was war an diesem besonderen Dienstag anders? Nun, mindestens eine Sache: Es war der Tag, an dem das Viertelfinale der Fußballweltmeisterschaft zwischen Deutschland und Argentinien durch Elfmeterschießen entschieden wurde.

Herz-Kreislauf-Notfälle schossen in diesem Sommer an allen sieben Tagen, an denen Deutschland spielte, in die Höhe: 43 Fälle während der Eröffnungspartie gegen Costa Rica, 49 beim Gruppenspiel gegen das Nachbarland Polen. Aber während des Matches mit dem Elfmeterschießen (das Deutschland, wie nicht anders zu erwarten war, gewonnen hat) waren die Zahlen am höchsten.[3]

Das ist keineswegs nur ein deutsches Phänomen. Als die Niederlande bei der Fußballeuropameisterschaft 1996 das Viertelfinale im Elfmeterschießen gegen Frankreich verloren, *starben* dort sogar 14 Menschen mehr als sonst an Herzinfarkt oder Schlaganfall.[4] Über 20 weitere Studien dokumentieren ähnlich tödliche Auswirkungen überall auf der Welt – allein das Zuschauen bei einem aufregenden Spiel kann verheerende Folgen haben.[5] Beim Lesen solcher Studien fragt man sich, ob das Anschauen von wichtigen Spielentscheidungen durch Elfmeterschießen nicht als Extremsport klassifiziert werden sollte.

Und wenn allein das Zuschauen bei so einem Ereignis derartige Folgen haben kann, wie viel Stress erleben dann erst diejenigen, die daran beteiligt sind? Spielerinnen und Spieler, die bei Elfmeterschießen Strafstöße ausgeführt haben, liefern manchmal sehr aufschlussreiche Beschreibungen ihrer Gefühle in der Situation. Der Engländer Stuart Pearce, der beim Shootout im Halbfinale der Weltmeisterschaft 1990 gegen Deutschland einen Elfmeter trat und vergab, drückte es so aus: »Man braucht nichts weiter zu tun als 50 Meter zu gehen, einen Elfmeter zu schießen und zu treffen. Das ist der schlimmste Teil, dieser verfluchte Gang von der Mittellinie zum Punkt. Wieso muss man da hinten stehen, so weit weg? Weiß der Himmel, welcher Sadist sich das ausgedacht hat. Eindeutig jemand, der noch nie in dieser Lage gewesen ist, denn es ist nervenaufreibend, es steigert die Anspannung ins Unermessliche.«[6]

Einer der Spieler, die ich zu ihrer Erfahrung im Elfmeterschießen bei einem EM-Spiel interviewt habe, erzählte etwas Ähnliches. Er sagte, die Nervosität habe ihn beinahe überwältigt: »Als wir im Mittelkreis standen, wurde ich unglaublich nervös. Ich dachte, man kann bestimmt im Fernsehen sehen, wie meine Knie zittern, so aufgeregt war ich.«[7]

Manchmal gibt es während eines Elfmeterschießens Bilder vom Geschehen im Mittelkreis, die den akuten Stress der Spieler und Spielerinnen in dieser Phase sehr schön illustrieren. Eines meiner Lieblingsbeispiele ist der brasilianische Spieler Marcelo. Er ist ein sehr erfahrener, äußerst erfolgreicher Fußballer – 386 offizielle Spiele für Real Madrid, 58 Einsätze in der Nationalelf seines Landes. Und doch ähnelt seine Körpersprache, wenn er bei einem Elfmeterschießen im Mittelkreis steht, der eines verschreckten Kindes. Als die brasilianische Mannschaft im Achtelfinale der Weltmeisterschaft 2014 zum Elfmeterschießen gegen Chile antritt, stehen alle brasilianischen Spieler sichtlich unter Druck, aber Marcelo sticht dennoch heraus. Ein Foto zeigt, wie er sich in diesem Moment des extremen Stresses mit beiden Händen an den Hosenbeinen der Mitspieler, die rechts und links neben ihm stehen, festhält.

Auch auf der Vereinsebene, als Spieler für Real Madrid, kann man bei Marcelo ein ähnliches Verhalten beobachten, und zwar beim Elfmeterschießen in einem Champions-League-Spiel der Saison 2011/2012. Dieses Mal hält er, während er auf dem Boden hockt, zur Beruhigung den Oberschenkel seines Teamkollegen Pepe umklammert.

Die meisten Menschen können das vermutlich nachvollziehen. Berührung ist tröstlich, und unter Stress fühlt man sich oft sicherer, wenn man sich an etwas festhalten kann. Mich zum Beispiel beruhigt es, bei Vorträgen oder wenn ich zu einem großen Publikum sprechen muss – Situationen, die mich regelmäßig unter Druck setzen –, eine Diaprojektor-Fernbedienung in der Hand zu halten. Ob Fernbedienung oder Pepes Bein – es kommt wahrscheinlich aufs Gleiche heraus.

Wenn wir unter großem Druck stehen – und das gilt nicht nur für Elfmeterschützen und -schützinnen, sondern für uns alle –, erhöht sich unsere Herzfrequenz, unser Atem geht schneller, unsere Muskeln verspannen sich und im Bauch flattern Schmetterlinge herum. Druck löst, ebenso wie Bedrohung, eine Kaskade psycho-physiologischer Prozesse aus: Unsere Adrenalindrüsen schicken Cortisol in den Blutkreislauf;[8] unsere Pupillen weiten sich, um mehr Licht hereinzulassen, während unser Gesichtsfeld am Rand verschwimmt und unsere Wahrnehmung sich verengt, womöglich bis hin zum »Tunnelblick«;[9] auch unser Gehörsinn verändert sich, es fühlt sich fast so an, als hätten wir etwas auf den Ohren, und manchmal fällt es schwer, den Ursprung bestimmter Geräusche zu identifizieren;[10] unsere Aufmerksamkeit wird auf das gelenkt, was wir für die Ursache des Stresses halten, unser Arbeitsgedächtnis und unsere geistige Wendigkeit sind beeinträchtigt, wir sind starr fokussiert.[11]

Manche dieser Prozesse wirken sich positiv auf unsere Leistungsfähigkeit aus. Die Kanalisierung von Aufmerksamkeit und Kraft kann zum Beispiel nützlich sein, denn es gibt eindeutig Anlässe, bei denen weniger Ablenkung von Vorteil ist. Doch das kann sich auch ins Gegenteil verkehren und weniger hilfreiche Folgen haben: ein unzureichendes Situationsbewusstsein, mangelndes Urteilsvermögen, mehr kognitive Fehleinschätzungen, erhöhte Risikobereitschaft und Einbußen in der Feinmotorik.[12]

Solche Stressreaktionen sind universelle menschliche Verhaltensweisen, anzutreffen vermutlich in allen Hochdrucksituationen, sei es der Antritt zum Elfmeterschießen im Halbfinale einer Weltmeisterschaft, der Weg auf die Theaterbühne am Premierenabend oder das Aufstehen an der Hochzeitstafel des besten Freundes, um eine Rede zu halten. Leider sind wir noch nicht in der Lage, Spielerinnen und Spielern, die sich auf einen wichtigen Elfmeter vorbereiten, psychophysische Messgeräte umzuschnallen. Ihre Gedanken und Gefühle jedoch haben wir systematisch aufgezeichnet. Was wissen wir also genau über den Druck, den ein Elfmeterschütze oder eine Elfmeterschützin an der Strafstoßmarke empfindet?

In unseren Interviews mit den 10 Spielern, die beim Elfmeterschießen im Viertelfinale der Europameisterschaft 2004 zwischen Schweden und den Niederlanden dabei waren, haben wir eine Liste von 24 Gefühlslagen vorgegeben, von denen 14 positiv und 10 negativ konnotiert waren. Die Teilnehmer sollten sich an das Elfmeterschießen erinnern und diejenigen Gefühle aus der Liste auswählen, die auf sie zutrafen.[13] Obwohl die Spieler auch positive Gefühle erlebt hatten (am häufigsten, nämlich achtmal, wurde Entschlossenheit genannt), war das allgemein vorherrschende Gefühl das der Angst. Tatsächlich war sie die einzige Emotion auf unserer Liste, die alle 10 Spieler nannten. Wenig überraschend.

Bei genauerer Betrachtung stellte sich allerdings heraus, dass die Angst kein stabiler Faktor war, der während des gesamten Elfmeterschießens andauerte.[14] Vielmehr veränderte sie sich ständig, kam und ging, je nachdem, wie das Shootout verlief. Ein Spieler sagte, seine Angsterfahrung sei am Anfang am stärksten gewesen: »Da war ich am nervösesten, zwischen dem ersten und dem zweiten Schuss. Ja. Am nervösesten. Auf jeden Fall. Ganz klar. Ohne Zweifel.« Doch die Angst ließ nach, sobald einer seiner Mitspieler verschoss: »Zuerst war ich sauer und enttäuscht, aber dann ging die Nervosität weg. Ich wurde viel ruhiger.«

Interessanterweise berichteten mehrere Spieler, ihre Angst sei im Mittelkreis größer gewesen als beim Gang zum Elfmeterpunkt. Das Warten und Zuschauen, während andere Spieler schossen, und die damit einhergehende Machtlosigkeit wurden als sehr belastend empfunden: »Wenn ein Gegner oder einer von uns schießt, ist die Anspannung bei uns viel größer als beim Schützen selbst. Weil wir nichts machen können.« Das Bedrohliche am Elfmeterschießen ist für diese Spieler zum großen Teil diese Kombination: womöglich schlimme Folgen, wenn es schiefgeht, aber wenig Möglichkeiten, den Ausgang zu beeinflussen.

In unseren Interviews gaben drei Spieler ausdrücklich an, dass ihre Angst auf dem Weg vom Mittelkreis zur Strafstoßmarke langsam, aber sicher abnahm: »Als das Elfmeterschießen losging, war ich echt gestresst. Ich zitterte sogar. Als ich zum Ball ging, war das vorbei.« Wenn die Angst beim Gang zum Punkt nachließ, lag das vermutlich daran, dass die Spieler in dem Moment tatsächlich etwas tun konnten. Ihr Einsatz hatte begonnen, jetzt konnten sie sich auf das konzentrieren, was ihnen vertraut war: den Ball nehmen und versuchen, ihn ins Netz zu schießen. Zwar waren die meisten auch beim Gang zum Punkt noch nervös, aber anders als Stuart Pearce bezeichneten sie diesen Teil nicht als den stressigsten. Das Angstempfinden während des eigenen Auftritts ist offenbar von Spieler zu Spieler unterschiedlicher, als man denken könnte.

Die Aussagen der Spieler passen zu den führenden Theorien über Angst im Sport, nach denen diese Angst kurz vor dem Wettkampf am stärksten ist und nachlässt, sobald der Wettkampf begonnen hat.[15] Sobald die Spieler den Elfmeterpunkt erreicht hatten, verschwand die Beklommenheit, denn sie waren damit beschäftigt, sich zu konzentrieren und die Aufgabe in den Blick zu nehmen. Zwei Spieler gaben an, sie müssten erst das richtige Gefühl haben, ehe sie den Schuss ausführten: »Ich schoss erst, wenn ich bereit war. So viel Zeit muss man sich lassen. Das richtige Gefühl war für mich sehr wichtig.« Vier Spieler sagten sogar, sie seien am Elfmeterpunkt ganz ruhig gewesen (»Ich war ruhig, ich dachte nur, schieß ihn einfach rein, ganz entspannt«), während zwei andere eindeutig Angst empfanden: »Wenn du auf den Punkt zugehst, ist alles okay, aber sobald du dir den Ball zurechtlegst, kriegst du dieses besondere Gefühl im ganzen Körper.« Wieder zwei andere meinten, ihre Angst sei immer mehr abgeflaut, je näher sie dem Punkt kamen: »Irgendwann habe ich den Ball hingelegt, und alles fiel von mir ab. Kurz vorher war ich noch total nervös und angespannt.«

Angst ist eine normale Reaktion auf Leistungsdruck. Bei der Frage, inwieweit sie die Leistung beeinträchtigt, kommt es auf zwei Dinge an: Wie deutet man sie und was macht man daraus? Später werde ich zeigen, wie Spitzensportler*innen, vor allem Elfmeterschützen und -schützinnen, es schaffen, ihre Angst in den Griff zu bekommen und dadurch bessere Leistungen zu erzielen. Doch vorher sollten wir uns anschauen, was passiert, wenn Elfmeterschützen und -schützinnen sich von ihrer Angst überwältigen lassen.

Overthinking – zu viel nachgedacht

Im Elfmeterschießen des EM-Finales 2020 in Wembley stand Marcus Rashford vom englischen Team dem italienischen Torhüter Gianluigi Donnarumma gegenüber. Rashford hatte mit Sicherheit keine Ahnung, dass er gleich einen Rekord aufstellen würde. Nachdem der Schiedsrichter gepfiffen hatte, stand der englische Spieler 11 Sekunden lang still, ehe er in Richtung Ball loslief. Bei keinem der 718 Elfmeter bei Weltmeisterschaften, Europameisterschaften und in der Champions League der Männer seit 1976 hat irgendein anderer Spieler und auch keine Spielerin vor dem Schuss so lange gezögert.

Was hat Rashford aufgehalten? Am Tag nach dem Endspiel hat er es so erklärt: »Irgendwas hat sich nicht richtig angefühlt. Mit der langen Pause habe ich mir ein bisschen Zeit verschafft, aber leider war das Ergebnis nicht so, wie ich es mir gewünscht hätte.«[16] In seinem Buch, das im Folgejahr herauskam, sagte er ein bisschen mehr dazu: »Normalerweise bin ich beim Fußballspielen nicht nervös. Aber an dem Tag fühlte ich mich anders, als ich den Ball aufhob, um den Elfmeter zu schießen, es war, als ob irgendwas nicht stimmte.«[17]

Außerdem scheint er sich kurz vor dem Schuss eine besonders schwere Aufgabe gestellt zu haben: »Aus irgendeinem Grund hat mein Kopf nicht wie sonst immer gesagt: ›Gib einfach dein Bestes‹. Stattdessen sagte er: ›Du musst es perfekt machen‹.« Dann machte Rashford etwas ganz Neues: »Ich probierte eine andere Schusstechnik aus als sonst beim Elfmeter. Ich lief stockend an, baute einen kleinen Stopp ein, um Donnarumma dazu zu kriegen, dass er sich frühzeitig bewegt und es mir leichter macht.«

Am Ende seines Anlaufs schien Rashford kurz zu zögern, ehe er den Ball trat. Sein Schuss knallte unten an den Pfosten. Vergeben. England erholte sich davon nicht mehr. Sowohl Jadon Sancho als auch Bukayo Saka verschossen ihre Elfmeter, und Italien wurde Europameister.

Elf Sekunden sind die längste Pause, die Rashford in seiner gesamten Laufbahn vor einem Elfmeter gemacht hat. Er wartet immer relativ lange – aber nicht so lange. Bei seinen letzten 10 Elfmetern vor dem Elfmeterschießen gegen Italien wartete er im Schnitt 5,7 Sekunden (*siehe Grafik Seite* 40). Er traf bei jedem der vorherigen 10, nur gegen Italien vergab er.

Hat also die besonders lange Pause seine Leistung in diesem entscheidenden Moment negativ beeinflusst? Ehe wir darauf eine Antwort suchen, hier ein zweites, ähnliches Beispiel von der Fußballweltmeisterschaft der Frauen im Jahr 2023. In diesem Turnier gab es mehrere dramatische und spektakuläre Spielentscheidungen durch Elfmeterschießen. Das erste Shootout fand zwischen Schweden und einem der Hauptfavoriten des Turniers, den USA, statt. Die Amerikanerinnen waren die amtierenden Weltmeisterinnen. Sie hatten 2019 im Finale gegen die Niederlande gesiegt. Damals hatte Megan Rapinoe mit einem exzellent geschossenen Elfmeter den ersten Treffer für die USA erzielt. Die WM 2023 war ihr letzter Auftritt mit der Nationalelf, ehe sie, wie vor dem Turnier angekündigt, ihre internationale Karriere beendete. Als sie nun beim Elfmeterschießen gegen Schweden zum vierten Schuss antrat, kamen viele Faktoren zusammen: der Zeitpunkt in ihrer persönlichen Karriere, ihre herausragende Bedeutung für den Frauenfußball und die Tatsache, dass wohl fast alle von ihr erwarteten, dass sie treffen würde. Eine schwere Last. Massiver Druck.

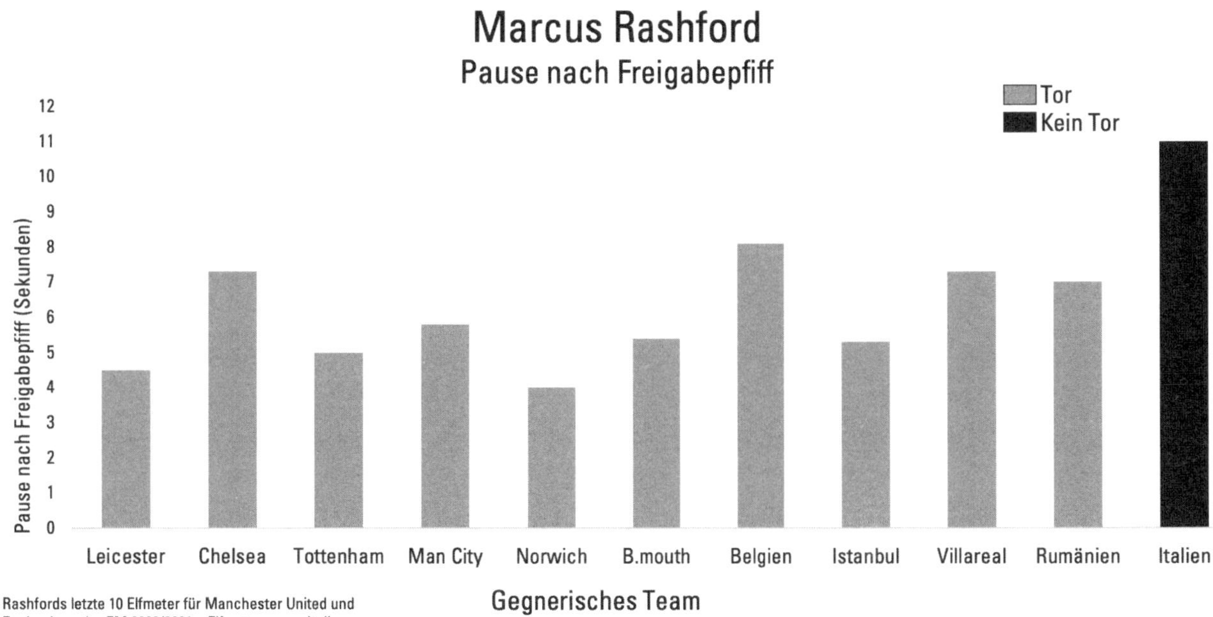

Rashfords letzte 10 Elfmeter für Manchester United und England vor der EM 2020/2021 + Elfmeter gegen Italien

Vor ihrem Schuss wirkte alles wie immer. Rapinoe war offensichtlich nervös, aber das war man gewohnt. Die Schiedsrichterin gab den Ball frei, und Rapinoe wartete. Das tat sie immer, kein Grund zur Sorge also. Oder doch? Sie wartete nach dem Pfiff 5,7 Sekunden. Das war länger als vor allen ihrer letzten 20 Elfmeter (*siehe Grafik Seite* 42).[18] Und sie vergab. Schoss den Ball hoch über die Latte. Nach 16 Elfmetern ihr erster Fehlschuss, und der erste von 21, der völlig am Tor vorbeiging.

Wieso ist Rashford und Rapinoe das passiert? Beide haben viel Erfahrung im Elfmeterschießen, und beide hatten den wohl wichtigsten Schuss ihrer Laufbahn vor sich. Beide warteten länger als je zuvor, ehe sie schossen, und beide vergaben.

Zeit für ein bisschen Spekulation. Wenn Spieler und Spielerinnen ungewöhnlich lange zögern, ehe sie Anlauf nehmen, dann kann das (muss aber nicht) ein Hinweis darauf sein, dass sie in die Falle des Overthinking getappt sind, also zu viel nachgedacht haben. Aufklärung darüber geben uns gängige Theorien zum Choking, die beschreiben, warum Menschen unter Druck plötzlich versagen.[19]

Diese Theorien gehen davon aus, dass die Angst vor dem Versagen beim Menschen die automatischen Abläufe unterbricht, die gewöhnlich zum Erfolg führen. Anstatt sich ausschließlich um die äußeren Dinge zu kümmern, die für die Erledigung der anstehenden Aufgabe relevant sind (wie der Ball liegt, wo der Torhüter oder die Torhüterin steht, in welche Ecke man zielen möchte und so weiter), richtet sich die Aufmerksamkeit nach innen, auf die Planung der eigenen Bewegungen. Plötzlich, unter Druck und von Angst erfüllt, denken die Ausführenden unwillkürlich bewusst über Entscheidungen und Bewegungen nach, die sie normalerweise ohne nachzudenken ausführen würden. Was sich sonst wie von alleine abspult, wird auf einmal abgeschätzt, gezügelt und verkompliziert. Und darunter leidet die Leistung.

Diese Art von Choking wurde erstmals 1984 von Roy Baumeister, einem der führenden Sozialpsychologen, untersucht. In sechs Expe-

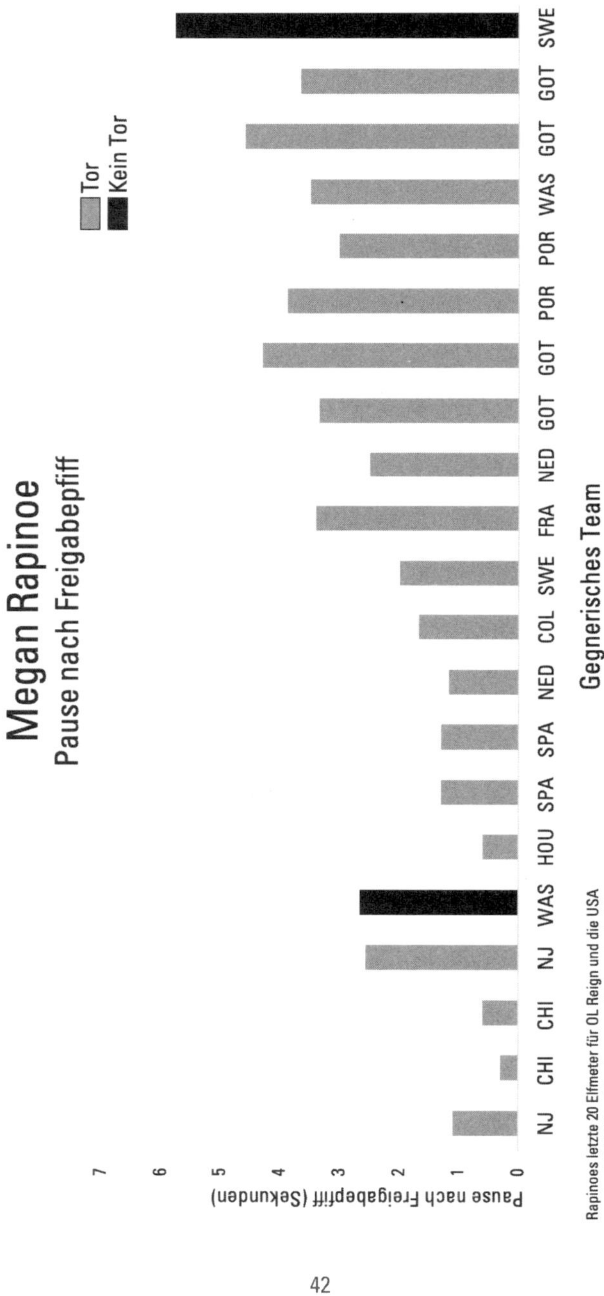

Rapinoes letzte 20 Elfmeter für OL Reign und die USA vor der WM 2023 + Elfmeter gegen Schweden bei der WM

rimenten sammelte er Hinweise darauf, dass Druck, Selbstbewusstsein und plötzliches Versagen (Choking) miteinander zusammenhingen.[20] In späteren Studien wurden seine Erkenntnisse vertieft. In einem Dribbling-Experiment etwa zeigte sich, dass die Leistung erfahrener Spieler*innen darunter leidet, wenn sie ihre Aufmerksamkeit auf die einzelnen Schritte dieser Fertigkeit lenken, während weniger erfahrene Spieler*innen davon eher profitieren.[21]

Dass diese Theorie auf das Elfmeterschießen anwendbar ist, wurde von einer Gruppe niederländischer Hirnforscher bestätigt. Sie nutzten eine ausgefeilte Untersuchungsmethode namens fNIRS, um die Durchblutung unterschiedlicher Hirnareale zu messen und aufzuzeichnen, wie sie sich unter verschiedenen Umständen, in unterschiedlichen Gefühlslagen und auch beim Elfmeterschießen verändert. Zu ihren bedeutenden Ergebnissen gehörte die Feststellung, dass erfahrene Fußballer*innen bei Nervosität und Angst eine höhere Aktivität im linken Temporalkortex aufwiesen. Da dieses Gehirnareal mit Selbstinstruktion und Reflektion in Verbindung steht, war das ein Hinweis darauf, dass diese Spieler*innen ihre Fähigkeiten nicht mehr automatisch einsetzten, sondern angefangen hatten, darüber nachzudenken.[22]

Diese Theorien können uns helfen, das Scheitern von Rashford und Rapinoe besser zu verstehen. Die außergewöhnlich langen Pausen vor dem Schuss könnten bedeuten, dass sie in dieser Zeit ihre Bewegungsabläufe bewusst überdacht haben. Rashfords Aussagen scheinen diese Vermutung zu stützen. Er hat den Druck eindeutig gespürt: »irgendwas fühlte sich nicht richtig an« und »irgendwas stimmte nicht«. Dann konzentrierte er sich auf die Details der Aufgabe: Er hatte das Gefühl, er müsse »perfekt« sein und probierte deshalb »eine neue Technik« aus. Choking-Theorien sprechen hier von »Verlagerung nach innen«, resultierend aus übermäßigem Nachdenken.

Nun muss man sagen, dass die Spielräume bei solchen Schüssen extrem klein sind. Eine Interpretation einzelner daran beteiligter kognitiver Abläufe kann nur spekulativ sein. Es ist durchaus möglich, dass diese beiden bedeutenden Fehlschüsse reiner Zufall waren, Pannen, wie sie aus keinem erfindlichen Grund einfach ab und zu passieren. Dennoch war sowohl Rashfords als auch Rapinoes Fehlschuss anders als sonst. Beide warteten wesentlich länger als normalerweise vor einem Elfmeter, und an den Pfosten oder vorbei zu schießen war für beide ausgesprochen ungewöhnlich. Darüber hinaus zeigen Rashfords Aussagen deutlich, dass auch für ihn selbst dieser Schuss anders war als sonst. Sein Fehlschuss trägt ebenso wie der von Rapinoe deutliche Anzeichen eines klassischen Choking durch zu langes Nachdenken.

Aber es existieren auch Theorien über das Choking im Sport, die einen beinahe entgegengesetzten Standpunkt hinsichtlich der verantwortlichen Mechanismen vertreten. Schauen wir uns ein paar davon an.

Ironische Fehler

Im Spitzensport wollen Elfmeterschützinnen und -schützen nicht nur ihren Schuss nicht vergeben; sie wollen ihn *auf gar keinen Fall* vergeben. Unsere Interviews mit Spielern und Spielerinnen, die an wichtigen Elfmeterschießen beteiligt waren, belegen das. Ein Spieler sagte: »Du willst nicht alles kaputt machen. Du willst nicht, dass ihr nicht weiterkommt, weil DU verschossen hast. Du kannst nur hoffen, dass du triffst. Und du denkst: Nicht verschießen, nicht verschießen, NICHT VERSCHIESSEN! Das ist mein einziger Gedanke.«[23]

Ironischerweise kann aber gerade dieses heftige Verlangen, nicht zu verschießen, die Wahrscheinlichkeit für einen Fehlschuss erhöhen. Viele Studien (und vielleicht auch Ihre eigene Erfahrung) zeigen, wie die Selbstinstruktion, etwas *nicht* zu tun, unter körperlichem oder mentalem Stress (zum Beispiel Leistungsdruck) dazu führen kann, dass man genau das tut, was man unbedingt vermeiden wollte.[24] Die

Studienreihe einer Forschungsgruppe der Freien Universität Amsterdam hat ergeben, dass Elfmeterschütz*innen von solcher Ironie mindestens so sehr betroffen sind wie andere Menschen.[25] Bei einem Laborversuch erhielten erfahrene Fußballer*innen unterschiedliche Instruktionen für ihre Testschüsse. Ironischerweise haben diejenigen, die angewiesen wurden, ihre Schüsse nicht in Reichweite des Torwarts zu platzieren, sowohl mehr auf den Torwart geschaut als auch häufiger in Richtung Torwart geschossen als diejenigen, die angewiesen wurden, so genau wie möglich zu zielen oder in die offenen Bereiche des Tors zu schießen.

»Quiet Eye« – die Bedeutung des Blickverhaltens

Beim Elfmeterschießen zwischen den USA und Schweden während der Frauenweltmeisterschaft 2023 traten die ersten drei Schützinnen für das US-Team, Andi Sullivan, Lindsey Horan und Kristie Mewis, mit einem verblüffenden Ausmaß an Gelassenheit und Konzentration auf. Die Mienen der Frauen verrieten eindeutig ihre Nervosität, aber alle drei zeigten ein fast identisches Verhalten vor dem Schuss, das höchstwahrscheinlich dazu beitrug, diese Nervosität im Zaum zu halten: 3 Sekunden Pause nach dem Freigabepfiff, ein tiefer Atemzug vor dem Anlaufen und ein die ganze Zeit fest auf den Ball gerichteter Blick. Ergebnis: drei Treffer. Drei Eindrücke eines Teams und Elfmeterschützinnen, die gut auf die besonderen Herausforderungen des enormen Drucks bei wichtigen Elfmetern vorbereitet waren.

Schweden traf bei den ersten vier Schüssen zweimal und vergab zweimal, während Megan Rapinoe ihren Elfmeter für das US-Team vergab, wie wir oben bereits gesehen haben. Das hieß, dass Sophia Smith als fünfte US-Schützin mit einem Treffer die USA ins Viertelfinale schießen konnte. Ein unglaublich wichtiger Schuss, aber mit einem positiven Ansporn – trifft sie, gewinnt ihr Team.

Genau wie ihre Mitspielerinnen wartete Smith nach dem Freigabepfiff 3 Sekunden. Dann holte auch sie einmal tief Luft. Ihr Blick allerdings verriet, anders als bei den anderen, die in diesen Sekunden die Augen nicht vom Ball ließen, große Unsicherheit. Sie schaute mal hierhin, mal dorthin, vom Ball zur Torhüterin, dann wieder zum Ball, wieder zur Torhüterin, bewegte ständig die Augen. Dann lief sie los. Die schwedische Torhüterin bewegte sich früh in die linke Ecke, aber Smith schoss nach rechts. Allerdings traf sie schlecht, und der Ball ging weit am Pfosten vorbei. Elfmeter vergeben.

Spielt also auch das Blickverhalten beim Elfmeterschießen eine Rolle? Ehe ich mehr erzähle, möchte ich betonen, dass es kein absolutes und unumstößliches Erfolgsrezept für das Verhalten vor einem Elfmeterschuss gibt. Rapinoe zeigte ein ganz anderes Blickverhalten als Smith, sie fixierte die ganze Zeit den Ball und verschoss trotzdem. Dennoch können gewisse Verhaltensweisen die Erfolgschancen erhöhen oder verringern. Was sagt die Forschung?

Es gibt viele Studien über den Zusammenhang zwischen sportlicher Leistung und Druck und dem, was man »Quiet Eye« nennt. Quiet Eye wird definiert als die Dauer der letzten visuellen Fixation auf ein relevantes Ziel vor dem Beginn des finalen Bewegungsablaufs.[26] Zu dem Thema existieren über 30 Studien, aus denen sich in der Summe ein signifikanter positiver Einfluss einer längeren Quiet-Eye-Phase auf die Leistung in vielen verschiedenen Sportarten ergibt.[27] Das heißt, je länger Sportler*innen einen konzentrierten, ruhigen Blick auf ihr Ziel richten, desto wahrscheinlicher wird es, dass sie mit der darauf folgenden Aktion Erfolg haben.

Mehrere Studien zeigen auch, dass Athlet*innen unter Druck dazu neigen, ihre Quiet-Eye-Phase zu verkürzen. Beim Basketball zum Beispiel sank laut einer Studie in einem Versuch die Erfolgsquote bei Freiwürfen von 68 Prozent unter geringem auf 57 Prozent unter hohem Druck.[28] Auch die Quiet-Eye-Dauer ging entsprechend stark zurück, ein Hinweis darauf, dass höherer Druck bei den Freiwürfen die Werfenden veranlasste, den letzten Blick aufs Ziel kürzer zu halten, und dass dies womöglich zu einem gestörten Ablauf des Wurfs führte.

Allerdings führt höherer Druck nicht immer zu einer Reduzierung der Quiet-Eye-Dauer. Wie die Studien zeigen, reagieren Athlet*innen auf gleichen Druck unterschiedlich: Manche nehmen ihn als bedrohlich und damit negativ wahr, andere als Herausforderung und damit positiv. Diejenigen, die sich bedroht fühlen, haben eher eine kürzere Quiet-Eye-Phase, diejenigen, die sich herausgefordert fühlen, eine längere.[29] Mit der richtigen mentalen Einstellung lassen sich also die negativen Auswirkungen des Leistungsdrucks mildern.

Warum nun beeinträchtigt eine kürzere Quiet-Eye-Dauer die Leistung? Wissenschaftler*innen sehen einen Zusammenhang mit Theorien über die Ablenkung beim Choking, die besagen, dass ängstliche oder erschöpfte Sportler*innen sich leichter ablenken lassen. Das bedeutet, unter Druck reduziert Angst die Fähigkeit, die visuelle Aufmerksamkeit (den Blick) dort zu fixieren, wo die für die Leistung entscheidende Information ist.[30] Elfmeterschütz*innen unter Druck sind leichter abgelenkt und kümmern sich nicht optimal um die wichtigsten Aspekte ihrer Aufgabe – den Ball, die Person im Tor, den Bereich des Tors, auf den sie zielen wollen. Die Folge: mehr Fehlschüsse.

Vermeidendes Blickverhalten

»Ich kann gar nicht hinschauen.« Wir alle haben das schon mal gedacht, vielleicht laut ausgesprochen, und uns womöglich tatsächlich die Augen zugehalten. Und wie oft hat man das nicht auch bei Fußballcoaches bei einem Elfmeter schon gesehen?

Als es im Finale der Europameisterschaft der Männer 2020 zwischen Italien und England zum Elfmeterschießen kam, stellte sich der inzwischen verstorbene Gianluca Vialli, damals Assistent von Italiens Cheftrainer Roberto Mancini, kurzerhand mit dem Rücken zum Spielfeld und drehte sich erst wieder um, als Italien gewonnen hatte. Kroatiens Coach Zlatko Dalić, dessen Mannschaft im Viertelfinale der WM 2018 gegen Russland zum Elfmeterschießen antreten musste, saß bis zu dessen Ende auf der Bank, das Gesicht in den Händen vergraben. Auch Kroatien gewann. Liverpools Trainer Jürgen Klopp stellt sich regelmäßig bei Elfmetern seines Teams mit dem Rücken zum Feld, zum Beispiel im November 2015, als James Milner im Spiel gegen Swansea einen späten Strafstoß ausführte, oder im Oktober 2022, als Bukayo Saka durch einen Strafstoß in der 75. Minute im Emirates Stadium das 3:2 gegen Arsenal erzielte. Und die Trainerin der Frauenmannschaft des FC Chelsea, Emma Hayes, schaute beim Champions League Viertelfinalspiel 2023 gegen Lyon bei allen Elfmetern entweder zu Boden oder zur Seite. Natürlich kriegen die wegschauenden Trainerinnen und Trainer durch die Reaktionen des Teams und des Publikums trotzdem sehr schnell mit, was passiert. Sie möchten es nur lieber nicht mit eigenen Augen sehen.

Auch Spieler und Spielerinnen machen es so. Als Bayern München 2012 im Champions-League-Finale gegen Chelsea einen späten und potenziell spielentscheidenden Elfmeter bekam, konnte man sehen, wie Bastian Schweinsteiger sich am anderen Ende des bayrischen Strafraums mit dem Rücken zum Geschehen auf den Rasen setzte. Der Strafstoß ging nicht rein. Später im Elfmeterschießen trat Schweinsteiger selbst einen Elfmeter, vergab ihn und verlor mit seinem Team das Spiel.

Bei der WM 2014 stand Kun Agüero während des Elfmeterschießens im Halbfinale gegen die Niederlande gemeinsam mit seinen argentinischen Mannschaftskameraden im Mittelkreis. Während die anderen nervös das Geschehen verfolgten, kehrte Agüero der Action den Rücken und schaute in die entgegengesetzte Richtung. Chelseas portugiesischer Verteidiger Ricardo Carvalho nahm im Champions-League-Finale 2008 gegen Manchester United eine ähnliche Position ein, und Paul Ince vom englischen Nationalteam wurde in der englischen Presse heftig kritisiert, weil er sich beim legendären Elfmeterschießen gegen Deutschland im Halbfinale der EM 1996 mit dem Rücken zum Tor in den Mittelkreis setzte. Schon 1980, als solche Dramen noch relativ neu waren, blieben im Endspiel des Europapokals der Pokalsieger die Fernsehkameras kurz an Arsenals Ersatztorhüter Paul Barron hängen, der mit dem Rücken zum laufenden Elfmeterschießen an der Seitenlinie stand.

Diese «Wahrnehmungsvermeidung« oder »Erlebnisvermeidung«[31] können vermutlich die meisten von uns nachvollziehen. Die unangenehmen Gefühle, die Spieler und Spielerinnen beim Elfmeterschießen durchmachen, ergeben manchmal einen durchaus explosiven Cocktail. Deshalb entscheiden sich einige lieber, gar nicht erst hinzuschauen. Wir haben uns alle irgendwann schon einmal so verhalten, sei es auf der Landstraße, wenn vor uns ein überfahrenes Tier am Straßenrand lag, oder bei einer besonders gruseligen Szene in einem Horrorfilm, oder eben, wenn unserer Mannschaft beim Fußball ein wichtiger Elfmeter bevorstand. Wir schauen weg, um uns das Trauma zu ersparen.

Und das ist auch in Ordnung. Bei einem Elfmeterschießen zuzuschauen, ist stressig: Da ist es durchaus sinnvoll, sich zu schützen. Und das gilt genauso für die, die an der Seitenlinie stehen, wie für die, die das Geschehen zu Hause im Wohnzimmer am Bildschirm verfolgen. Aber es ist natürlich etwas anderes, wenn man als Mitglied der ausführenden Mannschaft vor Ort dabei ist. Vielleicht sollten wir da in Sachen Wahrnehmungsvermeidung die Grenze ziehen. Wenn Sie als Spieler*in aktiv am Shootout teilnehmen, werden Ihre Handlungen und Verhaltensweisen immer auf die anderen Spieler*innen wirken. Man kann nicht nicht kommunizieren.[32] Und man sollte wohl darauf achten, keine Gefühle zu übermitteln, die sich negativ auf das restliche Team auswirken können.

Auf dieses Thema werden wir im 4. Kapitel zurückkommen, wenn es darum geht, inwiefern Elfmeter Teamsache sind. Aber jetzt soll es zunächst um die Frage gehen, was die Elfmeterschützinnen und -schützen selbst im Hinblick auf ihr Blickverhalten und ihren natürlichen Vermeidungsinstinkt tun. Einen Elfmeter kann man ja wohl kaum mit dem Rücken zum Ball ausführen …

Oder doch?

Zwei Jahre nachdem Paul Ince sich mit abgewandtem Gesicht in den Mittelkreis gesetzt hatte, fand er sich erneut in einem Elfmeterschießen für England wieder. Dieses Mal in dem großartigen (jedenfalls für neutrale Beobachter*innen) Match gegen Argentinien im Viertelfinale der Weltmeisterschaft 1998. Und dieses Mal blieb Ince nicht die ganze Zeit Zuschauer, denn er musste selbst als Schütze ran. Als er auf den Ball zuging, lächelte er leise. Zuversicht? Oder ein Versuch, mangelnde Zuversicht zu überdecken? Schwer zu sagen. Doch was dann geschah, könnte ein Hinweis sein, so banal und undramatisch es auch war.

Nach dem Ablegen des Balls auf dem Elfmeterpunkt haben die Spieler im Wesentlichen zwei Möglichkeiten, um sich an die Stelle zu begeben, von der aus sie ihren Anlauf nehmen wollen. Sie können entweder rückwärtsgehen, mit dem Gesicht in Richtung Torwart (ich nenne das Kontaktblick), oder sich umdrehen, vorwärtsgehen und dem Torwart den Rücken zukehren (Blickvermeidung). Letzteres verschafft dem Schützen eine kurze Pause vom Kontakt mit dem Torhüter und steht ganz im Einklang mit der Theorie der »Wahrnehmungsvermeidung«, von der oben die Rede war. Diese Strategie wandte Ince an. Er legte den Ball ab, drehte sich sofort um und ging ein Stück zurück, um sich auf den Anlauf vorzubereiten. Dadurch verschaffte er sich eine Blickpause. Dann drehte er sich zum Ball um – und zum Torwart. Schließlich nahm er schnell Anlauf. Und verschoss.

Was wissen wir eigentlich über diese Blickstrategie beim Elfmeterschießen? 1982, als der Franzose Alain Giresse als erster Schütze im allerersten Elfmeterschießen einer WM antrat, stand er zunächst mit dem Rücken zum deutschen Torwart Harald »Toni« Schumacher. Giresse sagte darüber: »Ich will Schumacher nicht anschauen. Auf keinen Fall. Also schaue ich weg. Man kann nie wissen, womöglich hätte er mich aus der Fassung gebracht, mit irgendwelchen Faxen. Also hab ich weggeguckt.«[33] In unseren Interviews haben etliche Spieler berichtet, wie stressig sie es finden, bei der Vorbereitung auf den Schuss den Torhüter anzuschauen. Ein Spieler zum Beispiel wandte sich ab, nachdem er mitbekommen hatte, wie sich der Torwart verhielt. Der hatte sich Zeit gelassen, seinen Platz im Tor einzunehmen, hatte demonstrativ seine Trinkflasche weggeworfen und dann an der Platzierung des Balls durch den Schützen rumgemeckert. »Normalerweise drehe ich mich nicht um, wenn ich zurückgehe«, sagte der Spieler. »Aber hier war es gut, ihn nicht die ganze Zeit anschauen zu müssen.«

Wir wissen, dass Spieler und Spielerinnen in der besonders intensiven Situation eines Elfmeterschießens öfter ein Blickvermeidungsverhalten zeigen als sonst. 2008 haben wir eine Studie veröffentlicht, in der wir darlegen, dass bis zu diesem Zeitpunkt die Spieler, die in wichtigen Turnieren einen der Hochdruck-Elfmeter, bei dem ein Scheitern automatisch den Spielverlust ihres Teams bedeutet hätte, übernahmen, in 44 Prozent der Fälle dem Torwart den Rücken zukehrten.[34] Wesentlich öfter als in Situationen, in denen ein Treffer automatisch den Sieg bedeutet hätte (14 Prozent), und auch öfter als in Fällen, in denen der Schuss keine unmittelbaren Auswirkungen auf Sieg oder Niederlage hatte (30 Prozent). Es scheint tatsächlich so zu sein, dass Fußballspieler und -spielerinnen bei besonders hohem Druck Erleichterung im Wegschauen suchen.

Bei der Blickvermeidung gibt es aber auch deutliche nationale Unterschiede. 2009 habe ich einen Beitrag mit dem Titel »Warum versagen englische Spieler beim Elfmeterschießen?« veröffentlicht.[35] Darin betrachte ich die Unterschiede zwischen den Ländern im Hinblick auf mehrere Variablen und Verhaltensweisen. Spieler aus Ländern, die traditionell als große Fußballnationen mit starken nationalen Ligen gelten, zu denen England zweifellos gehört, zeigen mehr Vermeidungsverhalten als Spieler aus anderen Ländern. Zum Beispiel drehten sich 57 Prozent der englischen Elfmeterschützen beim Zurückgehen nach der Ballablage vom Torhüter weg. Das war unter den acht untersuchten europäischen Ländern mit Abstand der höchste Wert und wesentlich höher als in dem Land mit dem zweithöchsten Wert (*siehe Grafik Seite 53*).

In meinem Beitrag kam ich zu dem Schluss, dass englische Spieler vermutlich unter größerem Druck stehen als Spieler aus anderen europäischen Ländern. Dieser Druck hat seine Ursachen in den besonders hohen (vielleicht unrealistisch hohen) nationalen Erwartungen, dem langen Zeitraum, in dem England kein großes Turnier gewonnen hatte (zuletzt die WM 1966) sowie der einzigartigen Gnadenlosigkeit der englischen Presse. Diese Faktoren hatten bei den englischen Spielern wahrscheinlich in Hochdruckmomenten besonders viel Stress, Angst und andere unangenehme Gefühle hervorgerufen. Vielleicht hatten sich deshalb mehr von ihnen vom Torwart abgewandt.

Aber beeinträchtigt eine solche Blickvermeidung die sportliche Leistung? Kommt darauf an. Meine Analyse aller Elfmeterschießen in größeren Turnieren der Männer zwischen 1976 und 2023 zeigt, dass Spieler mit Blickvermeidungsverhalten ihre Schüsse zu 72 Prozent verwandeln, während Spieler, die mit dem Blick zum Torwart vom Ball weggehen, zu 74 Prozent treffen. Das ist eine kleine, statistisch nicht relevante Differenz. Allerdings hat eine Reihe von Laborversuchen englischer, deutscher und französischer Forschungsstellen ergeben, dass Torhüter*innen, die Elfmeterschütz*innen gegenüberstehen, welche zu Boden schauen oder den Blick abwenden, sich wesentlicher sicherer fühlen, als wenn die Schütz*innen sie unentwegt anschauen.[36] Andere Studien zeigen, dass Torhüter*innen im Duell tatsächlich besser abschneiden, wenn die Schütz*innen wegschauen.[37]

Ricardo, Portugals Torwart beim Elfmeterschießen gegen England während der WM 2006, mag sich überlegen gefühlt haben, wenn er Spieler wie Frank Lampard, Steven Gerrard und Jamie Carragher

Blickvermeidung vor dem Elfmeter

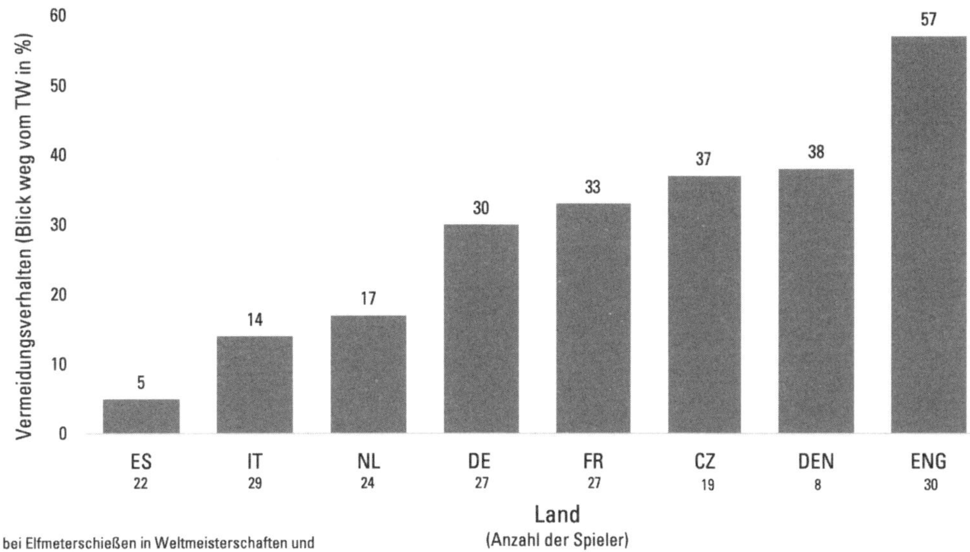

Alle Schüsse bei Elfmeterschießen in Weltmeisterschaften und Europameisterschaften der Männer von 1976-2023

anschaute und sie seinen Blick nicht erwiderten: »Sie wollten mir nicht in die Augen sehen«, sagte Ricardo später, und es klang ziemlich zufrieden.[38]

Aber abgesehen davon, was das Blickverhalten dem Gegner verrät, ist eine zentrale Frage meiner Meinung nach, *warum* die Spieler dem Torhüter vor dem Schuss den Rücken zukehren. Ist dieses Abwenden Absicht, ein Teil der geprobten Strategie, um mit dem Druck klarzukommen? Oder ist es eine eher spontane Reaktion, um das Unbehagen zu verringern? Ich würde sagen, Ersteres kann ein Zeichen von Klugheit und Anpassungsfähigkeit sein. Schauen die Spieler aus strategischen Gründen absichtlich weg, dann übernehmen sie die Kontrolle, glauben, die Situation kontrollieren zu können, und vielleicht gelingt es ihnen dann tatsächlich besser. Interessant ist, dass in unserer Videoanalyse des Blickverhaltens bei wichtigen Elfmeterschießen die Vorwärtsgehenden, also die, die es vermeiden, den Torwart anzuschauen, wesentlich öfter treffen (87 Prozent) als die, die den Torwart im Blick behalten (70 Prozent).[39] Vorwärtsgeher sind meistens erfahrenere Tor- und Elfmeterschützen. Nehmen wir den polnischen Superstar und Elfmeterspezialisten Robert Lewandowski. Er dreht sich vor dem Elfmeterschuss immer vom Torhüter weg. Das ist fester Bestandteil seiner Routine und verschafft ihm eine kleine mentale Auszeit, ehe er seine Konzentration hochschraubt und den Schuss ausführt. Andere meisterhafte Elfmeterschützen, die sich umdrehen, sind Ivan Toney vom FC Brentford (manchmal, bei Torhütern, die laut und raumgreifend sind) und der brillante Néstor Ortigoza, der für San Lorenzo und Paraguay spielt und sich vor dem Schuss unweigerlich vom Torwart wegdreht. Bei diesen Spielern von Vermeidungsverhalten zu sprechen, ist vermutlich nicht angebracht. Treffender wäre wohl der Terminus »Strategische Abgrenzung« (mehr dazu im 3. Kapitel).

Und wie steht es mit denen, die ungeplant wegschauen, ganz spontan? Diese Spielerinnen und Spieler haben vielleicht weniger Erfahrung im Elfmeterschießen, werden von ihrer Nervosität und Aufregung überwältigt und suchen einen Moment der Entlastung. Auch für sie ist das Wegschauen nicht unbedingt etwas Schlechtes; es ist nur vielleicht nicht genug, und während sie versuchen, sich Erleichterung von der nervlichen Belastung zu verschaffen, werden sie zugleich von ihrer Aufgabe abgelenkt. Wenn sie sich dann dem Torhüter oder der Torhüterin wieder zuwenden, ist die Situation noch dieselbe, sie ist noch nicht bewältigt, und sie müssen sich der Angst, der sie ausgewichen sind, doch stellen – so war es bei Paul Ince. Vorübergehende Erleichterung führt noch nicht zum Ziel.

Allerdings hat seit der Veröffentlichung unserer ersten Studien über Druck und Blickverhalten im Jahr 2008 eine deutliche Veränderung des Spielverhaltens stattgefunden. Mit einigen bemerkenswerten Ausnahmen wie den oben genannten dreht sich heute kaum noch ein Spieler oder eine Spielerin um und nutzt die Blickvermeidungsstrategie (*siehe Grafik Seite 56*). Fast alle Elfmeterschützinnen und -schützen schauen mittlerweile den Torwart oder die Torwartin an, wenn sie nach der Ballablage zurückgehen, um Anlauf zu nehmen.

Warum ist das so? Ein einfacher Grund mag sein, dass einige prominente, hochgeschätzte und erfolgreiche Spieler und Spielerinnen mit diesem Verhalten angefangen und andere es übernommen haben. Mitte der 2000er-Jahre etwa hatte Cristiano Ronaldo seinen Durchbruch und setzte in vielen Dingen neue Standards. Dazu gehört auch seine extrem genaue, zielstrebige Vorbereitung auf einen Elfmeterschuss, inklusive des äußerst dominant und siegesgewiss wirkenden Rückwärtsgehens nach der Ballablage, bei dem er mit festem Blick zum Torwart schaut. Vielleicht lag es also nur an Ronaldo.

Zweitens ist es nicht ganz unwahrscheinlich, dass die Veröffentlichung unserer und anderer Studien über die zwei Möglichkeiten, nach der Ballablage in Anlaufposition zu gehen, die Aufmerksamkeit auf das Thema gelenkt und die Spielerinnen und Spieler dazu bewogen hat, auf ihr Vermeidungsverhalten zu verzichten, um dominanter und sicherer zu wirken.

Blickvermeidung vor dem Elfmeter, zeitliche Entwicklung

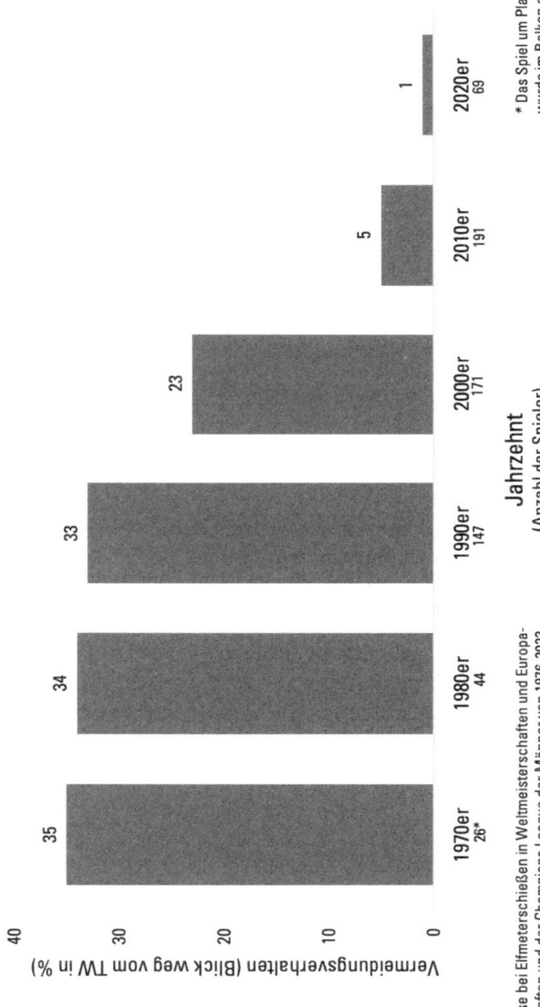

Alle Schüsse bei Elfmeterschießen in Weltmeisterschaften und Europameisterschaften und der Champions League der Männer von 1976-2023

* Das Spiel um Platz 3 bei der EM 1980 wurde im Balken der 1970er mitgezählt.

Was auch immer der Grund gewesen sein mag, es ist interessant, wie sich in der populärsten Sportart der Welt ein bestimmtes Verhalten plötzlich herauskristallisiert, verbreitet und schließlich vorherrscht. Elfmeterschützinnen und -schützen sind von solchen neuen Glaubenssätzen besonders betroffen, weil Elfmeter oft spielentscheidend sind, zugleich aber im Training und in der Analyse vernachlässigt werden. Das trägt dazu bei, dass bestimmte Verhaltensmuster Vorbildcharakter bekommen, auch wenn niemand so recht weiß, warum.

Eins aber muss gesagt werden: Unsere schlichte Unterteilung in zwei Kategorien (entweder mit dem Rücken zum Torwart oder nicht) lässt Nuancen vermissen und ist nicht geeignet, subtilere Formen der Blickvermeidung zu erfassen. In der Forschung ist unser Ansatz in letzter Zeit zu Recht kritisiert und eine detailliertere Blickrichtungsbestimmung vorgeschlagen worden.[40] In daraufhin folgenden Untersuchungen aller Elfmeter in der Deutschen Bundesliga zwischen 2011 und 2016 (400 insgesamt) fand man heraus, dass die Spieler, die das Gesicht vom Torwart abwandten oder den Blick vor dem Schuss nach unten richteten, ihre Elfmeter öfter vergaben als die anderen. Das legt nahe, dass das Blickverhalten der Elfmeterschützen tatsächlich etwas darüber verrät, wie erfolgreich sie sein werden. Doch auch hier gibt es wieder keine absoluten Wahrheiten, und ein Zusammenhang muss nicht zwangsläufig ursächlich sein – ich würde nicht im Traum daran denken, Robert Lewandowski zu raten, sich nicht mehr vom Torwart abzuwenden, nur weil die Wissenschaft das für besser hält.

Schneller werden

Im Elfmeterschießen des Viertelfinales der WM 2006 zwischen England und Portugal übernahm Jamie Carragher den vierten Schuss für England. Er platzierte den Ball, kehrte dem Torwart den Rücken zu, ging einige Schritte zurück, drehte sich dann blitzschnell um und sprintete los. Carreghers Schuss kam hart und ging nach unten rechts. Ricardo, der portugiesische Torhüter, hatte sich nicht vom Fleck gerührt. Ball im Tor.

Bloß dass es kein Tor war. Der Schiedsrichter pfiff und zeigte auf den Punkt. Der Schuss musste wiederholt werden. Carregher war etwas unterlaufen, was beim Elfmeterschießen sehr selten vorkommt: ein Fehlstart. Ungeduldig wollte er den Schuss schnell hinter sich bringen und war zu früh losgerannt, schon vor der Freigabe durch den Schiedsrichter. Jetzt musste er sich den Ball erneut zurechtlegen. Er wiederholte seine Strategie. Kehrte dem Torwart den Rücken. Noch während er vom Ball wegging, ertönte der Pfiff. Sofort drehte er sich um, nahm Anlauf und schoss, diesmal in die andere Ecke. Ricardo parierte.

Haben es die englischen Spieler eiliger als Spieler aus anderen Ländern? In der oben erwähnten Studie von 2009 über die Engländer habe ich auch die Wartezeit der Spieler nach dem Freigabepfiff des Schiedsrichters erfasst. Die Antwort war eindeutig. Zwischen 1976 und 2008 warteten englische Spieler im Schnitt 0,28 Sekunden nach dem Pfiff und waren damit tatsächlich nennenswert schneller als die meisten Spieler aus anderen Ländern (*siehe Grafik Seite 60*).

Sind 0,28 Sekunden Reaktionszeit schnell? Als Usain Bolt 2009 in Berlin die 100 Meter in 9,58 Sekunden lief und damit einen neuen Weltrekord aufstellte, betrug seine Reaktionszeit auf den Startschuss 0,15 Sekunden. Im Vergleich zum schnellsten Mann der Welt sind also die englischen Spieler relativ langsam. Verglichen mit anderen Elfmeterschützen sind sie außerordentlich schnell. Jedenfalls vergeuden sie keine Zeit nach dem Freigabepfiff.

Davon abgesehen reagierten die meisten Spieler laut unserer Untersuchung der Strafstöße vor 2007 schon nach weniger als einer Sekunde auf den Freigabepfiff (im Schnitt 0,7 Sekunden).[41] Damit waren sie absurderweise schneller als Athleten aus anderen Sportarten in ähnlichen Situationen. Zum Beispiel ergab eine Studie über die NBA-Basketballer, dass die mittlere Zeit, nachdem der Schiedsrichter einem Spieler den Ball übergeben hatte – gleichbedeutend mit Freigabe –, bis zum Wurf etwa 6 Sekunden betrug.[42] Beim Rugby standen die Spieler während der Weltmeisterschaft 1999 nach der Positionierung 10 bis 11 Sekunden still, um sich zu konzentrieren, ehe sie sich auf den Ball zubewegten.[43] Viele hochkarätige Rugbyspieler lassen sich sogar noch mehr Zeit – bis zu 15 Sekunden.[44] Golfspieler hingegen warten manchmal sogar 20–30 Sekunden, ehe sie einen Schlag ausführen.

Die Frage ist also: Wenn Athleten in anderen Sportarten sich bis zu einer halben Minute Zeit nehmen, um sich auf eine ähnliche Aufgabe zu konzentrieren, warum agieren Fußballer dann schon nach einer knappen Sekunde? Warum wird der Freigabepfiff im Fußball so oft als Aufforderung zum sofortigen Schießen interpretiert anstatt als das, was er in der Realität ist: ein Signal, das die Erlaubnis zum Schießen gibt? Wieso sind Fußballer und Fußballerinnen derart in Eile? Ich glaube, teilweise liegt es daran, dass Elfmeter im Fußball weniger bewusst und durchdacht vorbereitet werden als vergleichbare Situationen in anderen Sportarten. Die Spielerinnen und Spieler haben weder Plan noch Strategie – abgesehen vom Zeitpunkt und der Technik des Schusses. Dadurch wird der Freigabepfiff zum Startschuss. Aber die Schützinnen und Schützen stehen beim Elfmeterschießen auch extrem unter Druck, und das zeigt sich womöglich auch in ihrem Timing. Hinweise darauf geben englische Spieler, die Elfmeter verschossen und von ihren Erfahrungen berichtet haben. Chris Waddle, der bei der WM 1990 einen Elfer vergab, erklärte anschließend: »Ich wollte es nur hinter mich bringen.«[45] Gareth Southgate, seit 2016 Englands Nationaltrainer, vergab bekanntlich im Halbfinale der EM 1996 gegen Deutschland seinen Elfmeter und sagte ebenfalls: »Ich wollte einfach den Ball nehmen, ihn auf den Punkt legen und es hinter mich bringen.«[46] Am lebhaftesten hat wohl Steven

Pause nach Freigabepfiff

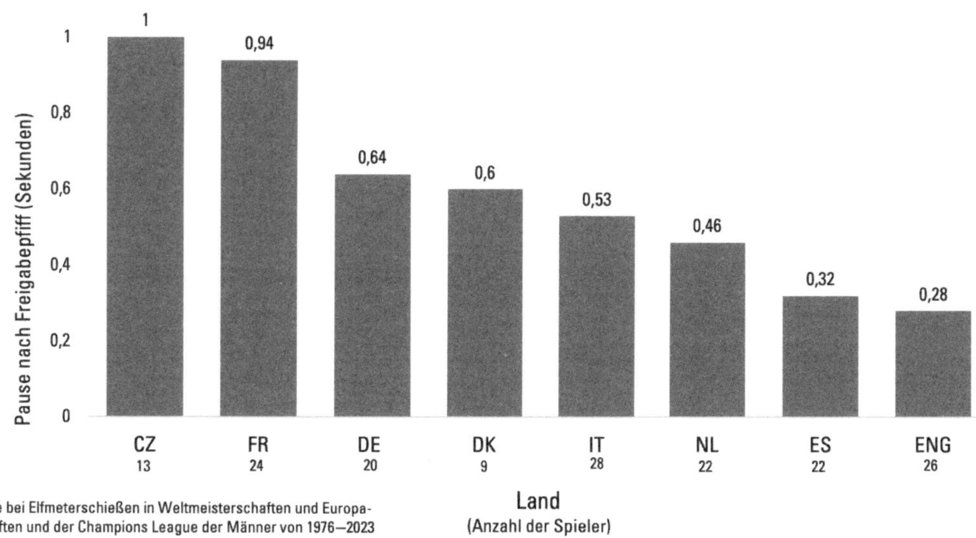

Alle Schüsse bei Elfmeterschießen in Weltmeisterschaften und Europameisterschaften und der Champions League der Männer von 1976–2023

Gerrard, der im Viertelfinale der WM 2006 gegen Portugal verschoss, seine Gefühle beschrieben: »Mein Gott, ich wollte am liebsten der Erste sein. Es abhaken. Das Warten macht mich fertig. Als Simao getroffen hat, konnte ich kaum hinsehen … Ich war bereit. Aber Elizondo nicht. Na los, pfeif endlich. Sch****, Schiri, jetzt mach schon! Wozu warten? Herr im Himmel. Ich hätte schreien können.«[47] Allen diesen Spielern gemeinsam war intensive Anspannung, Ungeduld und der dringende Wunsch, das Elend hinter sich zu bringen.

Unter Druck mehr Tempo zu machen, ist nicht nur im Fußball oder beim Elfmeterschießen verbreitet. Etliche Studien zeigen, dass Athleten, die unter hoher Anspannung stehen und damit schlecht zurechtkommen, in Hetze verfallen und übereilt agieren.[48] Auch in anderen Situationen wählen viele Menschen die schnelle Variante, wenn sie die Wahl haben, etwas Unangenehmes entweder aufzuschieben oder rasch hinter sich zu bringen.[49] In einem Experiment fürchteten 70 Prozent der Teilnehmenden leichte, aber schmerzhafte Elektroschocks so sehr, dass sie lieber stärkere Schmerzen sofort in Kauf nehmen wollten, als später weniger starken Schmerz zugefügt zu bekommen. Manchmal graut einem also mehr vor der Erwartung eines Schmerzes als vor dem Schmerz selbst.[50]

Die Frage ist, ob dieses Tempomachen unter Druck sich positiv oder negativ auf die Leistung auswirkt. 2009 haben wir unsere Studie der Schüsse in allen wichtigen Elfmeterschießen der Männer, die bis dahin stattgefunden hatten (37, mit insgesamt 366 Schüssen), veröffentlicht.[51] Die Untersuchung zeigte, dass die Spieler, die nach dem Freigabepfiff sofort Anlauf nahmen und schossen, wesentlich seltener trafen (unter 66 Prozent) als die, die kurz pausierten, ehe sie losrannten (über 80 Prozent).

Danach änderten sich die Dinge. Die Medien griffen unsere Erkenntnisse auf und brachten Schlagzeilen wie »Warum das Zögern beim Elfmeter England zum Sieg verhelfen könnte« (*Daily Telegraph*) oder »Beim Elfmeterschießen schneiden Schildkröten besser ab als

Hasen« (*Wall Street Journal*). Ungefähr um die gleiche Zeit und in den folgenden Jahren fingen mehrere weltberühmte Spieler wie Cristiano Ronaldo, Nani oder Neymar damit an, vor ihrem Schuss drei bis fünf Sekunden innezuhalten. Neymar zum Beispiel wartete beim Elfmeterschießen gegen Deutschland im Finale der Olympischen Spiele 2016 fast 5 Sekunden, ehe er Anlauf nahm und den Siegtreffer erzielte. Seitdem scheinen die Spieler sich nach dem Freigabepfiff immer mehr Zeit zu lassen. Warum auch immer, ob wegen der berühmten Vorbilder, unserer Studienergebnisse oder aus anderen Gründen – in den folgenden zehn Jahren (bis in die 20er-Jahre hinein) haben Elfmeterschützen die durchschnittliche Pause nach dem Freigabepfiff bei Elfmetern auf über 2 Sekunden erhöht und damit mehr als verdoppelt (*siehe Grafik Seite 63*).

Als die Spieler sich vor ihren Elfmetern noch sehr wenig Zeit ließen, hatte das Leistungseinbußen zur Folge. Doch wie wir gesehen haben, kann auch eine besonders lange Pause vor dem Schuss von Nachteil sein. Das trifft vor allem dann zu, wenn durch die lange Pause das alte Problem des Overthinking, des zu langen Nachdenkens, zum Tragen kommt. So mag es etwa bei Marcus Rashford gewesen sein, als er bei der EM 2020 die 11 Sekunden innehielt. Die Zeit, die sich die Spieler vor dem Schuss nehmen, kann also in zweierlei Hinsicht zum Choking führen: entweder durch zu wenig Aufmerksamkeit (schwache Leistung nach sehr kurzer Pause), oder durch zu viel Aufmerksamkeit (schwache Leistung nach sehr langer Pause). Im Allgemeinen zeigen unsere neueren Daten, dass Spieler, die sich Zeit zum Innehalten nehmen, besser abschneiden. Allerdings ist das keine Erfolgsgarantie. Die Beispiele für ein zu langes Pausieren reichen aus, um als Warnung zu dienen.

Die Analysen aller wichtigen internationalen Elfmeterschießen der letzten drei Jahre ergeben trotzdem sowohl bei den Männern als auch bei den Frauen, dass Spielerinnen und Spieler, die sich nach dem Pfiff mehr Zeit lassen, erfolgreicher waren. Diejenigen, die am

Pause nach Freigabepfiff, zeitliche Entwickung

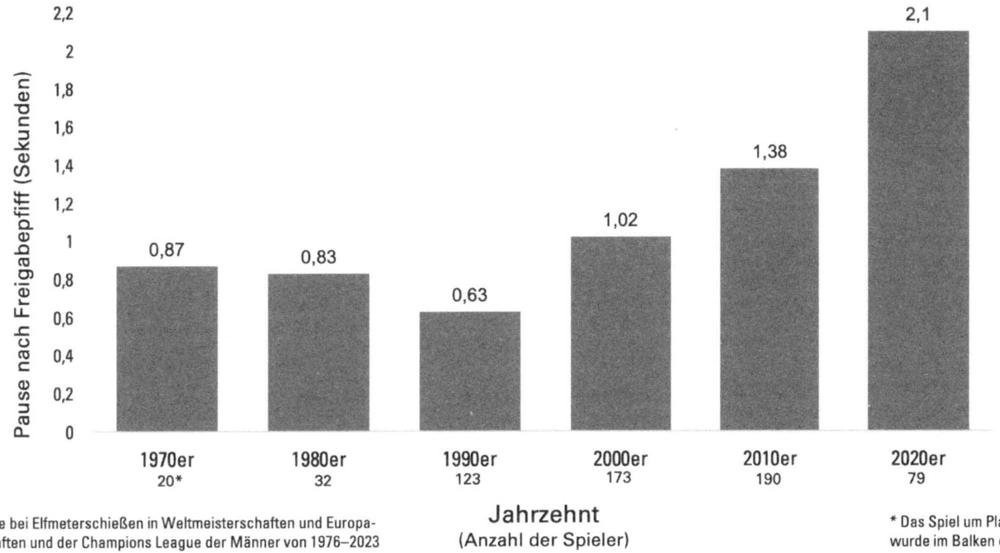

Alle Schüsse bei Elfmeterschießen in Weltmeisterschaften und Europameisterschaften und der Champions League der Männer von 1976–2023

* Das Spiel um Platz 3 bei der EM 1980 wurde im Balken der 1970er mitgezählt.

längsten innehielten, verwandelten 78 Prozent ihrer Elfmeter.[52] Diejenigen mit den kürzesten Pausierzeiten trafen nur in 51 Prozent der Fälle. Dieser Effekt lässt sich auch auf Mannschaftslevel beobachten. Bei den Olympischen Spielen 2020 gab es zum Beispiel fünfmal ein Elfmeterschießen (zweimal bei den Männern, dreimal bei den Frauen). Alle wurden von dem Team gewonnen, das sich im Schnitt nach dem Freigabepfiff am längsten Zeit gelassen hatte.

Daraus folgt natürlich nicht, dass ein kurzes Innehalten immer schlecht wäre. Manche Spieler nehmen sich so gut wie gar keine Zeit. Die Franzosen Kylian Mbappé und Antoine Griezmann etwa sind erfahrene Elfmeterschützen, die *immer* nur ganz kurz pausieren. Das ist ihre Taktik, und sie funktioniert bei ihnen sehr gut. Wichtig ist vielmehr, was die Spieler und Spielerinnen mit der Zeit, die sie sich nehmen, anfangen, und das werden wir uns gleich im 2. Kapitel anschauen.

Wichtigkeit des Elfmeters

Manche Elfmeter sind wichtiger als andere. Bei der Weltmeisterschaft 1994, die in den USA ausgetragen wurde, traf Brasilien im Finale in Pasadena auf Italien. Die Begegnung fand an einem brütend heißen Julitag statt, vor 94.000 Zuschauer*innen im Stadion und einem weltweiten, auf eine Größe von zwei Milliarden geschätzten Fernsehpublikum.[53] Mit Rücksicht auf die europäischen Sendeanstalten war Anstoß um 12.30 Ortszeit, als aus der Temperatur von 27° Celsius im Schatten unter der kalifornischen Sonne über 40° wurden. Nachdem auch in der Nachspielzeit kein Tor gefallen war, ging die Partie ins Elfmeterschießen – es war das erste Mal, dass ein WM-Finale auf diese Weise entschieden wurde.

Es fing holprig an. Franco Baresi vergab den ersten Schuss für Italien, Márcio Santos vom brasilianischen Team tat es ihm gleich.

Das Publikum fragte sich schon, ob der Ball in diesem Match überhaupt je ins Netz gehen würde. Schließlich erzielten beide Teams zwei Treffer. Doch als Daniele Massaro Italiens vierten Schuss vergab und Dunga für Brasilien verwandelte, war es an Roberto Baggio, Italiens Hoffnung auf den Titel am Leben zu halten.

Baggio, mit Pferdeschwanz, damals Stürmer bei Juventus Turin, war der Superstar des Turniers – amtierender FIFA-Weltfußballer des Jahres und Gewinner des Ballon d'Or (Europas Fußballer des Jahres). Im Laufe des Turniers hatte er bereits fünf Tore erzielt. Traf er jetzt wieder, blieb sein Team im Spiel; vergab er, war Brasilien Weltmeister. Kein Schuss dürfte je so viel bedeutet haben. Der Titeltraum der Italiener stand auf dem Spiel.

Und doch wirkte Baggio gelöst und konzentriert, als er antriat. Kontrollierte Bewegungen, neutraler Gesichtsausdruck. Er wählte einen langen Anlauf und lief sofort los, kaum dass der ungarische Schiedsrichter den Ball freigab. Ein erster ruhiger Schritt, gefolgt von sieben schnellen. Dann ein harter Schuss.

Baggio schien es sofort zu wissen. Der Ball flog über die Latte. Hoch über die Latte, sehr hoch. Nicht nur ein Fehlschuss, nein, ein dramatischer, krasser Fehlschuss. Während die Brasilianer um ihn herum erleichtert jubelten, senkte Baggio still den Kopf.

Fünf Jahre später erschien seine Autobiografie. In dem Buch mit dem vielsagenden Titel *Una Porta nel Cielo* (»Ein Tor im Himmel«) beschreibt er die gravierenden Auswirkungen dieses einen Schusses.[54] »Damals habe ich versagt. Basta. Und es hat mich jahrelang verfolgt. Es war der schlimmste Moment meiner Karriere. Ich träume heute noch davon.«

Die relative Bedeutung eines Schusses beeinflusst die Leistung, das zeigen etliche Studien. Beim französischen Fußballpokal etwa lag die Erfolgsquote beim Elfmeterschießen bei 73,1 Prozent (252 Shootouts mit 2504 Schüssen), im gleichen Zeitraum betrug sie bei gewöhnlichen Elfmetern in der ersten Liga 76 Prozent.[55] Wir wissen auch, dass

Elfmeterschützen, die regelmäßig reguläre Strafstöße ausführen und auch an Elfmeterschießen teilnehmen, aus dem Spiel heraus 4 Prozent mehr Elfer verwandeln.[56] Das Elfmeterschießen erhöht den Druck, und die Leistung leidet darunter.

Doch zurück zu Roberto Baggio. Er ist keineswegs der Einzige, der einen wichtigen Elfmeter vergeben hat. Elfmeter, bei denen ein Fehlschuss die unmittelbare Niederlage des Teams bedeutet, während ein Treffer nur die Fortsetzung des Shootouts zur Folge hat, sind durch ihre potenziell negativen Folgen geprägt. Ich nenne das einen negativen Schuss. Unsere Analyse aller wichtigen Elfmeterschießen zeigt, dass nur 63 Prozent solcher negativen Schüsse verwandelt werden.[57] Das ist signifikant weniger als bei Schüssen vom entgegengesetzten Typus – wenn ein Fehlschuss zur Fortsetzung des Elfmeterschießens führt, während ein Tor den sofortigen Sieg des eigenen Teams bedeutet. Diese positiven Schüsse werden in 89 Prozent der Fälle verwandelt. Bei Elfern mit einer weniger drastischen Sofortwirkung, also solchen, nach denen das Elfmeterschießen unabhängig vom Ergebnis weitergeht, beträgt die Trefferquote 72 Prozent.[58]

Diese Ergebnisse wurden in einer Studie zum französischen Fußballpokal bestätigt, die ergab, dass die Spieler in Situationen, in denen es um alles oder nichts ging, nur zu 56 Prozent trafen.[59] Nicht bestätigt wurden sie allerdings in einer breit angelegten Untersuchung von 115 europäischen Fußballwettbewerben der letzten 11 Jahre.[60] Nun muss man sagen, dass sich unsere Untersuchungen auf prominente Profisportler in den drei hochrangigsten Turnieren der Welt konzentrieren, wo ein Scheitern ganz andere Folgen hat als bei einem Elfmeterschießen auf nationaler Ebene in den unteren Ligen.

Aus den Zahlen können wir ableiten, dass bei Elfmeterschießen in hochrangigen Profiturnieren die Aussicht auf den Sieg einen positiven Anreiz darstellt, durch den sich die Leistung der Spieler verbessert (oder gleichbleibend auf hohem Niveau bleibt). Droht jedoch die unmittelbare Niederlage der Mannschaft, sinkt das Leistungsniveau, und das Risiko für ein plötzliches Versagen, ein Choking, ist höher.

Mit anderen Worten: Ein Elfmeterschießen ist ein Psychospiel. Was sind also die Strategien, mit denen man sich auf eine solche Herausforderung vorbereiten kann? Und was lässt sich daraus über den Umgang mit Druck in unserem Alltagsleben ableiten?

KAPITEL 2

Den Druck kontrollieren

»Dass ich schon so lange so erfolgreich Elfmeter schieße, hat einen einfachen Grund: Ich habe eingesehen, dass es nicht immer klappt, und akzeptiere es.«
Megan Rapinoe

Es gibt Menschen, die ein Elfmeterschießen als reines Glücksspiel betrachten. Und besonders häufig hört man sie diese Ansicht vertreten, wenn ihre Mannschaft gerade eins verloren hat. Fabio Capello: »Elfmeterschießen ist Glückssache.«[1] Louis van Gaal: »Es ist eine Frage des Glücks, ein Lotteriespiel.«[2] Guus Hiddink: »Man kann niemandem einen Vorwurf machen, der einen Elfmeter vergibt. Ein Elfmeter ist immer Glückssache.«[3] Und Danny Murphy: »Elfmeter sind reines Glücksspiel … jeder kann mal einen vergeben.«[4] Der frühere französische Nationalspieler Christian Karembeu formulierte seine Beschreibung des Elfmeterschießens noch dramatischer: »Es ist, wie wenn man eine Kugel in die Trommel eines Revolvers steckt. Irgendjemand bekommt sie ab, so viel ist sicher. Und sie wird ihn vernichten.«[5]

Lotterie, russisches Roulette … jeder hat seine bevorzugte Metapher. Aber alle meinen dasselbe: Es besteht keine Möglichkeit der Kontrolle. Man gibt die Idee der Handlungssouveränität angesichts von Kräften auf, denen man sich hilflos ausgeliefert fühlt. Wir wissen, dass

Kontrolle, zumindest das Gefühl von Kontrolle, unerlässlich ist, um dem Druck, dem man bei einem Elfmeter ausgesetzt ist, standzuhalten[6] – das gilt für jede vergleichbare Drucksituation. Das Gefühl der Kontrolle ergibt sich aus der Annahme, dass das Resultat einer Handlung durch die eigene Anstrengung beeinflusst wird, also durch die Überzeugung, dass es sich *eben nicht* um eine Lotterie (oder gar russisches Roulette) handelt, zumindest nicht nur. Bei unseren psychologischen Untersuchungen von Fußballern und Fußballerinnen bei Elfmeterschießen auf höchstem Niveau erwiesen sich jene, die ein solches Shootout als reine Glückssache betrachteten, stärker durch ihre Befürchtungen über den Ausgang gehemmt als jene, die daran glaubten, es hänge von ihrem Können ab.[7] Auch wer sein eigenes Geschick im Elfmeterschießen nicht einzuschätzen weiß, neigt eher zur Ängstlichkeit. Die Lotto-Analogie hilft definitiv nicht weiter, wenn es darum geht, einen Elfmeter zu verwandeln. Was kann man da tun?

In diesem Kapitel wende ich mich der Frage zu, wie Fußballspieler*innen das Gefühl der Kontrolle über die Situation des Elfmeterschießens und über sich selbst zurückgewinnen und besser mit dieser Herausforderung umgehen können. Und vielleicht erfahren wir dabei auch etwas darüber, wie uns solche Techniken bei Drucksituationen in unserem Alltag helfen können.

Doch zuerst wollen wir herausfinden, wie groß der Einfluss des Könnens beim Elfmeterschießen ist. Inwieweit ist es vielleicht *tatsächlich* ein Glücksspiel?

Das Messi-Problem

Es ist allgemein anerkannt, dass Lionel Messi in den letzten 10 bis 15 Jahren der beste Fußballspieler der Welt war. Aber wie gut ist er im Elfmeterschießen? Es lassen sich zumindest Orientierungswerte finden. Der einfachste ist der Prozentsatz der Elfmeter, die in den letzten drei bis vier Jahren in den 30 europäischen Top-Ligen zum Torerfolg führten: 78,6 Prozent.[8] In der Saison 2022/2023, Messis letzter in Europa vor seinem Wechsel zu Inter Miami, spielte er in der französischen Ligue 1. Dort lag die durchschnittliche Erfolgsquote von Elfmetern in dieser Saison etwas höher: 79,7 Prozent.[9] Und die durchschnittliche Erfolgsquote während der Gesamtkarriere aller Spieler der Ligue 1 war in diesem Zeitraum sogar noch höher: 81,9 Prozent.[10]

Und Messi? Nun, er hat in seiner Karriere 140 Elfmeter geschossen, von denen er 109 verwandeln konnte, was einer Erfolgsquote von 77,9 Prozent entspricht.[11] Lionel Messi, der beste Spieler der Welt des vergangenen Jahrzehnts und vielfacher Torschützenkönig, ist also genau genommen ein unterdurchschnittlicher Elfmeterschütze.

Tatsächlich gibt es zahlreiche herausragende Spieler und Torjäger mit einer überraschend durchschnittlichen Elfmeterbilanz. Dazu gehören einige der besten Torschützen Europas der letzten Jahre wie Ciro Immobile (82,8 Prozent von 93 Elfmetern), Edinson Cavani (81,6 Prozent von 76), Kylian Mbappé (80,4 Prozent von 51), Marco Reus (79,2 Prozent von 24), Radamel Falcao (79,1 Prozent von 67), Thomas Müller (78,9 Prozent von 38), André Silva (78,4 Prozent von 37) und Pierre-Emerick Aubameyang (78 Prozent von 50). Die Erfolgsquote weiterer Spitzenstürmer liegt sogar deutlich unter dem Durchschnitt, so Sadio Mané (73,9 Prozent von 23), Joselu (69 Prozent von 29), Victor Osimhen (68,4 Prozent von 19), Lautaro Martínez (65,2 Prozent von 23) und Alexis Sánchez (47,6 Prozent von 21).

Etliche Spieler des letzten Jahrzehnts, die viele als die besten Elfmeterschützen in den großen europäischen Ligen bezeichnen würden, liegen nur knapp über dem Durchschnitt: Cristiano Ronaldo (84,9 Prozent von 192), Zlatan Ibrahimović (83,2 Prozent von 102), Neymar (81,3 Prozent von 91), Mo Salah (80,4 Prozent von 51) und Karim Benzema (79,2 Prozent von 53).

Was sagt die Forschung über den Einfluss außergewöhnlicher spielerischer Fähigkeit auf den Erfolg beim einzelnen Elfer und Elfmeterschießen? Können ist natürlich schwer zu quantifizieren und zu messen. In unseren ersten Studien haben wir auf die Platzposition der Spieler als Anhaltspunkt für ihr Können zurückgegriffen. Es liegt auf der Hand, dass Offensivspieler (Mittelfeldspieler und Stürmer) – naturgemäß viel erfahrenere Torschützen als Verteidiger – auch eine höhere Erfolgsquote beim Elfmeter haben. Unsere Ergebnisse bestätigten, dass Stürmer (80 Prozent Treffer) mehr Tore erzielten als Verteidiger (67,7 Prozent Treffer).[12] In Studien, die nur Strafstöße, aber keine Elfmeterschießen berücksichtigten, schienen Positionsunterschiede jedoch nur eine untergeordnete, fast schon unbedeutende Rolle zu spielen. Laut einer Untersuchung von 833 Elfmetern aus acht Spielzeiten der portugiesischen Primeira Liga verwandelten Stürmer 79,6 Prozent ihrer Schüsse, Mittelfeldspieler 78,7 Prozent und Verteidiger 75,4 Prozent.[13] Und laut einer Auswertung des Sportanalyseunternehmens InStat von mehr als 100.000 Elfmetern ist der Unterschied sogar noch geringer, bei ansonsten gleicher Tendenz: Stürmer 76 Prozent, Mittelfeldspieler 75 bis 76 Prozent, Verteidiger 73 bis 74 Prozent und Torhüter 72 Prozent.

In einer anderen, jüngeren Studie wurden 1711 Elfmeter (die im Spiel gegeben wurden oder dem Spielentscheid dienten) bei Weltmeisterschaften, Europameisterschaften, in der Champions League und der Europa League von der Saison 2005/2006 bis zur Saison 2019/2020 untersucht.[14] Auch hier ergab die Sortierung der Spieler nach verschiedenen Kriterien nur geringe bis gar keine Unterschiede. So scheint der Marktwert eines Spielers in dieser Hinsicht überhaupt keine Rolle zu spielen. Spieler, die 35 Millionen Euro oder mehr wert sind, treffen zu 74,9 Prozent, Spieler mit einem Marktwert von 10 bis 35 Millionen Euro zu 74,8 Prozent und Spieler mit einem Marktwert von weniger als 10 Millionen Euro zu 73,2 Prozent – diese Unterschiede sind zu gering, um statistisch signifikant zu sein.

Allerdings verwandelten die Spieler stärkerer Mannschaften mehr ihrer Elfmeter (76,4 Prozent) als Spieler schwächerer Mannschaften

(71,2 Prozent). Betrachtet man ausschließlich Elfmeterschießen bei Pokalturnieren, in denen manchmal Mannschaften von sehr unterschiedlichem Niveau gegeneinander antreten, zeigen sich deutlichere Unterschiede. Eine Untersuchung von 1067 Elfmeterschießen, zu denen es zwischen der Saison 2004/2005 und der Saison 2017/2018 in 14 verschiedenen Pokalwettbewerben kam, ergab, dass die höher bewerteten und damit favorisierten Mannschaften 559 Elfmeterschießen (52,5 Prozent) und die Außenseiter 506 Elfmeterschießen (47,5 Prozent) für sich entscheiden konnten.[15] Die letztgenannten Ergebnisse scheinen darauf hinzudeuten, dass Spieler aus höher bewerteten Mannschaften besser mit Elfmetern umgehen können. Dies bedeutet jedoch nicht automatisch, dass dieser Unterschied sich auf Können allein zurückführen lässt. Spieler aus den Oberligen können vielleicht generell besser mit Druck umgehen und bewähren sich daher eher unter den besonderen Herausforderungen des Elfmeterschießens.

Das fußballerische Können spielt also durchaus eine Rolle dafür, wie erfolgreich Elfmeter in Tore verwandelt werden, allerdings eine vergleichsweise geringe. Ob nun ein Lionel Messi oder ein nicht ganz so hochtalentierter Spieler, am Elfmeterpunkt sind alle gleich – fast.

Doch wird das Elfmeterschießen dadurch, dass mehr oder weniger alle dieselbe Chance auf einen Treffer zu haben scheinen, tatsächlich zum Glücksspiel? Oder können die Spieler etwas tun, um ihr Schicksal zu beeinflussen? Werfen wir zunächst einen Blick auf die unterschiedlichen Herangehensweisen an einen Elfmeter – und auf die Spieler und Spielerinnen, die den Bogen rauszuhaben scheinen.

Elfmeterspezialisten und -spezialistinnen

Die beeindruckendsten Elfmeterschützen und -schützinnen sind meiner Meinung nach diejenigen, die über viele Jahre hinweg konstant auf höchstem Niveau Elfmeter geschossen haben und dabei eine deutlich überdurchschnittliche Erfolgsquote aufweisen – Elfmeterspezialisten und -spezialistinnen eben. Harry Kane gehört mit Sicherheit dazu, seine Gesamterfolgsquote beträgt beachtliche 86,6 Prozent (82 Versuche), in der Premier League ist sie mit 89,2 Prozent (37 Versuche) herausragend. Auch Robert Lewandowski ist einer von ihnen – beeindruckende 89,7 Prozent bei 87 Versuchen, meist in der Bundesliga.

Doch so sehr sich Kane und Lewandowski darin zu ähneln scheinen, mit dem Druck beim Elfmeter klarzukommen, so sehr unterscheiden sie sich bei der Ausführung. Kane wendet typischerweise das an, was wir als »torwartunabhängige Technik« bezeichnen. Dabei entscheidet der Elfmeterschütze im Voraus, wo und wie er schießen will. Das tun die meisten Spieler. Positionswahl, Anlauf, zielen, schießen. Im Voraus zu entscheiden, wohin man schießen will, macht die Aufgabe etwas leichter. Zudem hat diese Schusstaktik den Vorteil, relativ leicht korrekt ausgeführt werden zu können. Allerdings ist es schwierig, mit ihr so herausragende Ergebnisse zu erzielen, wie es Kane gelingt.

Aber wohin soll man schießen? Hoch zielen, lautet die gängige Devise. Untersuchungen von Elfmetern in der englischen Premier League und der portugiesischen Primeira Liga legen nahe, dass es am besten ist, den Ball möglichst hoch unter die Latte zu lenken, weil er dann öfter ins Netz geht. Ein flacher Schuss macht dem Torwart die Parade leichter.[16]

Unsere Daten aus wichtigen Spielen, die durch Elfmeterschießen entschieden wurden, ergeben wie erwartet, dass es keinen signifikanten Unterschied zwischen dem Schuss in die linke (70,7 Prozent Tore) und in die rechte Ecke (71,2 Prozent Tore) gibt. Doch was bietet die höchste Erfolgsquote? Genau in die Mitte zielen, in das Loch, das der Torwart hinterlässt, wenn er sich dem Ball entgegenwirft. Unseren Daten zufolge gehen 77,9 Prozent der dorthin gezielten

Bälle ins Netz. Antonin Panenka ahnte es wohl. Es war 1976, als der tschechoslowakische Mittelfeldspieler die Welt mit seiner gewagten Elfmeter-Innovation begeisterte: Er verlockte den Torhüter zu einer frühen Reaktion und lenkte den Ball dann elegant in die Mitte des Tores – bis heute trägt diese Art von Elfmeter seinen Namen. (Dieser Trick, den Panenka zwei Jahre lang geübt haben will, verhalf der Tschechoslowakei damals im Finale der Europameisterschaft zum Sieg über die Bundesrepublik.) Torhüter haben »Action Bias«, einen Hang zur Aktion, auch wenn diese nicht unbedingt etwas nützt: Sie werfen sich lieber nach links oder rechts, wie es die Zuschauer auch von ihnen erwarten. Einfach in der Mitte zu verharren, wirkt schnell ungeschickt oder, noch schlimmer, unengagiert.[17] Die Statistiken legen jedoch nahe, dass es für Torhüter ratsam wäre, zur Abwechslung auch mal die Mitte zu verteidigen.

Eine große Herausforderung für Spieler, die torwartunabhängig schießen, ist die Frage, ob der Torwart es schafft, sich in die richtige Ecke zu werfen. Hier kann ich allen Anhänger*innen der Lotto-Theorie schon eher zustimmen. Die meisten Torhüter entscheiden sich für eine Seite und setzen sich in Bewegung, bevor der Ball geschossen ist, wählen also manchmal die richtige Seite, manchmal aber auch nicht. Bei unserer Auswertung von Spitzenspielen, die im Elfmeterduell entschieden wurden, haben wir festgestellt, dass die Torhüter in 91 Prozent der Fälle, in denen sie sich für die falsche Seite entschieden, ein Tor kassierten. Wählt der Torhüter hingegen die richtige Seite, können nur 54 Prozent der Schüsse verwandelt werden. Es lohnt sich, über diesen Punkt nachzudenken. Das bedeutet nichts anderes, als dass etwas, über das ein torwartunabhängig agierender Elfmeterschütze keinerlei Kontrolle hat, nämlich die Seite, die der Keeper verteidigt, die Torchance fast um die Hälfte reduziert. Dies ist ein Hauptgrund dafür, warum Elfmeterschützen und -schützinnen so oft das Gefühl haben, keine Kontrolle über die Situation zu besitzen.

Auch ein besonders schusskräftiger Spieler wie Kane kommt an diesen Wahrscheinlichkeiten nicht komplett vorbei, er kann sie aber erheblich zu seinen Gunsten beeinflussen. In seiner gesamten Karriere als Elfmeterschütze hat Kane 95 Prozent seiner Schüsse in Tore verwandelt, wenn sich der Torhüter für die falsche Seite entschied. Aber auch wenn der Torwart die richtige Seite wählte, lenkte Kane den Ball immer noch in beeindruckenden 81 Prozent der Fälle ins Netz. Das ist eine deutlich höhere Erfolgsquote als die 54 Prozent der meisten Spieler. Er ist eben ein herausragender Elfmeterschütze.

Nicht viele Spieler und Spielerinnen sind in der Lage, torwartunabhängige Schüsse mit einer so hohen Trefferquote zu treten. Eine weitere Ausnahmeerscheinung ist Dominik Szoboszlai, der ungarische Kapitän. Szoboszlai kam 2023 zum FC Liverpool, aber zwei Jahre zuvor spielte der damals Einundzwanzigjährige für RB Leipzig in der Gruppenphase der Champions League gegen Paris Saint-Germain. In diesem Spiel bekam Leipzig, das mit 1:2 im Rückstand lag, in der Nachspielzeit einen Elfmeter zugesprochen, der die Chance zum Ausgleich bot. Szoboszlai schnappte sich sofort den Ball und ging am Elfmeterpunkt in Position. Dort baute sich Neymar von PSG vor ihm auf und sprach ihn direkt an.

Im Interview nach dem Spiel verriet Szoboszlai, worum es bei dem Wortwechsel ging: »Neymar hat mich gefragt: ›Und, machst du ein Tor?‹ Ich sagte: ›Ja.‹ Er sagte zu mir: ›Bist du dir da sicher?‹ Ich antwortete: ›Ja. Ich treffe immer. Ist nun mal so.‹«[18]

Szoboszlai löste sein selbstbewusst gegebenes Versprechen ein. Er schoss den Ball hart und flach knapp am Innenpfosten vorbei in die linke Ecke. Der Torwart Gianluigi Donnarumma hechtete zwar auf die richtige Seite, doch der kraftvolle und präzise Schuss war unhaltbar.

Woher nahm Szoboszlai sein Selbstvertrauen? Ein spielentscheidender Elfmeter in letzter Minute in einem hoch dotierten Spiel setzt selbst den besten Elfmeterschützen unter enormen Druck, auch wenn kein Neymar versucht, ihn aus dem Konzept zu bringen. Noch dazu hatte es Szoboszlai mit dem in jeder Hinsicht überragenden Donnarumma zu tun – der Torhüter misst stolze 1,96 Meter.

Trotz seines jugendlichen Alters war dies nicht der erste Elfer von Szoboszlai. Er war bereits zehnmal für ein Profiteam zum Elfmeter angetreten. Und er hatte Neymar gegenüber nicht übertrieben, es waren sämtlich Treffer gewesen. Ein Rekord von 100 Prozent. Natürlich sind 10 Schüsse keine Basis für eine Statistik. Interessant ist jedoch, dass er 8 dieser 10 Schüsse an dieselbe Stelle links im Tor setzte. Seitdem hat Szoboszlai 6 weitere Elfmeter geschossen, auch alle nach links. Das ergibt 14 Schüsse nach links und 2 nach rechts (*siehe Grafik Seite 78*). Das macht ihn extrem berechenbar, fast so, als würde er dem Torhüter vorab sagen, wohin er schießt. Doch seine Bälle sind so präzise und schnell, dass sie kaum zu stoppen sind. Bei dem einzigen Schuss, der ihm von seinen 16 Elfern misslang, rettete nicht der Torwart die Situation; der Ball prallte gegen den Fuß des Pfostens. Ich fragte den Torhüter Ørjan Nyland, Szoboszlais Mannschaftskollege in Leipzig, der jetzt für Sevilla in Spanien spielt, wie diese Elfmeter abgewehrt werden können. Nyland antwortete: »Selbst wenn man weiß, wohin er schießt, ist es unglaublich schwer, seine Bälle zu stoppen. Sein rechter Fuß ist einfach zu kraftvoll. Es hilft ihm auch, dass er ein enormes Selbstbewusstsein besitzt, er ist mental stark und lässt sich weder von seiner Umgebung noch von allem, was der Torhüter im Vorfeld veranstaltet, abhalten.«

Das ist torwartunabhängiges Elfmeterschießen in seiner besten Form. Der Spieler entscheidet, wohin der Ball gehen soll, und schießt dann hart und präzise auf diesen Punkt. Zu den Elite-Elfmeterschützen, die diese Technik perfektioniert haben, gehören Chris Wood (90,6 Prozent Treffer aus 32 Schüssen), der paraguayische Elfmeterspezialist Néstor Ortigoza (91,8 Prozent aus 49) und Olivier Giroud (89,2 Prozent aus 37). Alle diese Spieler sind aufgrund ihrer Schusskraft und Genauigkeit sehr effektiv und müssen sich daher nicht allzu viele Gedanken darüber machen, was der Torwart tut.

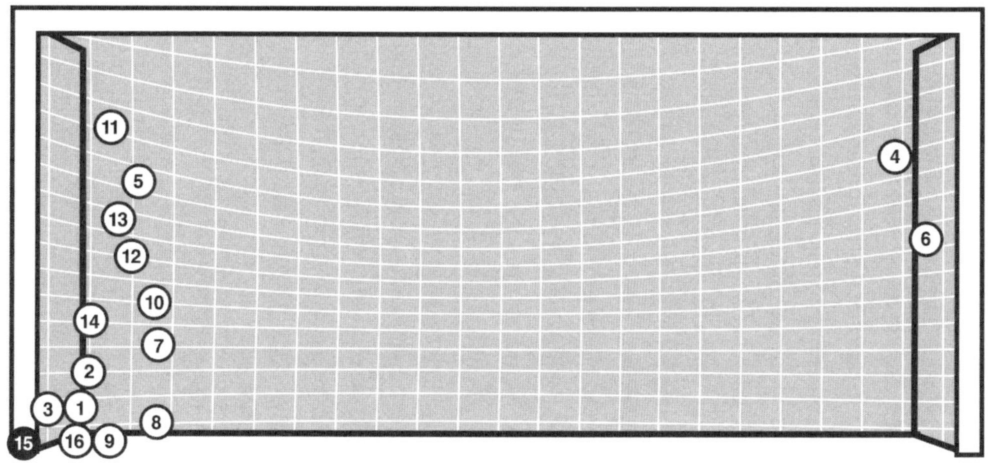

Platzierung der Elfmeterschüsse von Dominik Szoboszlai

(Chronologisch, Schuss Nr. 16 November 2023)

○ Tor

● kein Tor

Robert Lewandowski macht es anders. Der polnische Stürmer kam 2014 von Borussia Dortmund zu Bayern München. Das erste offizielle Spiel für seinen neuen Verein war ein DFB-Pokalspiel gegen den Drittligisten Preußen Münster. Als den Bayern in der 91. Minute ein Elfmeter zugesprochen wurde, lagen sie komfortabel mit 4:1 in Führung. Lewandowski, der nicht auf der Torschützenliste dieses Spiels stand, sollte nun die Chance bekommen, sein Debüt-Tor zu erzielen. Trotz des Spielstands schien Lewandowski sichtlich nervös auf den Pfiff des Schiedsrichters zu warten. Dann reagierte er schnell, machte erst ein paar Schritte zur Seite und beschleunigte auf den Ball zu. Der Schuss ging flach nach rechts, doch Lewandowski traf den Ball nicht sauber, der Torwart hielt ihn mühelos. Es war die letzte Aktion des Spiels. Bayerns großer Neuzugang, der sich offenbar schämte, schlug die Arme über dem Kopf zusammen, wanderte kopfschüttelnd auf dem Rasen umher und murmelte mit verlegenem Gesicht vor sich hin. Als ich Lewandowski in München traf, um ihn für die Amazon-Dokumentation *»Lewandowski – Unknown«* zu interviewen, sagte er Folgendes über diesen Vorfall: »Das war mir eine Lehre, dass ich etwas ändern muss. Nach diesem Elfmeter habe ich angefangen, mir eine neue Technik zu erarbeiten.«[19]

Sprung zum Mai 2016. Der FC Bayern spielt gegen Ingolstadt, ein Sieg würde den Münchnern die deutsche Meisterschaft sichern. In der 15. Minute bekommen sie einen Elfmeter zugesprochen, Lewandowski tritt an. Er wirkt vor dem Schuss besonders nervös, holt mehrfach tief Luft, während der Schiedsrichter sich bereit macht. Dann nimmt er Anlauf, aber nicht mit seiner üblichen Beschleunigung. Diesmal behält er zunächst ein gleichmäßiges Tempo bei, wird dann aber langsamer, macht einen extralangen vorletzten Schritt und pausiert quasi vor dem Ball. In diesem Moment macht Torhüter Ramazan Özcan einen Ausfallschritt nach rechts, woraufhin Lewandowski seinen Anlauf beendet und den Ball seelenruhig in die andere Ecke schickt. Lewandowski ist damit offiziell zum Anhänger der sogenannten »torwartabhängigen Technik« geworden, zu deren gefährlichstem Vollstrecker er sich entwickeln wird.

Bei dieser Technik beobachtet der Schütze die Bewegungen des Torhüters unmittelbar vor und während des Schusses und passt ihn entsprechend an, indem er ihn (idealerweise) dorthin schickt, wo der Torhüter nicht ist. Diese Strategie gibt dem Elfmeterschützen letztlich viel mehr Kontrolle als die torwartunabhängige Technik, allerdings unter Verzicht auf eine gewisse Anfangskontrolle. Im Grunde genommen überlässt der Spieler damit dem Torwart die Entscheidung, wohin er schießt. Es ist eine sehr ausgeklügelte Technik, da der Torwart oder die Torwartin normalerweise versucht, sich so spät wie möglich auf eine Seite festzulegen, sodass dem Elfmeterschützen oder der -schützin nur wenige Zehntelsekunden bleiben, um die Bewegung zu lesen, eine Entscheidung zu treffen und schließlich den Schuss auszuführen. Oft berührt der Fuß dann den Ball, ohne dass der oder die Schießende ihn direkt sieht, was wieder andere Probleme mit sich bringt; und wenn ein Titel oder ein Pokal auf dem Spiel steht und die Augen von Millionen auf dem Schützen oder der Schützin liegen, ist der Druck noch höher.

In den folgenden siebeneinhalb Jahren hat Lewandowski insgesamt 62 Elfmeter mit dieser Technik geschossen, lediglich 4 ohne Erfolg – eine Verwandlungsquote von 94 Prozent. In Anbetracht des hohen Niveaus der Spiele, in denen er diese Elfer ausführte (Bundesliga, Champions League, Länderspiele), ein herausragender Rekord. Hinzu kommt, dass er bei nur 16 Prozent dieser Schüsse den Ball in die Torhälfte lenkte, in die der Torhüter sich warf.

Abwechslung hilft Elfmeterschützinnen und -schützen dabei, die Überlegenheit zu bewahren. Nach 80 torwartunabhängigen Elfmetern wechselte Harry Kane plötzlich die Taktik und wartete vor seinem Elfmeter gegen Arsenal im Viertelfinale der Champions League 2023/2024 darauf, was der Torwart tun würde. Und Lewandowski hat im Verlauf seiner Karriere 21 Elfmeter geschossen, bei denen er sich frühzeitig für einen bestimmten Punkt entschied, von denen 17 ihr Ziel fanden (81 Prozent Treffer).[20] Das bedeutet allerdings, dass er nicht öfter trifft als ein durchschnittlicher Elfmeterschütze, wenn er die Richtung des Balls vorab entscheidet. Reagiert er auf die erste Bewegung des Torhüters, ist er ein unglaublich guter Elfmeterschütze.

Lewandowski versteht es allerdings auch unglaublich gut, sich nicht in die Karten schauen zu lassen. Während Interviews für den erwähnten Dokumentarfilm habe ich ihn fünfmal gebeten, mir genauer zu beschreiben, worauf er sich konzentriert, wenn er Anlauf zum Elfer nimmt. Fünfmal ist er der Frage ausgewichen. Das ist nur zu verständlich. Je erfolgreicher eine Elfmetertechnik geheim gehalten wird, desto höher ist die Wahrscheinlichkeit, mit ihr Tore zu erzielen.

Zu den Spielern, die den torwartabhängigen Ansatz verfolgten, gehörte auch Diego Maradona. Er schoss in seiner Karriere insgesamt 109 offizielle Elfmeter (82,6 Prozent Tore). Für Neapel, auf dem Höhepunkt seiner Laufbahn, war er noch besser: 93,1 Prozent Tore bei 58 Versuchen.[21] Maradona äußerte sich folgendermaßen über seine torwartabhängige Technik: »Es ist sehr, sehr schwierig. Ich habe viele Elfmeter verschossen, viele sind gehalten worden, aber ich habe auch viele Tore gemacht … Meistens klappt es aber, weil ich eins tue, ich bleibe auf einem Bein stehen und beobachte den Torwart.«

Hier ist eine Liste anderer hervorragender Elfmeterschützen, die wie Lewandowski und Maradona regelmäßig oder gelegentlich die torwartabhängige Technik anwenden oder angewendet haben:

Michel Platini 95,7 Prozent (46 Schüsse)
Raúl Jiménez 94,4 Prozent (36 Schüsse)
Ivan Toney 93,8 Prozent (32 Schüsse)
Sébastien Haller 93,3 Prozent (30 Schüsse)
Bruno Fernandes 89,8 Prozent (59 Schüsse)
Erling Haaland 89,4 Prozent (47 Schüsse)

Mikel Oyarzabal 88,9 Prozent (36 Schüsse)
Gabriel Barbosa 86 Prozent (50 Schüsse)

Daraus lässt sich ganz allgemein der Schluss ziehen, dass die Bereitschaft, anfangs eine gewisse Verwundbarkeit in Kauf zu nehmen und auf kurzfristige Kontrolle und Bequemlichkeit zu verzichten, ein ausgezeichneter Weg sein kann, letztendlich *mehr* Kontrolle zu erlangen und bessere Ergebnisse zu erzielen. Dies setzt jedoch voraus, dass man über eine hoch spezialisierte Fähigkeit verfügt und in der Lage ist, sich zum Zeitpunkt der Ausführung in einen produktiven Geisteszustand zu versetzen.

Wie aber schafft man es, diesen Geisteszustand zu erreichen? In welchen anderen Phasen der Ausführung eines Elfmeters kann man ein Gefühl der Kontrolle erlangen?

Routine vor dem Schuss

Januar 2015. Tottenham gegen West Bromwich Albion. Elfmeter für Tottenham. Der zweiundzwanzigjährige Harry Kane wirkt konzentriert. Dies ist sein erster Elfmeter in der Premier League. Was macht er? Er legt den Ball auf den Elfmeterpunkt und geht in aller Ruhe zurück. Gerade aufgerichtet, still wie eine Skulptur, steht er da, starrt auf den Ball, den linken Fuß vor dem rechten. Er beugt sich leicht nach vorne, lässt die Arme baumeln. Den Anlauf beginnt er, indem er den linken Fuß zurücknimmt. Dann beschleunigt er mit ein paar kurzen, schnellen Schritten und trifft den Ball mit hohem Tempo. Torwartunabhängiger Schuss. Der Ball ist im Netz.

Spulen wir fast neun Jahre und 70 weitere Elfmeter vor, bis zum August 2023. Bayern München gegen Augsburg. Elfmeter für Bayern. Der dreißigjährige Harry Kane wirkt konzentriert. Es ist sein erster Elfmeter in der Bundesliga. Und was macht er?

Er legt den Ball auf den Elfmeterpunkt und geht in aller Ruhe zurück. Gerade aufgerichtet, still wie eine Skulptur, steht er da, starrt auf den Ball, den linken Fuß vor dem rechten. Er beugt sich leicht nach vorne, lässt die Arme baumeln. Den Anlauf beginnt er, indem er den linken Fuß zurücknimmt. Dann beschleunigt er mit ein paar kurzen, schnellen Schritten und trifft den Ball mit hohem Tempo. Torwartunabhängiger Schuss. Der Ball ist im Netz.

Haben Sie den Unterschied bemerkt? Es gibt keinen. Für Kane liegt der Schlüssel in der Beständigkeit. Er bereitet seine Elfmeter immer auf dieselbe Weise vor. Sein Verhalten vor dem Schuss hat sich seit fast einem Jahrzehnt praktisch nicht verändert. Mit seinen Worten: »Jeder schießt einen Elfmeter auf seine Art. Mein persönlicher Weg ist Routine, eine bestimmte Art von Anlauf, ein bestimmter Winkel, dann natürlich Zielpunkt wählen, und ab gehts.«[22]

Das heißt nicht, dass es keinen Spielraum für Veränderung gibt, sofern sie Vorteile bietet. In seinem ersten Jahr in der Premier League rannte Kane beim Pfiff des Schiedsrichters noch fast sofort auf den Ball los. Im nächsten Jahr atmete er erst einmal tief durch und ließ sich einen Moment Zeit, bevor er mit dem Anlauf begann. In der Saison 2016/2017 baute er diese Technik weiter aus: Seine Ausgangsposition und der Anlauf blieben gleich, aber wenn der Pfiff ertönte, holte Kane tief Luft und atmete kräftig aus, schaute zum Torwart hoch, holte noch einmal tief Luft, blickte wieder auf den Ball hinunter und begann erst dann mit seinem Anlauf. Diese Atemzüge hat er in den letzten acht Jahren immer auf genau dieselbe Weise praktiziert.

Die Beständigkeit von Kanes Verhalten vor dem Schuss spiegelt sich in der Zeit wider, die er sich nimmt, bevor er sich nach dem Freigabepfiff auf den Ball zubewegt (*siehe Grafik Seite 84*). Obwohl sich sein Innehalten im Laufe der Jahre leicht verlängert hat, zeugt die Dauer seines Innehaltens nach dem Pfiff von Beständigkeit und Unerschütterlichkeit in einem Moment von enormem Druck inmitten eines

Harry Kane

Pause nach dem Freigabepfiff 2013–2023

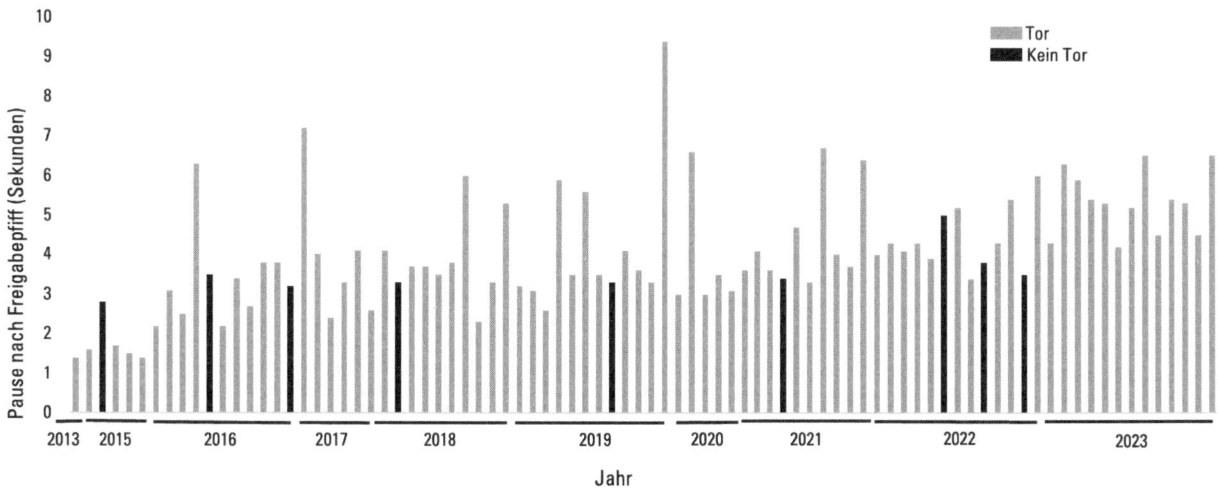

Jeder Balken repräsentiert einen Elfmeter für einen Verein oder die Nationalmannschaft, Ordnung chronologisch

Hexenkessels, der die meisten Menschen ablenken und aus dem Konzept bringen würde.

Vielleicht dringt das Spektakel gelegentlich aber doch zu Kane durch. Es gibt einzelne Ausreißer, einige ungewöhnlich lange Pausen, im Diagramm erkennbar an den hohen Ausschlägen. Den größten – eine Wartezeit von mehr als neun Sekunden – gab es 2020 in Norwich, als Tottenham in der 83. Minute 2:1 im Rückstand lag. Besonders großer Druck? Schon möglich, doch wenn man sich das Video genauer anschaut, wirkt es eher, als habe Kane im allgemeinen Trubel den Pfiff des Schiedsrichters überhört. Er steht eine Weile wartend herum, schaut dann zum Schiedsrichter hinüber und scheint zu realisieren, dass der bereits gepfiffen hat. Erst in diesem Moment beginnt er mit seiner gewohnten Atemroutine. Harter Schuss nach rechts. Ball im Netz.

Eine feste und immer gleiche Routine vor dem entscheidenden Moment ist eine Möglichkeit, in einer Situation mit hohem Druck mehr Kontrolle zu erlangen. Es gibt zahllose Wege, sich eine solche Routine zu erarbeiten. Martin Ødegaard vom FC Arsenal war anfangs kein regelmäßiger Elfmeterschütze, trat aber ab 2023 häufiger im Elfmeterschießen und bei Strafstößen an. Er erzählte mir, was sich bei ihm vor einem Elfmeter regelmäßig im Kopf abspult.

»Ich weiß, wie ich den Ball auf den Elfmeterpunkt legen muss. Ich weiß, was ich tun muss, wenn ich mich in Position begebe. Ich nehme mir meine Zeit. Und ich weiß, wie ich den Anlauf mache, und was ich dann denke und worauf ich mich konzentriere. Das ist praktisch alles, woran ich denke, sonst an nicht viel. Man weiß nie, ob der Ball wirklich reingeht oder nicht, aber bis zu dem Augenblick, in dem ich ihn schieße, weiß ich genau, was ich zu tun habe.«

Dies hilft ihm eindeutig dabei, in diesen Situationen, in denen er unter ungeheurem Druck steht, eine positive und produktive Einstellung zu gewinnen: »Da ist dieses scharfe und fokussierte Gefühl. Ich bin konzentriert. Ich gehe ganz in dem auf, was ich tun soll.«

Kontrolle ist dabei ein entscheidender Faktor: »Ich entscheide über den Ball. Ich will derjenige sein, der die Situation kontrolliert, statt mich von der Situation überwältigen zu lassen. Hinter allem, was ich tue, steckt der Gedanke, dass ich die Kontrolle behalten will. Ich will die Situation beherrschen.«

Er erklärt auch, dass sich dies nicht von allein ergibt, sondern dass er daran arbeitet: »Ich denke, jeder muss das einfach für sich spüren, seinen Flow finden. Das habe ich trainiert, meinen Flow zu finden.«

Routinen helfen dabei, sich besser auf eine Aufgabe zu konzentrieren und die Aufmerksamkeit in den kritischen Momenten unmittelbar vor der Ausführung einer schwierigen Aufgabe zu bündeln. Studien zeigen auch, dass eine feste Routine in diesen Situationen die Ablenkung minimiert, das Gefühl der Kontrolle erhöht und Ängste reduziert.[23] Eine Meta-Analyse von 61 Studien mit Sportler*innen unterschiedlicher Disziplinen ergab, dass Routinen vor dem Spiel einen signifikanten und robusten Einfluss auf die Leistung haben.[24] Jeder Spieler hat seine eigene Routine – wie er vom Ball zurücktritt, sich positioniert, den Anlauf beginnt, die Anzahl seiner Schritte, ob er den Ball oder den Torwart ansieht. Es gibt nicht den *einen* richtigen Weg. Wichtig ist, dass die Spieler sich mit ihrer individuellen Routine wohlfühlen und sich auch die Zeit nehmen, im Training an ihr zu feilen und sie zu verfestigen.

Kane ist das leuchtende Vorbild für diesen Ansatz.

Platzierung des Balls

Unsere Studie über Vorbereitungszeiten und Erfolg hat gezeigt, dass Spieler, die sich mehr Zeit für die Platzierung des Balls auf dem Elfmeterpunkt nehmen, mehr Tore erzielen als Spieler, die darauf weniger Zeit verwenden.[25] Dies könnte darauf hindeuten, dass es sich lohnt, bewusst, sorgfältig und akribisch darauf zu achten, dass der Ball richtig platziert wird.

Erling Haaland von Manchester City hat diese Kunst perfektioniert. Haaland ist ein hervorragender Elfmeterschütze. Der noch sehr junge Spieler aus Norwegen (geboren 2000) hat in der Nationalmannschaft seines Landes bereits 43 Elfmeter geschossen und davon 38 verwandelt – eine beachtliche Quote von 88 Prozent. Zu Beginn seiner Karriere verwendete Haaland eine torwartabhängige Technik, die zwar effektiv, aber ungeschliffen und roh war. Seinen ersten Elfmeter für die Nationalmannschaft verwandelte er im April 2018 in der norwegischen Eliteserie für Molde gegen Lillestrøm. Er schaute nach vorn, bevor er den Ball erreichte, sah, dass der Torhüter frühzeitig eine Bewegung nach links einleitete, und drosch den Ball in die rechte obere Ecke. War es wirklich nötig, den Ball in den äußersten Winkel zu lenken, wo der Torhüter sich doch bereits anders orientiert hatte? Wahrscheinlich nicht. Der damals siebzehnjährige Haaland erklärte nach dem Spiel ganz einfach: »Der Torwart bewegte sich nach links, also habe ich nach rechts geschossen.«[26]

Ein paar Monate später verwandelte er dann in einem U19-EM-Qualifikationsspiel für Norwegen gegen Italien einen entscheidenden Elfmeter. Inzwischen hatte er seine Technik erweitert und vollführte einen kleinen Hüpfer vor dem Schuss. Bei der Ausführung dieses Sprungs touchierte Haaland jedoch versehentlich mit dem rechten Fuß den Ball, bevor er ihn mit dem linken schoss. Technisch gesehen war dies eine regelwidrige Doppelberührung, die dem Schiedsrichter jedoch entging. So blieb das Tor unangefochten. Danach verlegte sich Haaland auf eine kurze Verzögerung beim letzten Schritt vor dem Schuss. Bei seinen nächsten sieben Elfmetern gelang ihm die torwartabhängige Technik in Perfektion – in sechs von sieben Fällen warfen sich die Torhüter auf die falsche Seite. Nach einem dieser Spiele wurde er gefragt: »Was ist Ihr Geheimnis?« Seine Antwort: »Ich schaue auf den Torhüter.«[27]

Nach seinem Wechsel zu Borussia Dortmund setzte Haaland zunächst seine nahezu makellose Elfmeterbilanz fort, hatte dann aber eine Pechsträhne. Zunächst verschoss er im Januar 2021 einen Elfer gegen Augsburg. Der Torwart verharrte länger an seinem Platz, als es Haaland wahrscheinlich lieb war, und er schoss den Ball an die Latte. Ein paar Monate später stand er Bono, dem Torhüter von Sevilla, gegenüber. Eine durchaus Erfolg versprechende Gegenmaßnahme gegen die torwartabhängige Technik besteht darin, dass der Torhüter eine exakt getimte Täuschungsbewegung auf der Linie vollführt. Bono gelang im richtigen Moment eine perfekte Links-Rechts-Links-Finte, die Haaland, der letztlich nach rechts schoss, verwirrt haben dürfte. Der Torhüter hielt den Ball mit Leichtigkeit. Allerdings hatte er sich zu früh von der Torlinie gelöst, und der Schiedsrichter ordnete eine Wiederholung an. Beim zweiten Mal traf Haaland ins Netz, obwohl Bono auch dieses Mal in die richtige Ecke sprang und sogar noch mit der Hand an den Ball kam. In einem Interview mit dem norwegischen Fernsehen nach dem Spiel erklärte Haaland keck und überzeugt: »Ich habe verschossen, als er gemogelt hat … und ein Tor gemacht, als er nicht gemogelt hat.«

Vielleicht hat ihm dieser Vorfall aber auch mehr zu denken gegeben, als er zugeben wollte. Etwa einen Monat später änderte Haaland komplett seine Elfmetertechnik. Im April 2021 gegen Werder Bremen traf er einfach sauber den Ball und schickte ihn relativ hoch nach links. Zu Beginn der darauffolgenden Saison entwickelte er einen geschmeidigen, ohne jedes Zögern durchgeführten Anlauf, bei dem er den Torwart fast die ganze Zeit ansah, bevor er im letzten Moment den Blick senkte, um den Ball sauber zu treffen. Ein sehr untypisches Verhalten für jemanden, der eine torwartabhängige Technik anwendet – kein Sprung, kein Stopp und keine Pause. Es sah fast so aus, als hätte sich Haaland bereits auf seine Schussrichtung festgelegt und wäre in die Riege der torwartunabhängigen Elfmeterschützen gewechselt. Doch bei 9 seiner nächsten 11 Elfmeter flog der Torhüter in die falsche Richtung. Entweder ist Haaland mit übermäßigem Glück gesegnet, oder er verfügt über eine geheime Fähigkeit, die Bewegung des Torhüters vorherzusehen, womöglich unter Ausnutzung seines peripheren Sichtfelds, während er scheinbar nur auf den Ball hinunterblickt, ohne dabei an Tempo zu verlieren. Ehrlich gesagt, weiß ich nicht genau, wie er es macht. Und er wird es mir gewiss auch nicht verraten.

Leichter festzustellen ist, dass Haaland im Jahr 2021 seine Routine vor dem Schuss noch einmal grundlegend wechselte und sie seitdem unverändert beibehalten hat. Zuvor legte er den Ball auf den Punkt, nahm Abstand (mit dem Gesicht zum Torwart) und wartete auf den Pfiff des Schiedsrichters. Dann, in einem Spiel gegen Mainz, blieb er auf einmal mit dem Ball in den Händen am Elfmeterpunkt stehen und blickte Richtung Schiedsrichter. Erst als er sah, dass der Schiedsrichter sich zum Pfiff anschickte, platzierte er den Ball auf dem Elfmeterpunkt und nahm Abstand für den Anlauf. Und so machte er es seitdem immer. Manchmal legt er den Ball auf den Elfmeterpunkt, hebt ihn wieder auf, platziert ihn erneut, und das mehrmals.

Gelegentlich scheint er mit anderen Dingen beschäftigt zu sein: Er putzt sich die Nase, spuckt ein paarmal aus oder zieht sich die Stutzen hoch. Warum lässt er sich so viel Zeit am Elfmeterpunkt? Vermutlich verschafft ihm das mehr Initiative und Kontrolle in einer Situation, in der er als Schütze nie weiß, wie lange der Torhüter die Sache noch hinauszögert und wann der Schiedsrichter endlich sein Okay gibt. Mit seiner neuen Routine kann Haaland die Ballpositionierung bis zur letzten Sekunde anpassen und hat die Entscheidung über den Zeitpunkt seines Anlaufs selbst in der Hand. Nachdem er seine Routine geändert hatte und sich nun wesentlich mehr Zeit nach dem Freigabepfiff nahm (*siehe Grafik Seite 90*), verwandelte er die nächsten 15 Elfmeter in Folge.[28]

Das Beispiel Haaland zeigt uns, dass selbst die schlichte Handlung, den Ball auf dem Elfmeterpunkt zu platzieren, Element einer Routine

Erling Braut Haaland

Pause nach dem Freigabepfiff 2018–2023

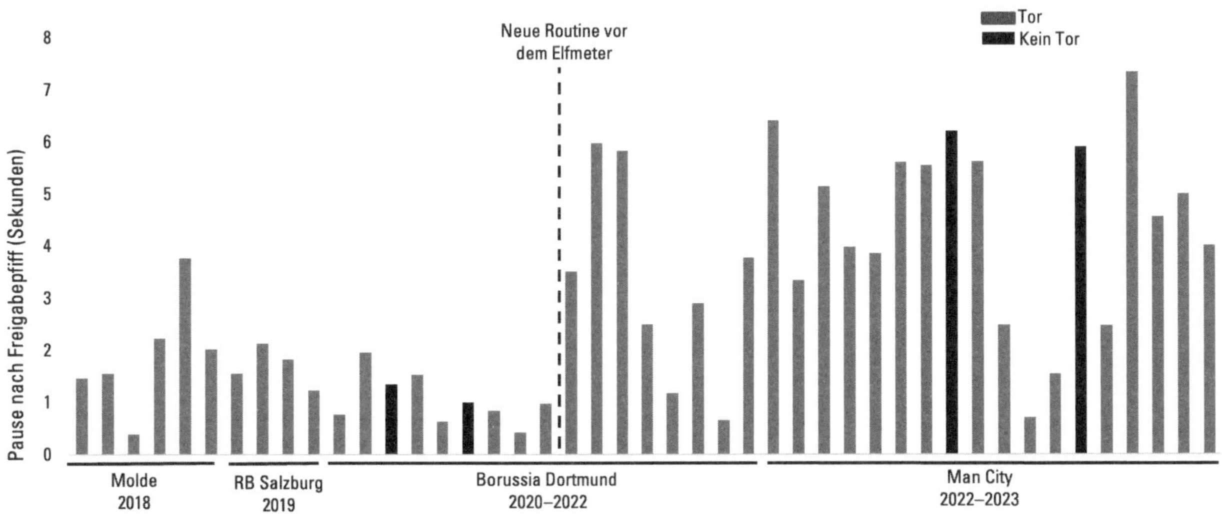

Jeder Balken repräsentiert einen Elfmeter für einen Verein oder die Nationalmannschaft, Ordnung chronologisch

vor dem Schuss werden kann, die dem Elfmeterschützen mehr Kontrolle über seine äußerst angespannte Situation gibt.

Pause nach dem Freigabepfiff

Der Japaner Yasuhito Endō ist in seiner Heimat eine Fußballerlegende. Er trat 150-mal für Japan an und ist damit der am häufigsten eingesetzte Nationalspieler seines Landes. Als er 2024 im Alter von 43 Jahren seine Karriere beendete, hatte er mehr als 1100-mal als Profispieler auf dem Platz gestanden.

Während seines Einsatzes bei der Weltmeisterschaft 2010 in Südafrika schrieb Endō sogar ein Kapitel Elfmetergeschichte. Im Achtelfinale standen sich Japan und Paraguay gegenüber. Nach ereignis- und torlosen 120 Minuten mündete das Spiel ins Elfmeterschießen – das erste des Turniers. Endō war der erste Schütze für Japan. Als er am Elfmeterpunkt ankam, nahm er sich einige Augenblicke Zeit, das Gras rund um den Elfmeterpunkt niederzutreten. Entschlossen, aber ruhig. Dann legte er den Ball ab, richtete den Blick auf den Torwart und nahm Abstand, weiter mit Blick auf den Torwart. Am Ausgangspunkt seines Anlaufs angekommen, stand er still, senkte den Blick und starrte unverwandt auf den Ball.

Die Schiedsrichterpfeife ertönte. Endō stand weiterhin still, anscheinend völlig in den Anblick des Balls vertieft. Und so blieb er stehen. Die Fernsehkameras zoomten auf sein Gesicht. Nicht die geringste Regung. Es sah aus, als würde er meditieren. Geschlagene 6,4 Sekunden lang stand er so da, die Augen der gesamten Welt auf sich gerichtet. Auf einmal riss er sich los. Ein Blick Richtung Torhüter. Ein ganz kurzer Anlauf. Zwei Schritte. Schuss in die rechte Ecke. Tor.

Den meisten mag dies wie ein gewöhnlicher, gut geschossener Elfmeter vorgekommen sein. Aber für mich, mit meinem speziellen

Interesse, war es ein geradezu historischer Moment. In der gesamten Geschichte des Elfmeterschießens bei großen Fußballturnieren hatte noch niemand so lange nach dem Pfiff des Schiedsrichters vor dem Ball verharrt.

Am liebsten wäre ich auf die Straße hinausgestürmt, um jemandem von dieser Sensation zu berichten. Aber natürlich musste ich mir erst noch den Rest des Elfmeterschießens anschauen.

Ich habe mich mit Endō getroffen, um zu erfahren, warum er so lange gewartet hat. Zunächst sagte er, er wolle für den Torwart unberechenbar sein: »Wenn ich gleich nach dem Pfiff des Schiedsrichters losrenne, kann der Torwart seine Bewegung besser timen, also versuche ich, mir Zeit zu lassen, bevor ich schieße ... Ich habe vielleicht auch früher schon mal mehr als sechs Sekunden mit einem Elfmeter gewartet. Ich schieße selten innerhalb von ein oder zwei Sekunden nach dem Pfiff, ich schätze, mein ideales Timing liegt zwischen sechs und zehn Sekunden. Das ist einfach so.«

Aber woran denkt er während dieser Wartezeit? »Meditieren bedeutet für mich innehalten, ohne an irgendetwas zu denken – nun ja, jedenfalls mehr oder weniger. Ich war also voll konzentriert, und natürlich stand ich da mit dem Vertrauen, dass ich das Tor machen kann. Das sind also die beiden wichtigsten Dinge: mit Zuversicht zu schießen und sich auf den Erfolg festzulegen. An diese beiden Dinge denke ich vor einem Elfmeter, an nichts anderes. Ich bleibe ruhig und gelassen.«

Mehr braucht es nicht. Er beschränkt seine Aufmerksamkeit auf das Wesentliche. Ruhig und selbstbewusst konzentriert er sich auf die erfolgreiche Ausführung seines Schusses.

Wie viel Zeit Spieler*innen nach dem Freigabepfiff bis zu ihrem Schuss verstreichen lassen, liegt allein in ihrem eigenen Ermessen. Wie im vorigen Kapitel gezeigt, bewegen sich Elfmeterschützen normalerweise instinktiv schon weniger als eine Sekunde nach dem Pfiff auf den Ball zu. Die, die es eilig haben und sofort auf den Ball zusprinten, verschießen offenbar öfter als die anderen. Andererseits könnten Spieler*innen, die zum »Overthinking« neigen, also zu lange nachdenken, sich zu einer überlangen Pause vor dem Anlauf verleitet sehen, weshalb ein zu langes Innehalten oft auch nicht gut ist.

Am längsten Zeit in der Geschichte großer Elfmeterschießen nahmen sich: 1) Marcus Rashford (England), 2) Tameka Yallop (Australien), 3) Paul Pogba (Frankreich), 4) Yasuhito Endō (Japan), und 5) Megan Rapinoe (USA).

Die nach Geschlecht aufgeschlüsselten Top-10-Listen (*siehe Grafiken Seiten 94 und 95*) lassen auch erkennen, dass es sich dabei um ein jüngeres Phänomen handelt.

Angesichts der natürlichen Neigung, unmittelbar nach dem Pfiff der Schiedsrichterin oder des Schiedsrichters loszulaufen, ist es fast immer eine bewusste Entscheidung der Spieler und Spielerinnen, wenn sie sich einmal mehr Zeit lassen. Es steckt stets eine Absicht dahinter, es ist keine bloße Reaktion. Sich nach dem Freigabepfiff einen Augenblick Zeit zu nehmen, hat den Zweck, sich vor dem Anlauf zu erden, mehr Kontrolle über sich selbst und die Situation (nicht zuletzt den Torhüter oder die Torhüterin) zu erlangen und sicherzugehen, dass der Schuss richtig platziert und vorbereitet ist. Hier einige Beispiele dafür, wie Spitzenspielerinnen und -spieler dies erreichen.

Celso Borges hat die fünftlängste Wartezeit vor dem Anlauf in der Geschichte großer Elfmeterschießen im Männerfußball. Seine Elfmeterkarriere nahm keinen guten Anfang. Im Jahr 2008, im Alter von 20 Jahren, vergab er die entscheidende Chance im Elfmeterschießen für die U23-Mannschaft von Costa Rica in einem Olympia-Qualifikationsspiel, und das ausgerechnet gegen ein Team aus Panama, das von seinem Vater Alexandre Guimarães trainiert wurde. Borges erzählte mir: »Das war einer der entscheidenden Momente in meiner Karriere. Es war traumatisierend. Tragisch. Sechs Monate lang habe ich keinen Elfmeter mehr geschossen, und dann hat mein Vater zu mir gesagt: ›Früher oder später wirst du wieder einen Elfmeter schießen

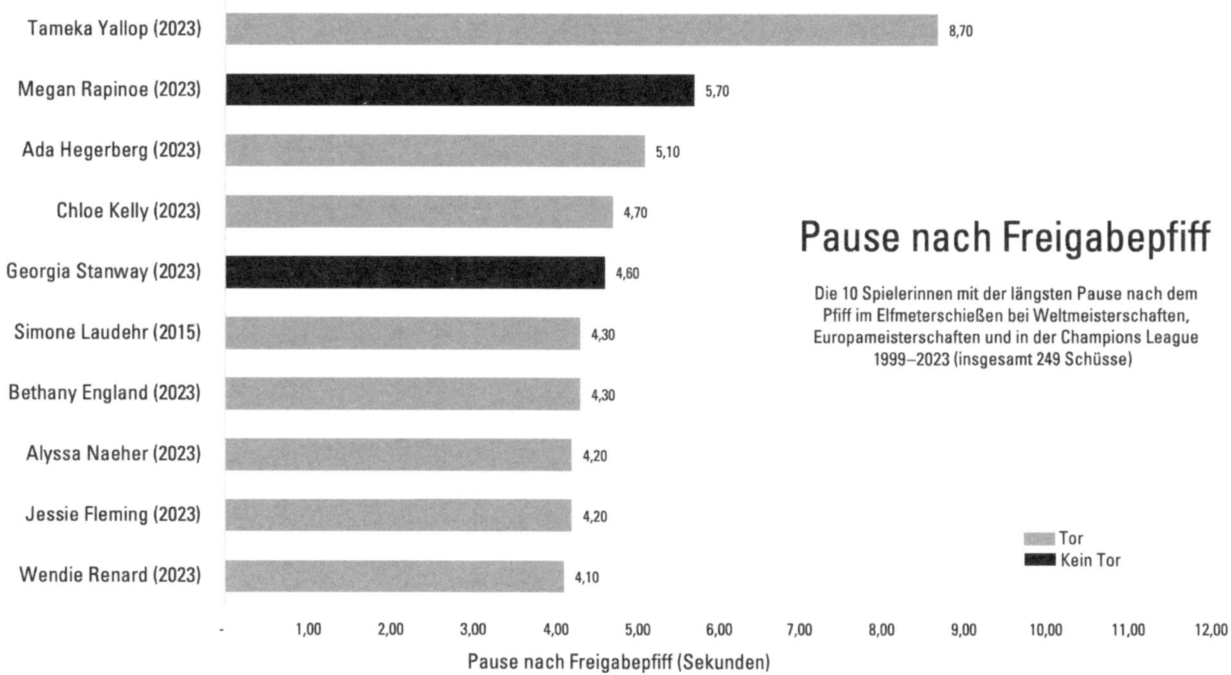
Pause nach Freigabepfiff
Die 10 Spielerinnen mit der längsten Pause nach dem Pfiff im Elfmeterschießen bei Weltmeisterschaften, Europameisterschaften und in der Champions League 1999–2023 (insgesamt 249 Schüsse)
Tameka Yallop (2023)
8,70
Megan Rapinoe (2023)
5,70
Ada Hegerberg (2023)
5,10
Chloe Kelly (2023)
4,70
Georgia Stanway (2023)
4,60
Simone Laudehr (2015)
4,30
Bethany England (2023)
4,30
Alyssa Naeher (2023)
4,20
Jessie Fleming (2023)
4,20
Wendie Renard (2023)
4,10
Tor
Kein Tor
-
1,00
2,00
3,00
4,00
5,00
6,00
7,00
8,00
9,00
10,00
11,00
12,00
Pause nach Freigabepfiff (Sekunden)

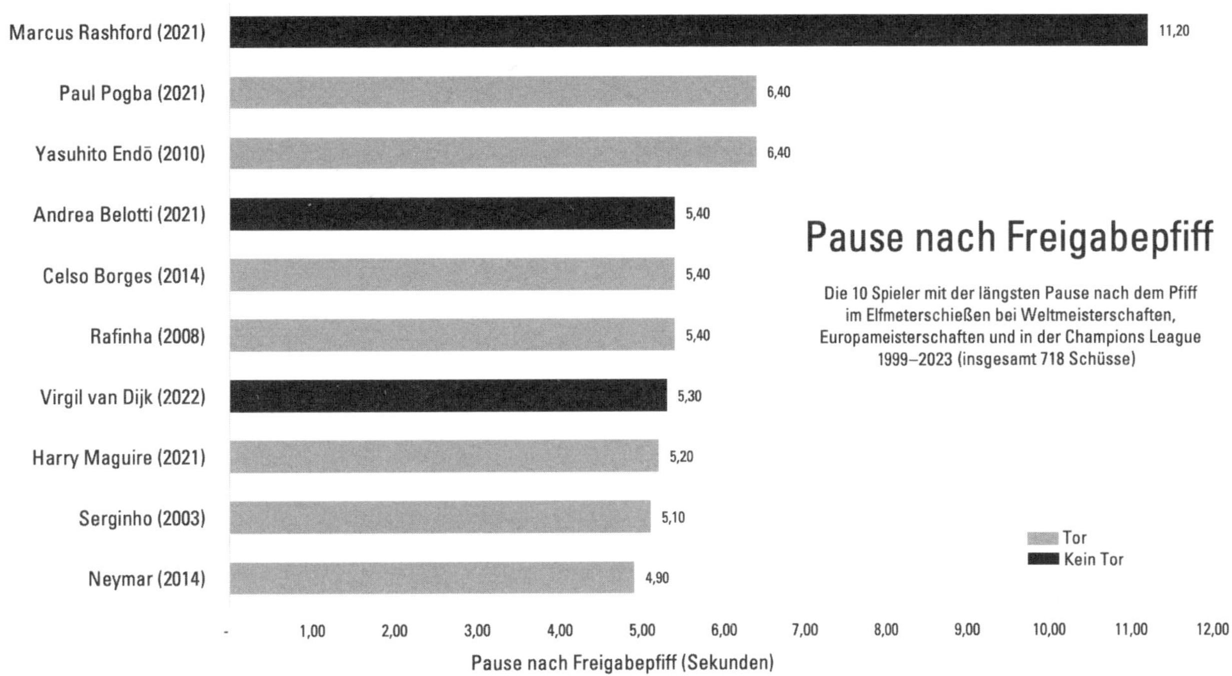

Pause nach Freigabepfiff
Die 10 Spieler mit der längsten Pause nach dem Pfiff im Elfmeterschießen bei Weltmeisterschaften, Europameisterschaften und in der Champions League 1999–2023 (insgesamt 718 Schüsse)
Marcus Rashford (2021)
11,20
Paul Pogba (2021)
6,40
Yasuhito Endō (2010)
6,40
Andrea Belotti (2021)
5,40
Celso Borges (2014)
5,40
Rafinha (2008)
5,40
Virgil van Dijk (2022)
5,30
Harry Maguire (2021)
5,20
Serginho (2003)
5,10
Neymar (2014)
4,90
Tor
Kein Tor
-
1,00
2,00
3,00
4,00
5,00
6,00
7,00
8,00
9,00
10,00
11,00
12,00
Pause nach Freigabepfiff (Sekunden)

müssen. Das definiert dich nicht als Spieler; es ist nur ein Moment des Spiels.‹ Na schön. Okay. Jeder schießt mal daneben. Nach sechs Monaten habe ich in einem Freundschaftsspiel in Uruguay für meine Mannschaft einen Elfmeter geschossen. Ich wählte die andere Ecke, und es hat geklappt. Danach habe ich noch viele weitere Elfer geschossen.«

Celso Borges wurde mit mehr als 160 Spielen für sein Land zum Rekordnationalspieler Costa Ricas. Bei der Weltmeisterschaft 2014 wurde Costa Rica überraschend Sieger der Gruppe, der Uruguay, Italien und England angehörten; die beiden letztgenannten Teams schieden aus. Im Achtelfinale gegen Griechenland endete das Spiel 1:1. Das bedeutete Elfmeterschießen.

Borges erinnert sich lebhaft daran: »Oh Mann. Es war das allererste Elfmeterschießen meines Landes bei einer Weltmeisterschaft. Und ich sollte als Erster antreten. Ich war wahnsinnig aufgeregt. Total nervös. Alles andere wäre gelogen.«

Borges gelang es jedoch, seine Nerven im Zaum zu halten: »Ich konzentrierte mich völlig darauf, was ich zu tun hatte. Ich habe nicht darauf geachtet, was um mich herum los war. Ich habe mir Zeit gelassen und mir immer nur vor Augen gehalten, was ich zu tun habe und wohin ich schießen werde.«

Borges machte sein Tor. Costa Rica gewann das Elfmeterschießen und stand nun im Viertelfinale den Niederlanden gegenüber. Wieder musste die Entscheidung im Elfmeterschießen fallen. Diesmal sollte es nicht so glücklich ausgehen für Costa Rica. Erneut trat Borges als Erster ins Auge des Orkans, nun gegen den gefürchteten niederländischen Torhüter Tim Krul: »Ich habe alles genauso gemacht. Ich habe mir Zeit gelassen, ein bisschen gewartet. Einmal tief durchgeatmet. Und dann habe ich einfach geschossen.« Wieder ein Tor.

Interessanterweise ließ sich Borges bei beiden Elfmetern nach dem Pfiff des Schiedsrichters erstaunlich viel Zeit, bevor er Anlauf für seinen Schuss nahm (gegen die Niederlande mehr als fünf Sekunden). Nach dem Grund gefragt, antwortete er mir: »Ja, ich habe mir Zeit gelassen, auf Ratschlag meines Vaters hin. Wenn der Schiedsrichter pfeift, sagte er mir, ist das nicht das Signal für dich loszulaufen. Es ist das Signal für dich, dein Ritual zu beginnen. Es ist nicht wie beim Tennis, da hat man 25 Sekunden Zeit, seinen Aufschlag zu machen, oder wie viel war das noch mal? Du aber kannst dir so viel Zeit nehmen, wie du willst.«

Borges erkannte darin die Möglichkeit, das Duell mit dem Torwart zu gewinnen: »Mein Vater hat immer gesagt, lass die Angst auch zum Torwart kommen. Bring den Torwart dazu, sich zu fragen: ›He, zum Teufel, fängt der denn nie an?‹ Wenn er das denkt, beginne ich mit meinem Elfmeter. Sobald sich zeigt, dass er auch nur minimal die Ruhe verliert, atme ich durch und renne los. Deshalb lasse ich mir Zeit. Man darf es nicht überstürzen.«

Viele der besten Elfmeterschützen der Welt – Lewandowski, Kane, Giroud, Toney – machen jetzt nach dem Pfiff eine Pause von 3 bis 5 Sekunden, bevor sie Richtung Ball laufen. Und wir sehen immer häufiger junge Elfmeterschützen und -schützinnen, die sich einen Moment, und manchmal mehr als einen, Zeit nehmen. Im Januar 2024 schoss Jude Bellingham seinen ersten Elfmeter für Real Madrid. Der junge, noch unerfahrene Elfmeterschütze (es war erst sein dritter Elfmeter als Profispieler) wandte die gleiche Routine bei der Ballplatzierung an wie Haaland und Toney, indem er ganz gemächlich in Position ging und sich dann Zeit ließ. Sehr viel Zeit. Nachdem er sich aufgestellt und den Pfiff abgewartet hatte, blieb er mehr als 10 Sekunden lang stehen, bevor er seinen Anlauf startete. Und er schoss ein Tor.

Es ist unbedingt erforderlich, dass Spieler*innen verstehen, *warum* sie sich Zeit lassen: dass es ihr Ziel ist, eine gewisse Kontrolle und Gelassenheit zu erlangen, und dass die Pause hauptsächlich diesem Zweck dient. Martin Ødegaard von Arsenal lässt sich immer 2 bis 3 Sekunden Zeit, ehe er auf den Ball zustürmt. Nach dem Grund gefragt, lacht er auf und sagt: »Das habe ich von Leuten wie Ihnen, die das empfehlen.« Aber dann erklärte er mir in ernstem Ton, dass es darum ginge, die Kontrolle zu behalten: »Der Schiedsrichter pfeift, aber wann ich den Anlauf nehme, entscheide ich. Ich reagiere nicht einfach auf den Schiedsrichter, ich bestimme selbst. Ich habe hier die Kontrolle.« Robert Lewandowski, den ich ebenfalls fragte, warum er so lange wartet, hat eine klare Vorstellung von den Vorteilen, die ihm das bringt: »Ich stehe so lange nach dem Pfiff still, damit ich mehr Zeit habe, zur Ruhe zu kommen. Um mich besser konzentrieren zu können. Und weil ich weiß, dass das für den Torhüter schwierig ist.« Er betonte, dass er aktiv daran gearbeitet habe, diesen Teil seiner Routine zu optimieren: »Die Zeit soll für mich arbeiten und nicht gegen mich. Es ist eine Frage der Mentalität. Das lange Warten vor dem Anlauf. Ich kontrolliere die Situation, indem ich mir Zeit lasse. Daran habe ich gearbeitet und eine gute Lösung für mich gefunden.«

Spieler, die überzeugt sind, sich auch ohne eine solche Pause in einen ruhigen und konzentrierten Zustand versetzen zu können, sollten jedoch auch die Möglichkeit haben, *keine* Wartepause einzulegen. Zögern Spieler ihren Anlauf nur auf Anweisung des Trainers hinaus, erhöht das eher den Stress. Eine Studie mit Elite-Bogenschützen hat gezeigt, dass ihre Leistung drastisch abfiel, wenn sie das Schießen um fünf Sekunden über ihre übliche Zeit hinaus verzögerten.[29] Die persönliche Entscheidung, gestützt durch die Anleitung des Trainers, wird an sich schon das Kontrollgefühl und höchstwahrscheinlich auch die Leistung steigern.

Eine Vorbereitungsroutine ist idealerweise so robust, dass sie unter jedem möglichen, auch lang andauerndem, Druck funktioniert. Die Erfahrung von Chelseas Maren Mjelde in der Rückrunde des Viertelfinales der Champions League der Frauen 2023 gegen Lyon ist dafür ein gutes Beispiel. Mjelde wurde 15 Minuten vor Ende der regulären Spielzeit eingewechselt und sollte die für sie ungewohnte Rolle der Außenverteidigerin übernehmen. Sie sagte mir: »Ich habe Mühe, an der sehr schnellen Flügelspielerin von Lyon dranzubleiben, und nach

10 Minuten merke ich, dass etwas mit meiner Wade nicht stimmt.« Nach einem Wechsel ins Mittelfeld protestierte ihre Wade noch stärker: »Was ist nur los mit meinem Körper?« Aber irgendwie reißt sie sich zusammen: »Ich kann ja noch gehen. Und vorbei ist es erst, wenn es vorbei ist.«

Doch auch dieses Prinzip hat seine Ausnahmen. Die Schmerzen in ihren Waden hatten zur Folge, dass sie auch mental nicht ganz auf der Höhe war. »Mein Kopf ist so durcheinander, dass mir nicht klar wird, dass der Spielstand unentschieden ist, wenn wir noch ein Tor schießen. Ich denke, dann ist das Spiel einfach aus.« Plötzlich, in den allerletzten Sekunden des Spiels, am Ende der zweiten Hälfte der Verlängerung, in der zweiten von 2 Minuten Nachspielzeit, als Lyon mit 2:1 in Führung liegt, wird eine Chelsea-Spielerin im Strafraum gefoult. Erst da realisiert Mjelde die Lage. »Scheiße. Wenn wir jetzt ein Tor schießen, geht es ins Elfmeterschießen. Das zeigt, was einem in solchen Drucksituation alles im Kopf herumschwirrt. In einem Moment denkst du, gleich ist es vorbei. Und im nächsten: ›Nein, das war bloß noch ein Tor.‹«

Als die Schiedsrichterin zum Monitor ging, um sich mit dem VAR abzusprechen, dämmerte Mjelde noch etwas anderes. »Ich schaue mich um und denke: ›Okay, dann bin ich jetzt dran. Ich muss den Elfmeter schießen. Denn von den beiden vorgesehenen Elfmeterschützinnen war keine auf dem Platz. Da war mir klar: Okay, ich muss mich bereit machen‹. Also gehe ich auf meine Torwartin zu. Ich brauche einfach eine Ecke, in der nicht so viel Trubel ist, und ein wenig Zeit. Ich setze mich in Bewegung, ich weiß nicht, wie viele Schritte. Als dann die Entscheidung gefallen ist, muss ich ein ganzes Stück auf die andere Seite zurücklaufen, zum Elfmeterpunkt. Diese Zeit brauchte ich aber, um mich vorzubereiten.«

Offenbar ist es für sie in solchen Situationen immer wichtig, sich Zeit zu nehmen, und sie hat schon einige schlechte Erfahrungen gemacht: »Ich versuche, in jeder Elfmetersituation das Gleiche zu tun.

Und dabei konzentriere ich mich wohl am meisten auf die Zeit. Ich hatte schon Elfer, bei denen ich mir keine Zeit gelassen habe, und die sind dann schiefgelaufen. Mir war es dann nicht möglich, alles um mich herum auszublenden. Ich dachte: ›Ich muss das jetzt einfach hinter mich bringen!‹ Und dann habe ich nicht getroffen.«

Gegen Lyon bestand diese Gefahr für sie nicht: »In dieser Situation gegen Lyon dachte ich daran, mir genug Zeit zu lassen. Das gilt im Grunde nicht nur für Elfmeter. Es gibt Momente auf dem Spielfeld, in denen man mehr Zeit hat, als man denkt. Ich nehme mir Zeit und atme durch. Ich muss den Puls runterkriegen. Viele Leute sagten: ›Da hast du sicher Herzrasen gehabt!‹ Darauf kann ich nur antworten: ›Nein, das war überhaupt nicht der Fall. Ich war vermutlich ruhiger als in vielen anderen Situationen. Hätte ich den Puls tatsächlich gemessen, wäre er vielleicht höher gewesen, als ich dachte, aber gefühlt habe ich das nicht. Ich hatte fast die totale Kontrolle.«

An Zeit mangelte es bei dieser Begebenheit tatsächlich nicht. Vielleicht hatte Mjelde sogar zu viel Zeit. Mit der VAR-Kontrolle und den ausgedehnten Protesten von Lyon vergingen zwischen der Elfmeter-Entscheidung und der Ausführung des Strafstoßes ganze sechs Minuten. Interessanterweise verlor sie während dieser Zeit fast vollständig ihr Hörvermögen. »Ich führte eine Art inneres Selbstgespräch, bei dem ich praktisch nur noch meine eigene Stimme höre. Das übertönt alles andere. Es ist beinahe so, als würde ich die Schiedsrichterin nicht hören. Ich höre die Menge nicht. Ich höre niemanden. Meine Stimme ist am lautesten. Es ist eine seltsame, surreale Situation, wirklich.«

Dann, endlich, ging es los. Pfiff. Drei Sekunden warten. Anlauf. Was für ein Elfmeter. Unter enormem Druck und nach der ausgedehnten Geduldsprobe schoss Mjelde den Ball in die linke obere Ecke zum 2:2-Ausgleich. Es war der letzte Schuss des regulären Spiels.

Doch nun kam das Elfmeterschießen: »Nach kurzem Jubel habe ich schnell realisiert: ›Nein, das Spiel ist ja noch nicht aus, es steht unentschieden. Ich muss mich wieder konzentrieren.‹ Ich habe mich einigermaßen unbesiegbar gefühlt, und dieses Gefühl habe ich in gewisser Weise auf die ganze Mannschaft übertragen. Nach dem, was ich da geleistet hatte, konnte sich der Druck einfach nicht mehr steigern.«

Im Elfmeterschießen war Mjelde als Erste dran: »Es war gut, einfach wieder zu schießen, sofort. Das Gefühl, unbesiegbar zu sein, hielt noch an. Ich fühlte mich also sicher. Man muss einfach das Gleiche noch einmal machen. Derselbe Prozess. Sich Zeit nehmen, überlegen, wohin man schießt, den Ball richtig treffen. Diese drei Punkte. Ich habe in solchen Momenten ziemlich viel Selbstvertrauen.«

Mjelde erzielte ein weiteres Tor. Sie schoss nach links, wie bei ihrem vorherigen Schuss, diesmal allerdings flach. Die Torhüterin war nahe dran, aber der Schuss war hart und ging knapp am Pfosten vorbei. Chelsea gewann das Elfmeterschießen und zog ins Halbfinale ein.

Hilft eine Pause vor der Ausführung einer Aufgabe auch außerhalb des Elfmeterschießens und des Fußballs, mit Druck umzugehen? Auf jeden Fall. Im September 2009 fand auf dem Friedensgipfel in Vancouver eine Podiumsdiskussion statt, an der unter anderem der Dalai Lama, vier weitere Nobelpreisträger und angesehene Führungskräfte aus den Bereichen Bildung, Wirtschaft und gesellschaftlicher Wandel teilnahmen. Zu ihnen gehörte der Deutsche Eckhart Tolle, Autor spiritueller Bestseller. Auf die Frage des Moderators, wie »Kreativität aus einem Geist entstehen kann, der nicht durch mentale Konstruktionen völlig verzerrt ist«, schloss Tolle die Augen und machte eine Pause (wer würde das angesichts einer solchen Frage nicht tun?), um dann zur Überraschung des Publikums über Fußball zu sprechen. Er erzählte, er habe auf BBC World News gehört, Forschungen hätten ergeben, dass Elfmeterschützen, die nach dem Pfiff des Schiedsrichters eine Pause von drei bis vier Sekunden einlegen, eher ein Tor erzielen als jene, die unmittelbar auf den Ball zusprinten. Das sei eine klare Lektion, meinte er. Das Publikum lachte herzlich – zumal Tolle hinzufügte, er habe seit etwa 20 Jahren kein Fußballspiel mehr gesehen.

Etwas ernster charakterisierte Tolle dann diese Pause vor einem Schuss als »Stille« und als »Neuausrichtung der Aufmerksamkeit nach innen, auf eine tiefere Ebene des Seins, in der alle Kraft liegt«. Das ist konkreter und praktischer gemeint, als es vielleicht klingt, und sicherlich nicht nur im Sport von Nutzen. Ein Moment der Stille vor dem Beginn einer kritischen Aufgabe, vielleicht mit bewusstem Atemholen, erleichtert es, sich emotional zu erden, sich die geeignete Strategie zurechtzulegen und seine Aufmerksamkeit auf das zu richten, was gerade am wichtigsten ist. (Forschende, die Elfmeterschießen mit der Stoppuhr in der Hand beobachten, gibt es nicht allzu viele, folglich war ich es wohl, den Tolle im Radio gehört hatte – nur falls es sich jemand gefragt hat.)

Atmen

Als Cristiano Ronaldo bei der Weltmeisterschaft 2006 sein entscheidendes Tor gegen England im Elfmeterschießen erzielte, hatte er nicht nur für damalige Verhältnisse vor dem Schuss ungewöhnlich lange Zeit innegehalten – fast drei Sekunden ab dem Pfiff –, sondern man konnte ihn auch dabei beobachten, wie er dreimal hintereinander tief durchatmete. Bei jedem Einatmen blähte sich sein Brustkorb sichtbar auf, und sein Ausatmen wirkte fast so kraftvoll wie manche seiner Ballaktionen; er ließ unverkennbar die Schultern fallen, wenn sich seine Lungen entleerten.

Lange und tiefe Atemzüge sind in jeder Art von Drucksituation vor der Erbringung einer Leistung eine wirkungsvolle Technik. Fragt man den Tennis-Champion Novak Djokovic nach seiner mentalen Stärke, erwähnt er als Erstes das Atmen: »Es gibt verschiedene Techniken. Bewusstes Atmen spielt eine große Rolle, vor allem, wenn man unter Spannung steht.«[30] Der Neurobiologe Andrew Huberman hat gezeigt, dass sich ein »physiologischer Seufzer« – eine fünfminütige Atemübung, bei der man sich zum Ausatmen doppelt so viel Zeit lässt wie zum Einatmen – hervorragend zur Reduktion von Angstgefühlen eignet.[31] Menschen in allen möglichen Situationen, denen unter hoher Gefahr oder hohem Druck Leistung abverlangt wird, greifen immer häufiger auf verschiedene Atemtechniken zurück. Unter ihnen sind auch Elfmeterschützen und -schützinnen.

Bei Robert Lewandowski kann man vor jedem Schuss sehen, dass er bewusst tief einatmet. Im Interview hat er einmal dazu erklärt: »Einen Elfmeter bei einem K.-o.-Spiel in der Champions League zu schießen, ist eine große emotionale Herausforderung. Der Druck ist enorm. Man rennt herum, man ist außer Atem, und man hat kaum eine Minute, runterzukommen und seinen Puls zu beruhigen. Man erreicht es aber, indem man sich auf seine Atmung konzentriert und einen Ort der Gelassenheit findet. Man vergegenwärtigt sich, was man kann, und ersetzt den Druck durch Zuversicht.«[32] Im Gespräch mit mir sagte er: »Ich habe angefangen, mich auf die Atmung zu konzentrieren, als ich meine Technik geändert habe. Das hilft mir sehr, einen ruhigen Kopf und ruhigen Körper zu bewahren. Solche kleinen Dinge erhöhen die Wahrscheinlichkeit, dass man ein Tor erzielt.«

Auch Costa Ricas Celso Borges hat eine Atemübung in seine Routine eingebaut, einer der Gründe dafür, warum er sich nach dem Schiedsrichterpfiff Zeit lässt: »Ich habe tief Luft geholt. Einatmen, ausatmen, okay, ich bin bereit. So hat nichts meine Konzentration gestört.« Er hatte auch eine genaue Vorstellung davon, wie eine solche Atemübung helfen kann: »Später, in der Zusammenarbeit mit einem Psychologen, habe ich herausgefunden, welche Auswirkungen das Atmen hat: Es füllt den Bauch aus, entspannt das Gehirn und verbessert ein wenig die Blutzirkulation.«

Die Zwerchfellatmung, bei der sich der Bauch und nicht der Brustkorb bewegt, aktiviert das parasympathische Nervensystem, das für

Entspannung sorgt. Bei der eher flachen Brustkorbatmung, bei der sich die Rippen heben, tritt der gegenteilige Effekt ein – das sympathische Nervensystem wird aktiviert, was eine Kampf-oder-Flucht-Reaktion auslöst.[33] Daher hilft es vor einem Elfmeter oder einem vergleichbar spannungsgeladenen Moment, drei oder vier Atemzüge zu machen, die tief im Bauch zu spüren sind. Dies kann und sollte auch außerhalb der Leistungssituation geübt werden. Günstig ist es, wenn die Atmung ohnehin zwerchfellorientiert ist, dann fällt es leichter, in einer Drucksituation vor dem Handeln tief durchzuatmen.

Die richtige Einstellung

Erling Haaland wirkt am Elfmeterpunkt wie eine Maschine. Seine Schüsse sind von tödlicher Effektivität. Und doch zeigt sich gerade auch beim Elfmeter seine Menschlichkeit. In diesen Momenten, so betont er eindringlich, fühlt er sich wie jeder andere. So sagte er nach einem Elfmeter für Norwegen gegen Schweden im Juni 2022: »Ungelogen, ich war auch dieses Mal unglaublich nervös.«[34] Ähnlich im November 2022, als er zum ersten Mal in seiner Profikarriere weit in der Nachspielzeit einen aller Voraussicht nach spielentscheidenden Elfmeter schießen sollte. Manchester City hatte in der 95. Minute des Premier-League-Spiels gegen Fulham beim Stand von 1:1 einen Elfmeter zugesprochen bekommen. »Nervös. So nervös war ich selten in meinem Leben. Ein Elfmeter in der letzten Minute. Natürlich bin ich da nervös. Jeder wäre da nervös.« (Er hat beide Male getroffen.)

Als ich Haaland darauf ansprach, bekräftigte er dieses Eingeständnis: »Wenn ich mich zum Elfmeter äußere, sage ich einfach, wie es ist, wie ich es erlebe. Mir ist schleierhaft, wie Spieler vor wichtigen Elfern nicht nervös werden können. Wenn man mich fragt, wie ich mich vor einem Elfmeterschießen gefühlt habe, dann sage ich eben, wie es war: Ich war scheißnervös. Das ist einfach ganz natürlich.«[35]

Leistung unter Druck zu erbringen, so führt uns dies eindringlich vor Augen, bedeutet nicht, furchtlos und ohne Unbehagen zu sein; es geht vielmehr darum, *trotz* Angst und Unbehagen handlungsfähig zu bleiben, sich diesen Gefühlen zu stellen.[36] Eine Geschichte von Zinedine Zidane aus dem Jahr 2004 kann uns dies verdeutlichen.

Zu Beginn der Europameisterschaft 2004, während der Gruppenphase, standen sich Frankreich und England an einem unglaublich heißen Tag gegenüber. In der neunzigsten Minute lag England mit 1:0 in Führung. Dann begann die Zinedine-Zidane-Show.

Zunächst ein herrlicher Freistoß aus 30 Metern, der in die linke Ecke des Tors ging. 1:1. Weniger als zwei Minuten später wird Thierry Henry vom englischen Torwart zu Fall gebracht. Elfmeter. Zidane tritt an. Selbstbewusst, entschlossen und souverän zieht er seine übliche Routine durch. Er legt sich den Ball zurecht wie immer, nimmt wie üblich Abstand, positioniert sich wie immer, läuft auf die gleiche Art und Weise an. Und dann versenkt er den Ball mit voller Wucht in der linken Ecke des Tores. Ein unglaublicher Schuss, ausgeführt unter höchstem Druck. Damit hatte Frankreich das Spiel gewonnen.

Doch nur wenige sahen, was Zidane in den letzten Sekunden vor seinem Schuss tat, als er auf den Freigabepfiff wartete. Im Fernsehen war es nicht zu sehen. Doch ein schwedisches Kamerateam direkt hinter dem Tor hat es festgehalten. Nur vier Sekunden vor seinem Anlauf und sechs Sekunden, bevor der Ball die Torlinie überquerte, beugte sich Zidane zu Boden und übergab sich. Nicht nur einmal, gleich zweimal. Dann ertönte der Pfiff des Schiedsrichters. Zidane sah auf, wischte sich den Mund ab, nahm Anlauf und machte sein Tor.

Entgegen dem äußeren Anschein fühlte sich Zidane in diesem Moment ganz offensichtlich unwohl. Vielleicht waren es die Nerven, vielleicht die 90 Minuten Anstrengung in der brütenden Hitze, vielleicht hatte er am Abend zuvor einfach eine schlechte Garnele gegessen. Doch unbeeinflusst davon, dass ihm schlecht war, blieb er konzentriert genug, seine Aufgabe zu erfüllen, und führte seinen Schuss aus.

Nicht nur Zidane und Haaland, die meisten Spitzensportler*innen kommen mit Angst und Unbehagen zurecht. Der erste Schritt zur Leistungserfüllung unter Angst besteht darin, dieses Gefühl als normalen, natürlichen und womöglich sogar hilfreichen Teil der Aufgabe zu betrachten, ja es sogar zu begrüßen. Der legendäre Golfpsychologe Dr. Bob Rotella hat es mit Blick auf die Haltung von Elitegolfern so formuliert: »Sie müssen lernen, Emotionen, die auf Ungewissheit beruhen, als aufregend, hilfreich und willkommen zu empfinden.«[37]

Ja, es ist großartig, sich während der Ausführung einer Aufgabe gut zu fühlen, und sicherlich hilfreich. Aber das ist nicht der entscheidende Punkt. Der österreichische Sportpsychologe Peter Haberl, der bei neun Olympiaden Teams der USA betreut hat, formuliert es so: »Mich interessiert nicht, wie du dich fühlst, sondern worauf du deine Aufmerksamkeit richtest. Mich interessiert die Funktion eines Gefühls, nicht seine Art.« Was schlägt er vor, um seine Aufmerksamkeit richtig zu lenken? Präsent und orientiert, flexibel und offen zu sein – ein Zustand, den man durch Achtsamkeits- und Meditationstraining fördern kann.

Novak Djokovic, ein ausgesprochener Verfechter des Achtsamkeitstrainings, erklärt seinen Ansatz wie folgt: »Nach außen sieht es vielleicht aus, als sei ich ganz bei mir, aber glauben Sie mir, in meinem Innern tobt ein Sturm. Der größte Kampf findet im Innern statt. Man hat Zweifel und Ängste. So geht es mir bei ausnahmslos jedem Spiel. Ich mag diese unter Sportlern weit verbreitete Einstellung nicht: Du musst positiv denken, sei optimistisch, kein Raum für Misserfolge und Zweifel. Das ist unmöglich. Wir sind alle Menschen. Was die großen Champions von denen unterscheidet, die nicht ganz nach oben kommen, ist ihre Fähigkeit, nicht zu lange in solchen Gefühlen stecken zu bleiben. Bei mir dauert es relativ kurz. Sobald ich so etwas spüre, gestehe ich es mir ein, ich fahre aus der Haut oder schreie auf dem Platz herum, alles Mögliche. Aber dann komme ich auch wieder runter und bin bereit.«[38]

Dass man sich unter Druck unwohl und verunsichert fühlt, ist normal. Akzeptiert man dies als unvermeidlich, verwendet man weniger Zeit darauf, damit klarzukommen, und kann sich besser auf das konzentrieren, was zur Erfüllung der anstehenden Aufgabe erforderlich ist. Ideal ist es, die Aufmerksamkeit voll und ganz auf die spezifischen Anforderungen des Augenblicks zu richten. Der NBA-Basketballtrainer Phil Jackson drückte es so aus: »Wache Präsenz ist wichtiger als kluge Gedanken.«[39] Dadurch, dass man seine Aufmerksamkeit so gut als möglich auf die Gegenwart lenkt, vermeidet man es, sich über die Folgen seiner Handlung Gedanken zu machen (im Fall von Elfmeterschütz*innen, sich darum zu sorgen, man könne den Ball verschießen) und die Vergangenheit hochkommen zu lassen (an den letzten verschossenen Elfmeter zu denken). Stattdessen konzentriert man sich voll und ganz auf die unmittelbar anstehende Aufgabe.

Und dann kann man sein Bestes geben, trotz allen Lärms, unter den Augen vieler Menschen, auch wenn es um viel geht, und trotz allem, was sonst noch dazu beiträgt, diesen ungeheuren Druck aufzubauen. Denn dann hat man sich die Kontrolle zurückgeholt.

Die England-Story von 2018

Im Achtelfinale der Fußballweltmeisterschaft 2018 traf England auf Kolumbien. Nach der Verlängerung stand es 1:1, das Spiel ging also ins Elfmeterschießen. Die meisten englischen Fans hatten eine klare Vorstellung davon, wie es ausgehen würde.

Die Bilanz der englischen Herren-Nationalmannschaft im Elfmeterschießen bei solchen Turnieren war bekanntlich miserabel. Seit 1996 hatte sie sämtliche fünf Elfmeterschießen verloren. Darüber hinaus ergab sich aus meinen Analysen, dass die englischen Spieler in der Situation des Elfmeterschießens häufiger vermeidungsorientierte Bewältigungsstrategien anwandten als sämtliche anderen europäischen Spieler.[40] Elfmeterschießen waren zu einem Schwachpunkt der englischen Mannschaft geworden, zu einer gefährlichen Klippe, an der ihr Erfolg oft zerschellte.

Chris Markham verfolgte das Spiel gegen Kolumbien mit Kollegen in der hauseigenen Bar von St. George's Park, dem Sitz des englischen Fußballverbands. Als Eric Dier den Elfmeter im Tor versenkte, der England den Einzug ins Viertelfinale sicherte und damit die 22-jährige Pechsträhne im Elfmeterschießen beendete, war die Freude verständlicherweise groß. Etwa 30 Minuten später summte Markhams Telefon. Es war eine SMS von Gareth Southgate, dem englischen Nationaltrainer, der sich bei Markham und seinem Team dafür bedankte, diesen Sieg möglich gemacht zu haben.

Lorbeer für diesen Erfolg im Elfmeterschießen ernteten in der Folge noch einige andere, manche setzten ihn sich gar selbst auf. Neben den Spielern und dem Trainer verwiesen einige auf den technischen Direktor der Football Association, andere auf den Leistungsdirektor, wieder andere auf den Psychologen. Doch Chris Markhams Name tauchte dabei nirgends auf. Warum aber hat Southgate dann gerade ihm eine SMS geschickt? Wer ist Chris Markham überhaupt, und was war seine Leistung? Hier soll nun die ganze Geschichte dessen erzählt werden, was sich *hinter den Kulissen* zutrug, damit dieser Sieg im Elfmeterschießen möglich werden konnte, und davon, wie sich England die über Jahrzehnte verlorene Kontrolle in dieser Situation zurückholte.

Chris Markham, derzeit Sportdirektor bei den Bolton Wanderers, leitete von Januar 2017 bis Februar 2021 die Abteilung für Spielanalyse der englischen Football Association. Aufgebaut hatte sie Rhys Long, der führende Analyst jener Zeit. Ihre Aufgabe bestand darin, durch genaue Auswertung von Spielen Einsichten zu gewinnen, mit deren Hilfe sich die Leistung der englischen Nationalmannschaft steigern ließ. Dafür fehlte in der direkten Arbeit mit dem Team gewöhnlich die Zeit. Markham war zuvor Leiter der Leistungsanalyse beim Huddersfield Town FC gewesen. Er war kein einfacher Spielanalytiker, sondern hatte 2009 ein Studium der Sportpsychologie als Master abgeschlossen. Dieser Hintergrund war wahrscheinlich ausschlaggebend für seinen Erfolg im ersten großen Projekt, das ihn in der Football Association erwartete.

»Das Erste, was mir die FA auf den Schreibtisch legte«, so Markham, »war: ›Wie gewinnen wir ein Elfmeterschießen in einem großen Turnier?‹« Von Januar 2017 bis zur Weltmeisterschaft in Russland 18 Monate später leitete Markham ein Team von vier Analysten, zu dem sich schließlich auch ein Informatiker gesellte. Alle arbeiteten mit einem Ziel: England dafür fit zu machen, endlich ein Elfmeterschießen zu gewinnen.

Im April 2018 lernte ich Markham persönlich kennen. Er horchte mich über alles aus, was mit Elfmetern zu tun hat, und führte mir vor, was er mit seinem Team bisher erarbeitet hatte und wie sie von meinen Forschungen Gebrauch gemacht hatten. Was er mir damals zeigte und was ich später noch über sein Projekt erfuhr, hat mich umgehauen. Ich bin mir absolut sicher, dass sich in der Geschichte des Fußballs noch nie ein Team so gründlich und gewissenhaft auf ein Elfmeterschießen vorbereitet hat wie England für die Weltmeisterschaft 2018. Und ich würde behaupten, dass noch nie eine Mannschaft so intensiv über die kollektive Wahrnehmung von Kontrolle nachgedacht und so hartnäckig an ihrer Veränderung gearbeitet hat.

Als ich mich später, während der Arbeit an diesem Buch, mit Markham zusammensetzte, erzählte er mir sehr viel ausführlicher, was er und seine Leute im Vorfeld dieser Weltmeisterschaft alles getan hatten. Der Kontrast zur bisherigen Behandlung dieses Themas im englischen Team war nicht zu übersehen. Markham: »Ich glaube, ich habe Zitate von allen der fünf letzten Nationaltrainer vor Gareth (Southgate) gefunden, mit Ausnahme von Sam (Allardyce), die entweder sagten, ein Elfmeterschießen sei eine Lotterie, sämtliche Elfmeter seien reine Glückssache, oder dass man sich auf diese Art von Druck nicht vorbereiten könne.«

Der dauernde Vergleich des Elfmeterschießens mit einer Lotterie hatte die Überzeugung verfestigt, dass Elfmeter nicht kontrollierbar seien oder trainiert werden können, und damit letztlich einem alles überlagernden Gefühl von Hilflosigkeit Tür und Tor geöffnet. Markham war sich der Folgen absolut bewusst: »Psychologisch gesehen, nimmt man den Spielern Hoheit über die Situation, wenn man von einer Lotterie spricht. Und die wollte ich ihnen zurückgeben. Sie sollten nicht nur die Hoheit über den Schuss selbst, sondern über den gesamten Prozess gewinnen. Am Anfang stand die gefühlte Kontrolle. Wie können wir den Spielern, dem Personal und allen anderen mehr gefühlte Kontrolle geben?«

Mit diesem Ziel vor Augen wurde eine Reihe von Maßnahmen ergriffen. Hier einige der wichtigsten:

Präsentation für Southgate

Zunächst hatten Markham und sein Team sechs Monate Zeit, eine Präsentation für den Trainer vorzubereiten, die ihn überzeugen sollte, dass Einflussnahme in einem Elfmeterschießen möglich war.

»Zum Glück waren Gareth und seine Mitarbeiter sehr aufgeschlossen und wussten harte Arbeit zu schätzen. Aber sie lassen sich auch nichts vormachen, wir wussten also, dass wir wirklich etwas bringen mussten.«

Markham setzte darauf, dass sie eine so tief ins Detail gehende Analyse zu bieten hatten, wie sie Southgate und seine Mitarbeiter in ihrem Leben noch nie gesehen hatten. »Wir sprachen über Anlaufschritte, Winkel, Tempo und was nicht sonst noch … alles Mögliche, von Atemtechniken, optimalen Zielbereichen, Torhütern bis hin zu Blickmasken. Und das war nur der technische Teil. Es ging da auch um Schützenauswahl, Spielerfehlschluss, Action Bias und darum, dass so selten auf die Mitte des Tors geschossen wird … Genug Material, dass allen die Köpfe rauchten. Ich weiß noch, wie wir in Gareths Büro saßen, all die verschiedenen Themen ausgedruckt und ausgeschnitten auf Zetteln, überall auf dem Boden und auf dem Tisch verteilt, und Gareth setzte dann Prioritäten, entschied, was wichtig und was weniger wichtig war.«

Dosierung

Southgates Führungs- und Kommunikationsstil war der entscheidende Faktor. Markham und sein Team hatten all diese faszinierenden Informationen über Elfmeter ausgegraben und wollten den Spielern so viel wie möglich davon vermitteln, doch Southgate bremste sie.

»Gareth sah, dass es hier eine Unmenge an Informationen gab, manche davon wirklich wichtig. Lässt man das alles auf die Spieler los, erzielt man leicht den unerwünschten Effekt, den Druck auf sie zu erhöhen statt zu verringern. Paralyse durch Analyse sozusagen. Gareth war wirklich gut, er hat es geschafft, den richtigen Grad an Detailgenauigkeit und das richtige Timing zu finden, um den Spielern all dies zu vermitteln und bewusst zu machen.«

Zerlegung des Elfmeterschießens in seine funktionalen Einheiten

Am Anfang lasen sie wissenschaftliche Abhandlungen, um nicht nur den isolierten Elfmeter, sondern den Aufbau des gesamten Elfmeterschießens zu verstehen. Markham erzählte mir: »Ich schätze, wir haben uns so etwa hundert Studien aus den verschiedensten Bereichen angesehen. Das hat eine Menge Zeit in Anspruch genommen, und dann sind wir auf eine der einflussreichsten Arbeiten gestoßen, nämlich Ihre, in der Sie die verschiedenen Phasen des Elfmeterschießens beschreiben.«[41] Die Phasen, in die wir Elfmeterschießen unterteilten, waren:

Phase 1: Pause nach der Verlängerung
Phase 2: Mittelkreis
Phase 3: Gang zum Elfmeterpunkt
Phase 4: Am Elfmeterpunkt

»Und damit kam Schwung in die Sache – nun hatten wir verschiedene Bereiche, in denen wir wirklich gut sein mussten. Es geht nicht nur um den Schuss, es ist nicht nur die Psychologie, es ist ein ganzer Prozess, den wir durchlaufen können, und das nimmt letztendlich den Druck von den Spielern.«

Der Prozess

Gareth Southgate ist bekannt dafür, sich auf den Prozess und nicht auf das Ergebnis zu konzentrieren. Das passt gut zum Elfmeterschießen. Markham: »Wir haben dann über einen Prozess gesprochen, den wir befolgen und optimieren können. Der Hauptgrund dafür war unsere Vorstellung, dass wir den Spielern damit das Gefühl zurückgeben können, Kontrolle auszuüben, dass es hier um eine Fähigkeit geht, die man trainieren kann. Wenn es uns gelingen würde, den Spielern den Prozess zu vermitteln und klarzumachen, dass sie eigenverantwortlich sind, dann würden sie die Zuversicht entwickeln, Kontrolle über das Geschehen zu haben.«

Analyse der eigenen Spieler

Markham und sein Team analysierten gründlich und eingehend die Elfmeter ihrer eigenen Spieler.

»Eine Neuentwicklung von uns war, den Druck in verschiedene Stufen einzuteilen. Warum sollten wir einen Elfmeter in der Vorsaison, den John Stones mit zwei Anlaufschritten in die obere Ecke schießt, mit einem Elfmeterschießen in einem Meisterschaftsspiel gleichsetzen? Man muss da differenzieren. Wir haben uns auch die Erfahrung der englischen Nationalmannschaft im Elfmeterschießen angesehen. Wie viele Spieler waren beim Elfmeterschießen auf dem Feld? Wer hat geschossen, wer nicht? Wir haben Interessantes über einige namhafte Offensivspieler herausgefunden, die es generell vermieden, im Elfmeterschießen anzutreten. Das hat uns neue Einblicke verschafft.«

Mit den Spielern sprechen

Markham und sein Team stellten im März 2018, einige Monate vor Beginn der Weltmeisterschaft, den Spielern viele dieser Ideen in einem Elfmeter-Workshop vor. »Wir machten sie mit der Idee vertraut, dass ein Elfmeterschießen in verschiedene Phasen und Aspekte unterteilt werden kann. Und dann sind wir alles im Detail durchgegangen.«

Dazu gehörte auch die Vorführung eines Videos mit vielen Details zum richtigen Anlaufen, zu Routinen, zum Verhalten von Schiedsrichtern, dem Verhalten von Teams und so weiter. Die Botschaft lautete: »Im Grunde steckt viel mehr dahinter, als ihr denkt.«

Es war gleichzeitig das erste Mal, dass die Spieler ihre Sicht der Dinge einbringen konnten. »Einige erfahrene Spieler wollten grundsätzlich keine Elfer schießen; andere Spieler ohne Erfahrung waren durchaus dazu bereit, und umgekehrt.«

In Gesprächen mit den Spielern versuchten sie, deren Haltung zum Elfmeter zu ändern, unter anderem indem sie ihnen klarmachten, dass England besser vorbereitet sein würde als jedes andere Team.

»Ich denke, das Framing war das Wichtigste. All die Arbeit diente letztendlich dazu, das Gefühl zu verstärken, dass wir mehr Kontrolle über die Sache haben. Es hat mit einem Glücksspiel nichts zu tun; wir können besser vorbereitet sein als gegnerische Teams, die sich nicht so viele Gedanken darum machen.«

Mit den Schiedsrichtern sprechen

In der Vorbereitungsphase konferierte Markham auch mit Schiedsrichtern, um die Möglichkeiten und Grenzen der Regeln und Vorschriften für das Elfmeterschießen auszuloten.

»Es ging vor allem um Was-wäre-wenn-Szenarien. Wir haben besprochen, womit wir eventuell durchkommen und ab wann eine gelbe Karte droht. Wie viel Ablenkung kann sich der Torwart erlauben? Kommt er damit durch, den Elfmeterpunkt zu zertrampeln? Darf er an die Latte springen?«

Auch die Psychologie des Schiedsrichters selbst blieb nicht außen vor. »Tatsache ist, dass die meisten Schiedsrichter gar kein Interesse daran haben, im Mittelpunkt zu stehen. Daraus haben wir den Schluss gezogen, dass man wahrscheinlich mit mehr durchkommt, als man vielleicht denkt.«

Notizen auf der Trinkflasche des Torwarts

Es war keine neue Sache, aber wir haben auch ausführlich darüber gesprochen, wie man Infos über die gegnerischen Elfmeterschützen auf der Trinkflasche des Torwarts unterbringen kann oder wie man das in anderen Sportarten macht: »Wir haben uns auch angeschaut, ob die Armbänder, wie Quarterbacks sie tragen, für den Torwart geeignet sind und solche Sachen.«

Die Reaktion auf den Pfiff

Markham und sein Team kannten unsere Studien über Reaktionszeit und Leistung sehr gut und haben sie auf elegante Weise kommunikativ umgesetzt.

»Wir waren wirklich überrascht, wie hastig die Spieler im Allgemeinen waren und wie wenig Zeit sie sich nahmen. Sobald der Pfiff ertönte, rannten sie los. Ich habe den Spielern dann immer gesagt: ›Der Pfiff ist nicht *euer* Startzeichen, sondern nur das des Schiedsrichters. Ihr könnt mit eurem Anlauf beginnen, wann immer ihr wollt.‹ Eure Routine beginnt nicht mit dem Pfiff, sondern dann, wenn ihr es entscheidet.«

Ballübergabe durch den Torwart

Eine der entscheidenden Neuerungen, die Markham und England in das Elfmeterschießen einbrachten, bestand darin, dass ihr Torhüter nach jedem Schuss den Ball aufhob, um ihn an den nächsten Elfmeterschützen seines Teams weiterzugeben. Interessanterweise entstand die Idee dazu aus Überlegungen, wie der Torhüter die gegnerischen Elfmeterschützen verwirren könnte.

»Natürlich haben wir in unserer Analyse auch Ablenkungsversuche betrachtet. Wir versuchten also, die Ablenkung durch den Torwart in Kategorien von gering über mittel bis hoch zu unterteilen. Wir haben alle möglichen Ablenkungsmanöver des Torwarts entwickelt: mit den Armen fuchteln, Hüpfen, Schreien, Gestikulieren, Klimmzüge an der Latte und dergleichen ... So wurde es Teil des Jobs des Torwarts, sich den Ball zu schnappen, wann immer es ging. Egal, ob wir den Elfmeter geschossen hatten, ob der Gegner einen Elfmeter geschossen hatte. Wir wollten sie nervös machen und zugleich verhindern, dass ihr Torwart uns nervös machte.«

Markham und seine Leute sprachen und arbeiteten mit Trainern und Analysten anderer Sportarten aus dem Team Great Britain, dem britischen Olympiateam. Inspiration kam dabei insbesondere von der Olympia-Goldmedaillengewinnerin im Feldhockey, wo es mit Siebenmetern und Shootouts ähnliche Situationen gibt. Dies führte zu Diskussionen darüber, wie das Team insgesamt auf Tore und Fehlschüsse reagieren könnte.

»Im Team GB war die Unterstützung nach einem Schuss immer die gleiche. Wenn sie einen Treffer erzielt hatten, dann gab es keine positiven Äußerungen, kein Herumgerenne und keinen Jubel, und wenn sie nicht getroffen hatten, war es genauso. Es herrschte eher so eine Mentalität wie bei den All Blacks, der neuseeländischen Rugby-Mannschaft. Was passiert, passiert eben. Und sie machten immer dasselbe, egal, was geschah. Also nehmen auch wir den Mitspieler in unsere Reihen auf, heißen ihn wieder im Team willkommen, es ist immer dasselbe, unabhängig davon, ob er ein Tor gemacht hat oder nicht.«

Gleichwohl beschäftigten sich Markham und sein Team auch mit anderen Möglichkeiten, auf Spieler zu reagieren, die ein Tor vergeben hatten, und zeigten den Fußballern Videos von Mannschaften, bei denen einzelne den Huddle verlassen, um den unglücklichen Spieler abzuholen. Anschließend überließen sie den Spielern die Entscheidung, was sie nach Toren und Fehlschüssen tun wollten.

»Es gab definitiv eine Diskussion darüber. Darüber, wie wir Zusammengehörigkeit zeigen sollten, aber es war nicht so sehr eine Diskussion um übertriebenen Jubel. Wir haben nicht versucht, ihnen etwas vorzugeben oder sie zu Reaktionen zu drängen, die sie nicht fühlten, wenn das Sinn ergibt. Aber wir haben ihnen schon gezeigt, was das Team GB macht.«

Die Spieler und die Mannschaft übten das Elfmeterschießen, aber in einem genau auf den jeweiligen Spieler zugeschnittenen Umfang. »Spieler mit wenig oder gar keiner Elfer-Erfahrung, solche wie Kieran Trippier, wurden anders behandelt als Spieler mit großer Erfahrung wie Harry Kane. Es war alles eine Frage der richtigen Dosierung, Gareth und Steve Holland haben das wieder einmal hervorragend hinbekommen. Man kann nicht endlos Schüsse üben, insbesondere wegen des Tormanns wird es irgendwann unrealistisch. Denn der weiß nach einiger Zeit, wohin die Schützen zielen. Das führt dazu, dass es nichts mehr bringt, das ist dann nur noch Spielerei und kein Training mehr.«

Es wurde auch erwogen, beim Training andere Torhüter einzusetzen, um besser Elfmeter mit einem Gegner simulieren zu können, der den Schützen nicht kennt.

»Wir dachten darüber nach, aber in Russland [wo das Turnier stattfand] war das schwierig. Wenn es hier bei uns gewesen wäre, hätten wir Torhüter von der Sportakademie holen können, die wären hoch motiviert gewesen, Elfmeter von Harry Kane zu halten, die hätten sich sicherlich ins Zeug gelegt. Aber in Russland war das logistisch nicht machbar.«

Schließlich taten sie ihr Bestes, um ein komplettes Elfmeterschießen zu simulieren.

»Wir haben ein Elfmeterschießen aufgezogen mit Schiedsrichtern, Huddle, Gang zum Elfmeterpunkt, Mittelkreis, Ablenkungsmanövern – das ganze Programm. Also eine richtige Generalprobe, bevor sie nach Russland abreisten. Ich bin mir sicher, sie haben in Russland noch so ein Training gemacht.«

Auch in Russland wertete das Analyseteam jeden im Training geschossenen Elfmeter aus, um »die Leistung und die Entwicklung der Routinen zu überwachen, was letztlich auch in die Entscheidung über die Reihenfolge der Schützen im Elfmeterschießen einfloss.«

Die Rollen in der Pause nach der Verlängerung

Eine weitere Neuerung war die Strukturierung der Rollen und der Kommunikation des Teams zwischen dem Ende der Verlängerung und vor der Versammlung im Mittelkreis.

»Wir haben uns Dinge wie die Pause nach der Verlängerung angesehen. Wir teilten Spielern Rollen und Verantwortlichkeiten zu, sagten ihnen, wo sie stehen sollten und wo nicht. Es war alles sehr strukturiert und sehr reglementiert. An jede Kleinigkeit war gedacht.«

Die Inspiration für diese Idee kam von einer anderen Sportart.

»Wir sprachen mit dem Team GB Hockey über den gesamten Prozess des Shootouts und teilten sämtlichen Betreuern und Spielern, auch denen, die nicht am Elfmeterschießen beteiligt waren, Rollen und Verantwortlichkeiten zu. Die Rollen wurden in speziellen Teambesprechungen kommuniziert und während der Trainingseinheiten eingeübt.«

Dazu gehörte auch, dass das Gebiet um das Team in verschiedene Zonen aufgeteilt wurde.

»Wir wollten klare Abgrenzungen schaffen, wo sich Betreuer und Spieler bewegen konnten und wo nicht. Es gab Seitenlinien, die Spielerbank und den technischen Bereich. Es wurden Dinge wie eine Trinkstation und eine Massagestation eingerichtet, und die Spieler durften nicht einfach so auf das Spielfeld, oder bestimmten Mannschaftsbetreuern wurde gesagt: ›Du wirst jetzt auf dem Spielfeld nicht benötigt, weil wir dich im technischen Bereich brauchen.‹«

Beim Elfmeterschießen, das schließlich gegen Kolumbien stattfand, kann man diesen Plan in Aktion sehen. Die Atmosphäre im englischen Lager wirkte ruhig, konzentriert und professionell. Der Torhüter sprach nur mit wenigen Auserwählten und wurde stets nur von einer betreuenden Person angesprochen. Der Kontrast zur kolumbianischen Mannschaft war unübersehbar. David Ospina, der kolumbianische Torwart, wurde einmal von fünf Mitarbeitern und

Mannschaftskameraden gleichzeitig belagert, die ihn offenbar mit Ratschlägen und Einschätzungen bombardierten, die er unmöglich verarbeiten konnte.

Huddle vor dem Elfmeterschießen

In der Sitzung mit den Schiedsrichtern ging es unter anderem um die Frage, wo die Spieler sich zu einer letzten Besprechung zusammenstellen dürfen. »Was würdet ihr als Schiedsrichter tun, wenn wir unseren Huddle im Mittelkreis abhalten würden? Wir wären also schon da und die Gegner müssten nach uns kommen. Die Schiedsrichter sagten: ›Wahrscheinlich nichts. Das könnt ihr machen, wo ihr wollt.‹ Oder was würde passieren, wenn wir unseren Huddle direkt vor unseren Fans abhalten würden? All das und mehr haben wir gefragt. Manches haben wir am Ende gar nicht genutzt, die Hauptsache war immer, dass die Strategie den Spielern zugutekommt, dass sie ihnen hilft, sich auf die bevorstehende Aufgabe zu konzentrieren, wenn es so weit ist.«

Warum hat es funktioniert?

Markham hebt vor allem das perfekte Timing für das Projekt hervor.

»Ich denke, es war der optimale Zeitpunkt. Die Leute öffneten sich gerade für die Idee, dass man den Elfmeter wissenschaftlicher angehen kann. Wir kamen zum perfekten Zeitpunkt. Wenn ich erst jetzt damit anfangen würde, wären wir weit im Rückstand. 2017 damit anzufangen, im Vorfeld der Weltmeisterschaft 2018, als sich offensichtlich noch nicht viele Gedanken darüber gemacht hatten, war einfach genial. Ich denke, wir lagen damals in dieser Hinsicht an der Spitze. Das wäre heute viel schwieriger, letztlich bleibt eben begrenzt, was man tun kann. Ich glaube, wir waren einfach die Vorhut, und die Zeit war reif.«

Persönliche Eindrücke

Dieses Projekt war offensichtlich eine wichtige Erfahrung für Markham, die kurzfristige wie langfristige Folgen hatte.

»Als es zum Elfmeterschießen kam, war ich so nervös wie nie. Mir war richtig schlecht.«

Kolumbiens Radamel Falcao eröffnete mit einem knallharten Schuss in die Mitte. Tor. Dann kam Englands Harry Kane. Routiniert wie immer, ruhig und kontrolliert. Tor. Auch die nächsten drei Elfmeter wurden verwandelt, darunter der von unserem alten Freund Marcus Rashford, weniger als eine Sekunde nach dem Freigabepfiff. Kolumbiens Trainer José Pékerman hatte während des Elfmeterschießens die meiste Zeit die Hände vors Gesicht geschlagen, während Gareth Southgate in seiner Anzugweste cool und gelassen wirkte. Dann Jordan Henderson für England. Torwartunabhängiger Schuss nach rechts. Der Torwart reagiert früh. Gehalten. Ein langer Weg zurück in den Mittelkreis. Doch die nächsten beiden Kolumbianer, Mateus Uribe und Carlos Bacca, erzielen kein Tor, während Kieran Trippier trifft und es nun an Eric Dier hängt, England in Führung zu bringen. Und er schafft es. Tor. England gewinnt sein erstes Elfmeterschießen seit 1996.

Markham und seinem Team hätte man gegönnt, danach die ganze Nacht durchzufeiern. Aber im Profifußball ist nach dem Spiel eben immer vor dem Spiel.

»Ich bin dann bis gegen 9 Uhr morgens wach geblieben, weil wir uns auf [den nächsten Gegner] Schweden vorbereiten mussten. Richtig gefeiert habe ich eigentlich nicht.«

Doch zufrieden mit dieser Leistung ist Markham bis heute.

»Wahrscheinlich werde ich am Ende meiner Karriere darauf am meisten stolz sein, ganz gleich, was ich als Sportdirektor noch erreiche, einfach deshalb, weil es eine so große Sache ist. Ich kann es bis heute nicht verstehen. Wir steckten im St. George's Park so in unserer Blase. Das Gute daran war, dass diese brillante Mannschaft, die 18 Monate so hart gearbeitet hatte, nun auch zusammen den Erfolg feiern konnte. Das war wirklich das Tollste.«

KAPITEL 3

Den Druck nutzen

»Ich quatsche einfach viel. Ich stifte Chaos.«
Emi Martínez, Torwart von Aston Villa und der argentinischen Nationalmannschaft

Wenn sich der brasilianische Torhüter Diego Alves auf einen Strafstoß vorbereitet, wird er der beste Freund des Schützen. Er ist dann leutselig, aufgekratzt, jovial. Der Torschütze bekommt ein großes, warmes Lächeln, manchmal einen freundlichen Stupser mit der Faust oder ein Händeschütteln und oft eine Art Umarmung oder Knuddeln. Häufig nimmt Alves den Ball und übergibt ihn wie selbstlos dem Schützen. Er fährt seinem Gegner zärtlich mit den Handschuhen über den Kopf. Er beugt sich zu ihm hinüber und flüstert ihm ein paar freundliche Worte zu. Dem Elfmeterschützen begegnen Freundlichkeit und Aufmerksamkeit. Und obwohl sie beide eine klare Aufgabe haben und dieser Mann in dieser Situation eindeutig Alves' Gegner ist, erwidert der Schütze die Zugewandtheit offenbar – mit einem Lächeln oder indem er ebenfalls die Faust zum Gruß hebt.

Irgendwie ahnen seine Gegner es vielleicht, aber wenn sie wirklich verstünden, dass Alves' Aufmerksamkeiten Verderben bringen und sein Geflüster einem bösen Kalkül folgt, würden sie wahrscheinlich nicht mehr lächeln. Sobald er erst einmal weiß, dass der Schütze ihm zuhört – er erkennt es an einem Lächeln oder einer kurzen Erwiderung –, kann Alves sich sicher sein, dass eine tragfähige Kommunikationsbasis besteht. »In solch einem Moment will ich dem Spieler auf den Zahn fühlen«, sagt Alves, »um herauszubekommen, ob er nervös ist. Ich rede mit ihm, fühle mich in ihn hinein, um zu sehen, ob er das tun wird, was ich vermute.«[1]

Ist die Verbindung erst einmal hergestellt, schlägt Alves zu. Er sagt etwas, das darauf abzielt, seinen Gegner zu verärgern, zu verunsichern oder Zweifel zu säen. Alves gibt ein Beispiel: »Ich habe ihm gesagt, dass es schrecklich für ihn sein muss, wenn er wieder danebenschießt, und dass ich den Druck, unter dem er steht, voll mitfühlen kann.«

Immer schön, wenn einen jemand versteht.

Funktioniert diese Art der psychologischen Manipulation? Im Laufe seiner Karriere bestritt Alves 69 Elfmeterduelle, 27-mal hat er gehalten; damit hat ein Elfmeterschütze nur eine Chance von 61 Prozent, den Elfmeter zu verwandeln – ein absurd niedriger Wert. So kann sich Alves nicht nur eines breiten Repertoires an ausgeklügelten Psychospielen im Fußball rühmen, er ist auch einer der effektivsten Elfmeterkiller im heutigen Spitzenfußball.

In diesem Kapitel wird es darum gehen zu untersuchen, wie Alves und viele andere Elfmeterspezialisten unter den Torwarten die Psyche des Schützen knacken und so die Wahrscheinlichkeit erhöhen, dass er verschießt, aber es werden auch Abwehrstrategien beleuchtet.

Es ist, als wandele Diego Alves auf den Spuren Machiavellis. Soweit meine bescheidenen Kenntnisse reichen, hat der italienische Autor des 16. Jahrhunderts, dessen bekanntestes Werk »Der Fürst« von Staatskunst und Macht handelt, nie einen Lieblingstorwart erwähnt, aber Alves wäre sicher ein aussichtsreicher Kandidat gewesen. Wenn wir Machiavellismus als strategische und moralisch fragwürdige Beeinflussung anderer verstehen, dann ist Alves mit Sicherheit einer der größten im Tor stehenden Machiavellisten.

Irgendwo neben ihm fände sich bestimmt auch der Argentinier Emi Martínez, Weltmeister von 2022 und Gewinner der Jaschin-Trophäe im Jahr 2023.[2] Martínez, der vor den Toren von Buenos Aires in Mar del Plata geboren wurde und dessen Eltern auf manche Mahlzeit verzichteten, damit ihr Sohn genug zu essen bekam, ging mit 17 nach London, nachdem er einen Ausbildungsplatz in der Fußballakademie von Arsenal ergattert hatte. Den Großteil der dann folgenden zehn Jahre verbrachte er als Leihspieler in englischen und europäischen Clubs, unter anderem bei Oxford United, Rotherham United und beim FC Getafe.

Doch irgendwann kam die große Wende für Martínez, und Elfmeter hatten einen großen Anteil daran. In einem Zeitraum von vier Jahren nahm er an fünf Elfmeterschießen teil, und er war stets auf der Seite der Sieger. Das erste war das am wenigsten prestigeträchtige und erfolgte bei der Begegnung Arsenal gegen Liverpool, im August 2020 im Wembley-Stadion, ausgetragen unter Corona-Einschränkungen. Es ging um den FA Community Shield, eine spezielle englische Trophäe, um die alljährlich zum Auftakt der Saison in England gespielt wird. Zu Beginn des Elfmeterschießens wirkte Martínez noch ruhig und zurückhaltend. Doch mit jedem Schützen wurde er redseliger. Er begann, sie anzulächeln und ihnen zuzuzwinkern. Er ging auf den Schützen am Elfmeterpunkt zu und plauderte mit ihm, während der versuchte, sich vorzubereiten. Das ging so weit, dass Liverpools Trainer Jürgen Klopp, der Martínez dabei zusah, erst mit offenem Mund dastand und dann einen seiner Co-Trainer fragte: »Was ist denn das?« Der Co-Trainer schüttelte nur den Kopf. Einer der Liverpooler Elfmeterschützen drosch den Ball über die Latte, während die Spieler von Arsenal alle trafen. Die Emi-Martínez-Elfmeter-Show hatte begonnen.

Im Profisport hat es schon immer auch Wortgefechte und Beleidigungen gegeben. Einige Athleten sind berühmt für verbale Entgleisungen vor oder während Wettkämpfen: Larry Bird und Michael Jordan im Basketball, Muhammad Ali im Boxsport, Conor McGregor in der UFC. Die Einzelheiten solcher Wortwechsel werden allerdings im Normalfall vom Lärm der Arenen überdeckt. Das änderte sich während der Coronapandemie. Im stillen Stadion konnten Zuschauer zu Hause plötzlich exakt mithören, was Leute wie Martínez hier trieben.

Im Juli 2021 spielte Martínez im argentinischen Trikot bei der verschobenen Copa América in Brasilien. Argentinien traf im Halbfinale auf Kolumbien, und es kam zum Elfmeterschießen. Den ersten Elfmeter für Kolumbien schoss Juan Cuadrado. Er verwandelte; Martínez verpasste den Ball mit einem Hechtsprung nur knapp. Der nächste Schütze war Davinson Sánchez. Während seines Anlaufs war Martínez laut und deutlich im Rund des Estadio Mané Garrincha zu hören.

»Sorry, aber dich fress' ich, Bruder.«[3]

Sánchez schoss schlecht auf Martínez' linke Seite. Gehalten.

Der nächste Kandidat für Kolumbien: Yerry Mina von Everton. Martínez schaltete einen Gang hoch.

»Du lachst, aber du bist doch nervös. Du bist nervös. Hey, der Ball liegt vor dem Elfmeterpunkt. Ja, tu nur so, als würdest du es nicht sehen.«

Mina hörte jedes Wort, und als er neben dem Ball stand, murmelte er eine Antwort und lächelte dabei, wohl um den Anschein zu erwecken, es mache ihm nichts aus und er habe die Situation unter Kontrolle. Dann nahm er Anlauf, und wieder sprudelten die Worte aus Martínez' Mund, fast so, als wäre er der Kommentator, und sie wurden immer lauter, je näher Mina dem Ball kam.

»Ich kenne dich. Ich weiß, wohin du schießt, und ich halte den. Ich fress' dich, Bruder.«

Wieder ein schlechter Schuss, wieder gehalten. Martínez feierte seinen Sieg, indem er seine Hüfte nach vorn schob und dabei schnell mit den Armen pumpte – eine durch und durch vulgäre Macho-Geste.

Kolumbiens nächster Schütze war Miguel Borja. Martínez gelang es tatsächlich, noch einen draufzusetzen. Er wurde lauter und lauter, je näher Borja dem Ball kam.

»Hast du Angst? Zur Halbzeit hattest du noch eine große Klappe, häh? Welche Ecke, Bruder? Ich weiß es. Aha, du guckst wohl gerne, was? Na los, schau mich an. Schau mich an! Schau mich an! Schau mich an!«

Borja verwandelte den Elfer mit einem Gewaltschuss in die Mitte. Doch als der Ball aus dem Netz zum Schützen zurücksprang, drosch er ihn aggressiv in die leeren Ränge: Martínez hatte wohl doch irgendwie an seinem Nervenkostüm gerüttelt.

Der venezolanische Unparteiische war mittlerweile auf Martínez' Mätzchen aufmerksam geworden, und als der letzte kolumbianische Schütze auf dem Rasen stand, zeigte er ein wenig Bemühen, ihn in die Schranken zu weisen: zu wenig, zu spät. Martínez gab sich etwas zahmer, aber er hielt den letzten Schuss, woraufhin die Argentinier als Sieger ins Finale einzogen, in dem sie Brasilien bezwangen und erstmals seit 1993 wieder einen bedeutenden Pokal gewannen.

Doch Martínez hatte noch gar nicht richtig angefangen. Ein Jahr später, bei der Weltmeisterschaft 2022 in Katar, stand Argentinien den Niederlanden im Elfmeterschießen um den Einzug ins Halbfinale gegenüber. Es wurde das emotionalste, unberechenbarste und kämpferischste Elfer-Drama in der Geschichte der Fußballweltmeisterschaft. Und wer war wohl mittendrin?

Beim ersten niederländischen Schützen, Virgil van Dijk, wirkte Martínez artig, ruhig, eher passiv. Aber genau das ist seine Strategie: nicht gleich aus allen Rohren feuern, es langsam angehen lassen, beobachten, wie der Schiedsrichter und die Gegner ticken, und dann eskalieren. Van Dijks Schuss entsprach praktisch eins zu eins seinem Elfer im Finale des Carabao Cup 9 Monate zuvor zwischen Liverpool und Chelsea, als er spektakulär oben links einnetzte. Martínez war vorbereitet: »Ich kannte van Dijk. Ich hatte gesehen, dass er in drei

Endspielen dorthin geschossen hatte.«[4] Martínez schien bereits in die entsprechende Ecke zu fliegen, als van Dijk schoss. Große Parade. Und noch größerer Jubel von Martínez über seine Leistung.

»Den ersten Elfmeter zu halten ist wie sein Revier markieren«, sagte Martínez später. »In so einer Situation dann zu treffen ist nicht leicht, vor allem nicht für den zweiten Schützen.«[5]

Der Nächste für die Niederlande war Steven Berghuis. Martínez erwartete ihn am Elfmeterpunkt. Er hielt ihm den Ball mit der ausgestreckten Linken hin, doch als Berghuis bei ihm ankam, ließ er den Ball einfach fallen. Berghuis musste 4 oder 5 Meter laufen, um ihn aufzuheben. Er lächelte, bevor er Anlauf nahm, möglicherweise weil Martínez ununterbrochen auf ihn einredete. Er schoss dann unmittelbar, nachdem die Pfeife ertönt war – und scheiterte an Martínez. In solch einem Moment gönnen sich die meisten Torhüter eine kleine freudige oder siegesgewisse Geste und gehen still ab. Doch Martínez ist nicht wie die meisten Torhüter. Er kann bei gehaltenen Elfern aus einem reichhaltigen Jubelrepertoire schöpfen, und diesmal vollführte er einen kleinen Tanz, bei dem er wie ein triumphierender Kobold herumsprang.

Dann war Teun Koopmeiners an der Reihe. Martínez erwartete auch ihn am Punkt, aber diesmal ohne Ball. Er starrte ihn an, suchte Blickkontakt, streckte ihm seine rechte, behandschuhte Hand entgegen. Koopmeiners ließ sich nicht darauf ein. Gute 5 Sekunden stand Martínez so da. Der Schiedsrichter trat schließlich dazwischen und ermahnte Martínez, auf seine Torlinie zurückzugehen. Es gab allerdings keine gelbe Karte, noch nicht einmal eine Verwarnung. Martínez hält sich exakt an Machiavellis Regelbuch. Mit den meisten seiner Tricks kommt er ungestraft davon, weil er sich gerade noch so mitfühlend und menschlich gibt, dass der Schiedsrichter ihm keine böse Absicht unterstellt. Koopmeiners verwandelte seinen Elfmeter. Er stichelte noch gegen Martínez, was nach dem Verhalten des Torwarts verständlich war. Aber es zeigte auch allen, wie präsent Martínez war.

Als Wout Weghorst als vierter Elfmeterschütze auf dem Weg zum Punkt war, schaute Martínez kurz zum Unparteiischen, vergewisserte sich, dass der sich für einen Moment abgewandt hatte, und nutzte die Gelegenheit, etwas Neues auszuprobieren. Er schoss den Ball scharf, als ob er ihn zu Weghorst passen wollte, aber der Ball ging klar an ihm vorbei und landete in 30 bis 40 Metern Entfernung. Das ist konfrontatives, feindseliges Verhalten. Weghorsts Mannschaftskameraden spielten ihm den Ball zurück. Daraufhin markierte Martínez sein Revier, indem er beide Torpfosten küsste und die Querlatte streichelte. Als der Schiedsrichter auf ihn zukam, klopfte Martínez ihm mit seinem Handschuh auf die Wange – wieder eine vordergründig freundliche Geste, die aber eigentlich übergriffig und dominant ist. Die Kontrolle über den Schiedsrichter ist in diesen Situationen ausschlaggebend, und Martínez spielt mit Schiedsrichtern, als wären sie Musikinstrumente. Weghorst traf dann aber, und anschließend entbrannte ein kleiner Streit zwischen ihm und Martínez um den Ball, den letzterer gewann. Er übergab den Ball an seinen nächsten Teamkollegen.

Inzwischen benahmen sich beide Mannschaften, als ginge es nicht mehr um Sport, sondern als sei ein kleiner Krieg entbrannt. Alle niederländischen Spieler, die ihren Schuss absolviert hatten, machten auf dem Rückweg zu ihrem Team einen Umweg, um im Vorübergehen gegen den nächsten argentinischen Schützen zu sticheln. Als Laurato Martínez den Mittelkreis verließ, um Argentiniens fünften – und möglicherweise entscheidenden – Elfmeter zu schießen, umringten ihn drei niederländische Spieler und gaben ihm alles mit auf den Weg, was sie hatten. Nachdem der Argentinier getroffen und sein Team so ins Halbfinale geschossen hatte, rannten seine Kollegen nicht, wie üblich, sofort auf ihn zu, sondern vor die gegnerische Mannschaft, um sie ein letztes Mal zu provozieren. Erst dann wurde Martínez, der letzte Schütze, umringt und bejubelt.

Ein einzelner argentinischer Spieler jedoch hatte ein anderes Ziel. Lionel Messi rannte direkt auf seinen Tormann zu, und die beiden umarmten sich am anderen Ende des Spielfelds lange. Messi hatte klar erkannt, wer das Genie hinter diesem Sieg im Elfmeterschießen war.[6]

Martínez' Meisterstück sollte allerdings erst noch kommen. Eine Woche später stand Argentinien gegen Frankreich im Finale der Weltmeisterschaft, einem Spiel, das 3:3 ausging und ins Elfmeterschießen ging – das dritte Mal, dass in einem WM-Finale der Männer der Sieger im Elfmeterschießen ermittelt werden musste. Martínez bereitete die Bühne und nahm sogleich den Strafraum in Beschlag. Während der französische Torwart und Kapitän, Hugo Lloris, noch in der Mitte des Feldes stand und mit dem Münzwurf zur Bestimmung der Seite beschäftigt war, marschierte Martínez schon zügig auf ein Tor zu. Wusste er, welches es sein würde? Hatte er geraten? Hatte er eine Handbewegung des Schiedsrichters missverstanden?

Wie auch immer, er hatte sich die richtige Seite schon vor dem Münzwurf ausgesucht und konnte aus seinem zeitigen Eintreffen Kapital schlagen. Als Lloris schließlich auch eintraf und seinen Handschlag annahm, fühlte es sich an, als hieße Martínez einen Gast in seinem Zuhause willkommen: »Du bist jetzt bei mir!« Mit diesem einen zügigen Gang zum Strafraum hatte er sich etwas wie einen Mikro-Heimvorteil verschafft.

Martínez gab auch Kylian Mbappé, dem ersten Schützen für Frankreich, die Hand – alles ganz freundlich. Daraufhin bat er den Schiedsrichter höflich, zu überprüfen, ob Mbappé den Ball korrekt platziert hatte, was jener auch tat. Er ging zum Ball, schaute ihn sich genau an und zeigte »Daumen hoch«. Martínez hatte nun eine Verbindung zum Unparteiischen aufgebaut, die ihm später nutzen könnte. Das lockere Regelwerk rings um das Elfmeterschießen bietet jemandem wie Martínez ein breites Spektrum an Manipulationsmöglichkeiten. Man könnte meinen, das Elfmeterschießen sei bis ins Kleinste geregelt, aber in Wirklichkeit ist es das nicht. Die Vorschriften sind lediglich an einigen zentralen Punkten ausformuliert, etwa dass der

Torhüter auf der Torlinie stehen muss, bis der Ball gespielt wird, und dass der Elfmeterschütze nach vorne schießen muss. Für das Verhalten der Beteiligten *vor* einem Elfmeter gibt es dagegen wenige oder keine ausdrücklichen Richtlinien, alles hängt von der Beurteilung der Situation durch den Schiedsrichter ab. Diese subjektive Entscheidungsgrundlage können sich geschickte Manipulatoren zunutze machen.

Mbappé versenkte schließlich seinen Elfmeter im Tor, auch wenn Martínez' Hand noch am Ball war.

Der folgende Schütze auf Seiten Frankreichs war Kingsley Coman von Bayern München. Diesmal ging Martínez schon etwas weiter und versuchte, Coman am Elfmeterpunkt zu treffen, sodass der Schiedsrichter freundlich dazwischengehen musste. Wieder brachte Martínez den Schiedsrichter dazu, die Ballposition zu überprüfen, wofür er von der Person, die angeblich das Sagen hatte, erneut einen erhobenen Daumen erhielt. Martínez hielt daraufhin Comans Elfmeter und jubelte unbändig – ein kurzer Sprint mit drei riesigen Luftsprüngen und Faustschlägen in die Luft. Kein Zweifel, wer zu diesem Zeitpunkt die Hauptfigur des Dramas war.

Argentinien verwandelte seinen nächsten Elfer, und als nächster Franzose kam die Reihe an Aurélien Tchouaméni. Martínez hatte inzwischen die Maske komplett fallen gelassen. Er räumte später ein, er habe sich auf genau diese Situation vorbereitet: »Ich hatte das mit meinen Psychologen durchgespielt: Wenn ich es schaffe, einen zu halten, mache ich dem Nächsten das Leben zur Hölle.«[7]

Erst einmal schnappte sich Martínez den Ball direkt vor den Füßen des Schiedsrichters und ging damit fort, als wäre er sein eigener. Während der Schiedsrichter und Tchouaméni warteten, stellte Martínez sich mit dem Rücken zu ihnen. In seiner Linken den Ball, nahm er sich alle Zeit der Welt, mit der Rechten die argentinischen Fans zu dirigieren. Der jetzt sichtbar verärgerte Schiedsrichter verlor die Geduld, blies in seine Pfeife und ging auf den Torwart zu. Doch anstatt

Tchouaméni den Ball nun zu übergeben, warf Martínez ihn einfach fort und zwang seinem Gegner einen Extraweg von 20 Metern auf. Die Respektlosigkeit war so offensichtlich. Martínez' Verhalten wurde nicht sanktioniert, er drehte sich einfach um und ging in sein Tor. Er hatte die Situation voll unter Kontrolle und war sich dessen bewusst. Nachdem Tchouaméni den Ball auf den Elfmeterpunkt gelegt hatte und bereit war, grinste Martínez ihn selbstgefällig an. Kein Tor.

Leandro Paredes stand als nächster Argentinier auf der Torschützenliste. Weil er Tchouaméni gerade den Ball vorenthalten hatte, war Martínez klar, dass Lloris nun mit einer ähnlichen Aktion antworten könnte. Also schnappte er sich schnell den Ball und übergab ihn selbst an seinen Mitspieler, genau wie im Halbfinale. Vorausschauend und wirkungsvoll.

Nach drei Elfmetern pro Mannschaft hatte Argentinien einen komfortablen 3:1-Vorsprung. Martínez strotzte inzwischen vor Selbstvertrauen und schickte sich an, es seinen nächsten Kontrahenten deutlich spüren zu lassen. Während Randal Kolo Muani vom Mittelkreis zum Punkt lief, wandte sich Martínez seinen Trainern an der Seitenlinie zu und begann, abwechselnd auf den französischen Spieler zu zeigen und das Parieren von Bällen zu mimen. Das war nun nicht mehr subtil – er wollte, dass Kolo Muani sah, dass es um ihn und seine Schusspräferenzen beim Elfmeterschießen ging. Als Kolo Muani nah genug war, sprach Martínez ihn direkt an, zeigte erst auf ihn, dann auf sich selbst, nickte heftig und mit einem breiten Lächeln, während der Schiedsrichter versuchte, ihm Einhalt zu gebieten.

Große Kenntnisse im Lippenlesen waren nicht vonnöten, um zu sehen, was Martínez sagte: »Ich habe dich beobachtet! Ich habe dich beobachtet! Ich habe dich beobachtet!« Als Martínez dann auch noch versuchte, sich am Schiedsrichter vorbei zu Kolo Muani durchzuschlängeln, war die gelbe Karte unvermeidlich. Auf der Torlinie heizte Martínez bei den argentinischen Fans durch wilde Gesten die Stimmung an, gleichzeitig lächelte er weiter und redete auf Kolo Muani ein. Der traf, aber Martínez war auf der Siegerstraße, tat, als hätten sie schon gewonnen.

Beim Aufheben des Balls aus dem Tor wandte er sich dem Schiedsrichter zu und fragte: »Wenn wir jetzt treffen, gewinnen wir dann? Wenn wir treffen, gewinnen wir dann?« Der nächste Elfmeterschütze für Argentinien traf in der Tat. Argentinien hatte seinen dritten Weltmeistertitel errungen, und Martínez' machiavellistische Spielchen hatten nicht unwesentlich dazu beigetragen.

Was sind die wichtigsten Methoden, mit denen Torhüter versuchen, den Druck auf den vor ihnen stehenden Schützen zu erhöhen? Und was sagen die Daten über die Wirkung von Ablenkungsmanövern, Unterbrechungen und Psychospielen von Torwarten und Torwartinnen auf die Konzentration, die Gefühlslage und letztendlich den Torerfolg der Schützen und Schützinnen? Was in diesem Kapitel folgt, beschreibt nichts, was nett, edel oder höflich ist. »Bösartig« und »aufdringlich« treffen es wohl besser. Doch diese Verhaltensweisen sind im Profifußball die Realität, und wir müssen sie zur Kenntnis nehmen und damit umgehen, ob wir wollen oder nicht.

Visuelle Ablenkung

Bei den Elfmeterschießen der 1970er und frühen 1980er Jahre benahmen sich die Torhüter unauffällig, folgten den Anweisungen und blieben an ihrem Platz. Vor einem Elfmeter ging der Torwart ins Tor und nahm dann ohne weiteres Getue seine Position auf der Torlinie ein. Typischerweise stand er während des Anlaufs reglos auf der Linie, die Füße eng nebeneinander, leicht vornübergebeugt, die Hände vor dem Körper.

Ein einziger Mann scheint das alles geändert zu haben: Bruce Grobbelaar vom FC Liverpool. Und der Anlass, zu dem er diese Veränderung herbeiführte, war das UEFA-Cup-Finale von 1984 zwischen dem FC Liverpool und der AS Roma. Vor 1984 war Liverpool erst an einem einzigen Elfmeterschießen beteiligt gewesen, und das war 10 Jahre zuvor beim Spiel des FA Community Shield zur Saisoneröffnung gewesen. Beunruhigend war außerdem, dass die Liverpooler eine Woche vor dem Match gegen Rom in einem Übungselfmeterschießen gegen ihre eigene Jugendmannschaft mit 5:0 verloren hatten.[8] Keine perfekte Ausgangslage. Doch sie hatten ja Grobbelaar.

Der Tormann aus Zimbabwe ließ das Elfmeterschießen ganz unspektakulär angehen. Doch vor dem zweiten Elfmeter von AS Roma durch Bruno Conti veränderte sich sein Verhalten. Auf dem Weg in den Kasten redete Grobbelaar laut mit sich selbst. Dann lehnte er sich in das Netz, als wolle er sein Gesicht durch die Maschen stecken, biss sogar hinein, um sich schließlich zu Conti umzudrehen. Es war deutlich zu sehen, dass er etwas zu Conti sagte, während er auf ihn zuging und mit den Fingern gestikulierte. Conti reagierte, indem er sich von Grobbelaar wegdrehte, während der Schiedsrichter sich bereit machte. Contis Schuss segelte über die Latte.

Der AS Roma verwandelte seinen dritten Elfmeter, aber mit seinem Schachzug vor Romas viertem Strafstoß wurde Grobbelaar berühmt. Viel später äußerte er sich dazu einmal: »Man sagt, ich sei gegenüber den Spielern respektlos gewesen, aber ich wollte nur testen, wie gut sie sich unter Druck konzentrieren können. Und den Test haben sie wohl nicht bestanden.«[9]

Das kann man wohl sagen. Seine Nummer begann damit, dass Grobbelaar lässig, von Seite zu Seite wankend, auf die Torlinie zuging, fast als sei er betrunken. Auf der Linie vollführte er dann eine Serie von Dehnungen und Lockerungsübungen: einen einstudierten, wackeligen Tanz, inklusive komisch schlackernder Knie. Man kann mit Sicherheit sagen, so etwas hatte noch kein Profi-Torhüter für das Elfmeterschießen in einem wichtigen Finale vorbereitet.

Hatte sein Verhalten eine Wirkung? Es ist schwer, das mit Bestimmtheit zu sagen. Während seiner Vorbereitung auf den Anlauf schaute

Francesco Graziani die meiste Zeit auf den Boden – oder tat zumindest so. Doch bei den letzten Knie-Wacklern war Grazianis Blick auf Grobbelaar gerichtet, und seine direkte Reaktion darauf war, sich zu bekreuzigen. Und dann schoss er den Ball über die Latte. Und während Graziani langsam wegging – er lief direkt zur Bank und nicht zu seinen Teamkollegen im Mittelkreis –, verwandelte Ray Kennedy seinen Elfmeter. Damit ging der Cup an Liverpool, und Bruce Grobbelaars Name ging ins Geschichtsbuch ein als einer der Pioniere für Psychospielchen beim Elfmeterschießen – und natürlich auch für Torwart-Tänzchen.

Wir spulen vor ins Jahr 2005 nach Istanbul, wo Liverpool im Finale der Champions League auf den AC Milan trifft. Liverpool ist es mit einer sagenhaften Leistung gelungen, einen Pausenrückstand von 0:3 auszugleichen, und nun steht ein Elfmeterschießen bevor. Für Liverpool wartet Jerzy Dudek im Tor auf Mailands ersten Schützen, den Brasilianer Serginho. Der legt sich den Ball auf den Punkt, schaut nicht einmal zu Dudek, sondern macht kehrt in Richtung Mittelkreis. Als er sich in Vorbereitung auf seinen Anlauf umdreht, sieht er zum ersten Mal zu Dudek auf … und was für ein Anblick erwartet ihn.

Dudek ist kein Fußballer mehr; er bewegt sich tänzerisch. In der Art der lateinamerikanischen Tänze gehen seine Arme rhythmisch auf und nieder, während er ein paar Schritte nach links, dann nach rechts ausführt, und irgendwie lässt ihn dieser Bewegungsablauf riesengroß erscheinen. Der Pfiff des Schiedsrichters ertönt, und Serginho bleibt erst einmal mehr als vier Sekunden lang stehen – länger als fast alle anderen, die bis zu diesem Zeitpunkt in einem so wichtigen Spiel am Elfmeterpunkt gestanden haben. Und das ist kaum verwunderlich: Er braucht etwas Zeit, um den bizarren Anblick, der sich ihm bietet, zu verarbeiten.

Endlich nimmt Serginho Anlauf, Dudek stoppt die wilden Bewegungen und postiert sich in der Mitte des Tors, die Knie leicht in Beugung für den großen Sprung. Dann der Schuss. Voll verzogen. Der

Ball fliegt über die linke obere Ecke. Im Duell Elfmeterschütze gegen Tänzer steht es 0:1.

Nächster Schütze für den AC Milan ist Andrea Pirlo. Auch für ihn lässt Dudek seine Arme auf- und abschwingen, aber dann schaltet er um und geht in die Hocke, sodass er fast auf der Linie sitzt, und täuscht mehrere Sprünge nach links und rechts an. Pirlo scheint diese Flut an visueller Information nicht adäquat verarbeiten zu können. Ein schwacher Schuss. Dudek hält. Vielleicht ist es diese Begebenheit, die Pirlo später einmal veranlassen wird, ein Elfmeterschießen als »ein endloses, grauenvolles Herumwaten in den eigenen Ängsten«[10] zu beschreiben.

Als Nächster ist Kaká dran. Für ihn kopiert Dudek die Schlotterbeine von Grobbelaar, aber mit einer Extraportion an Schwung und Intensität, indem er die Hüften so verrückt kreisen lässt, dass er fast wieder auf der Linie hockt und dann mit der gleichen Hüftbewegung wieder nach oben kommt. Am Ende aber hechtet er in die falsche Richtung, und Kaká macht sein Tor. Dudeks nächster Gegner ist Andriy Shevchenko, der auf jeden Fall ein Tor machen muss, um Mailand im Spiel zu halten. Dudeks Tänzchen für den Ukrainer ähnelt eher der Vorstellung, die er für Serginho gegeben hat, und sie hat die gleiche Wirkung. Der Schuss geht mehr oder weniger gerade auf Dudek. Er hält. Drei von vier Elfmeterschüssen nicht verwandelt. Das Wunder von Istanbul ist perfekt. Der FC Liverpool ist von den Toten auferstanden und hat das Turnier für sich entschieden. Und Tanzen auf der Torlinie ist auf eine ganz neue Ebene gehoben worden.

Eine weitere Steigerung erfuhr diese Art von Artistik durch den australischen Ersatztorwart Andrew Redmayne, der dadurch zum Nationalhelden wurde. Im Jahre 2022 wurde er in der 120. Minute des WM-K.-o.-Spiels gegen Peru für das Elfmeterschießen eingewechselt. Australien gewann und qualifizierte sich damit für die Weltmeisterschaft in Katar. Weltweit wurde Andrew Redmayne nach seinem Torlinienspektakel, das aus Sternsprüngen, Pirouetten, Hocksprüngen,

Herumfuchteln mit den Armen und sogar ein wenig Den-Rücken-Kehren bestand, in den Medien als »the dancing goalkeeper« tituliert. Dabei setzte er die verschiedenen Elemente unstrukturiert und völlig unvorhersehbar ein – das war Grobbelaar plus Dudek und noch eine Schippe drauf. Es zeigte zwar nur bei zwei von sechs Elfmetern Wirkung, aber das reichte aus. Hinterher sagte Redmayne, er habe vor der Begegnung mit seinem Torwarttrainer gesprochen, und dessen Votum war: »Wenn du dich komplett zum Affen machen kannst und es dir dafür gelingt, ein oder zwei Prozent herauszuholen, dann [ist es die Sache wert].«[11]

Jener Torhüter-Coach hatte recht. Britische Wissenschaftler haben dokumentiert, dass Keeper, die durch ablenkende Bewegungen die Aufmerksamkeit von Schützen auf sich ziehen, tatsächlich deren Leistungsvermögen mindern.[12] Die Studie wurde allerdings im Labor mit studentischen Probanden durchgeführt, nicht in einem Stadion mit Topspielern. Aber Philip Furley von der Deutschen Sporthochschule Köln, einer der weltbesten Forscher zur Körpersprache im Sport, veröffentlichte mit seinem Team eine Studie zur Wirkung von Ablenkungen durch Torhüter im Elfmeterschießen bei den Weltmeisterschaften der Männer zwischen 1986 und 2010 und bei den Europameisterschaften der Männer zwischen 1984 und 2012. Die Forschenden untersuchten insgesamt 322 Elfmeterschüsse. Als ablenkendes Torhüterverhalten definierten sie »jeglichen Versuch vonseiten des Torwarts, durch sein Verhalten Elfmeterschützen abzulenken und Aufmerksamkeit auf sich selbst zu lenken, also weg von der Ausführung des Elfmeters«.[13] Wenn Torwarte versuchten, den Schützen abzulenken, misslangen 10 Prozent mehr Elfmeter als ohne Ablenkungsmanöver, so das Resultat.[14]

Auch ich habe eine Auswertung der beschriebenen Verhaltensweisen in wichtigen Elfmeterschießen durchgeführt. Es war klar, dass es eine fortlaufende Steigerung der Ablenkungsmanöver durch Torhüter bei Elfmeterschießen von den 1970er Jahren bis heute gegeben hat (*siehe Diagramm auf Seite 139*). Während in den 1970er und 1980er Jahren weniger als 10 Prozent der Torwarte solche Mätzchen machten, waren sich in den 2010er und 2020er Jahren 50 bis 60 Prozent nicht zu schade für derartige Störmanöver.

Wie kann man sich diese vermehrten Ablenkungsmanöver durch Torhüter und Torhüterinnen in jüngerer Zeit erklären? Sie könnte gestiegene Professionalität und wachsendes Konkurrenzdenken widerspiegeln, denn Spieler und Spielerinnen sind in zunehmendem Maße bereit, alles Erforderliche für den kleinsten Vorteil zu tun. Sie könnte auch Spiegel eines wachsenden Glaubens daran sein, dass Ablenkung wirkt.

Was sagen die Daten? In verschiedene Kategorien aufgeteilt, ergibt sich folgendes Bild: Bei den 718 ausgewerteten Elfmeterschüssen sahen wir, dass es keinen Unterschied in der Leistung der Schützen gab, egal ob die Torhüter ruhig und ohne Verzögerung zur Torlinie gingen oder sich vor dem Elfmeterschuss erst an einen anderen Ort im Strafraum begaben. Ebenso änderte sich die Leistung der Elfmeterschützen nicht, wenn die Torwarte still auf der Linie standen oder wenn sie hüpften, in die Hände klatschten oder sich seitwärts bewegten. Wenn jedoch ein Torwart eine *Kombination* von auffälligen Verhaltensweisen zeigte oder sie besonders raffiniert ausführte, dann erzielten Schützen etwa 10 Prozent weniger Tore, als wenn Torwarte stillstanden, aber dieser Unterschied ist nicht signifikant.

Untersuchen wir dagegen nur Elfmeterschüsse aus den Jahren 2013 und später (die also nach Furleys oben erwähnter Studie gemacht wurden), dann sind die Unterschiede größer: Wir stellten eine 15-prozentige Leistungsminderung der Schützen fest, wenn Torhüter verschiedene Ablenkungsmanöver kombinierten oder diese besonders ausdrucksstark ausführten, verglichen mit denen, die auf der Torlinie abwarteten. Die Differenz erhöht sich auf 25 Prozent, wenn nur die Fälle betrachtet werden, in denen die Torwarte in die richtige Ecke hechten (wodurch viele Treffer ausgesiebt werden, die mit schlechten

Ablenkungen durch Torhüter auf der Linie

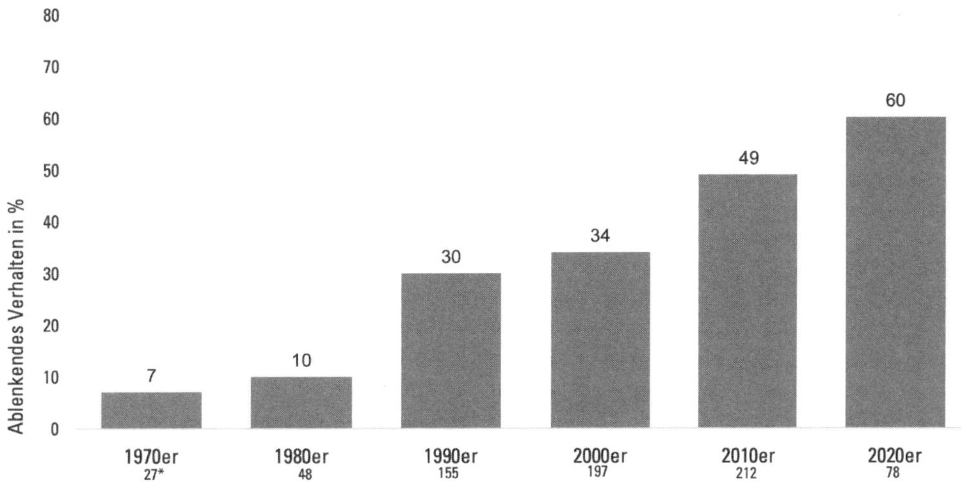

Alle Strafstöße bei Elfmeterschießen bei Weltmeisterschaften, Europameisterschaften und Champions League-Spielen der Männer zwischen 1976 und 2023

* Das Spiel um Platz 3 bei der EM 1980 ist bei den 1970er Jahren gezählt.

Schüssen erzielt wurden, und es ergibt sich eine genauere Abbildung der Schützenleistung). Hier haben wir es allerdings naturgemäß mit einer geringeren Menge an Fällen zu tun, und diese Befunde sind statistisch nicht relevant. So haben wir zwar Ergebnisse, die in Richtung der Hypothese deuten, aber letztlich nicht beweiskräftig sind.

Die Analysen besagen somit, dass visuelle Ablenkungsmanöver keine eindeutige Auswirkung auf die Leistung von Elfmeterschützen haben. Das eine Mal wirken sie, das andere Mal nicht, und das hängt wahrscheinlich von einer Vielzahl von Faktoren ab: vom Ablenkungsmanöver selbst, von dessen »Inszenierung«, von dessen Timing, vom Torhüter, der es ausführt (einige sind auf diesem Gebiet überzeugender als andere), sowie natürlich vom Schützen, der abgelenkt werden soll. Manche Spieler sind anfälliger für visuelle Ablenkungsmanöver als andere. Andere wiederum können von etwas Ablenkung sogar profitieren – insbesondere solche, die zum Overthinking neigen. Ich vermute, visuelle Ablenkung ist am wirksamsten in Kombination mit anderen – verbalen, körperlichen, technischen – Formen von Ablenkung, zu denen wir nun kommen.

Rasenpflege rings um den Elfmeterpunkt

In den letzten Jahren konnte man vermehrt beobachten, dass die verteidigende Mannschaft das nach Elfmeterentscheidungen und VAR-Überprüfungen herrschende Chaos dafür nutzt, den Elfmeterpunkt mit ihren Schuhen »umzugestalten«. Mehrere argentinische Spieler taten dies vor den so wichtigen Elfmetern, die Kylian Mbappé während des WM-Finales 2022 schoss, und in jüngerer Zeit wurde diese Technik von Premier-League-Spielern von Arsenal (Aaron Ramsdale und Gabriel),[15] Chelsea (Antonio Rüdiger),[16] Liverpool (Virgil van Dijk),[17] Manchester United (David de Gea)[18] und Wolverhampton (José Sá)[19] praktiziert, um nur einige zu nennen.

Es handelt sich um ein offensichtlich zweckmäßiges Verfahren, denn ein präziser Elfmeterschuss ist von einem zertrampelten Punkt schwieriger durchzuführen als von einem unberührten. Doch es kann auch psychologisch destabilisierend wirken. Selbst wenn der Rasen kaum leidet und der Schuh den Punkt nicht einmal richtig berührt, muss es der Elfmeterschütze als Grenzüberschreitung auffassen. Der Verteidiger hat dem Elfmeterpunkt im Wortsinn seinen Stempel aufgedrückt.

Konfrontation am Elfmeterpunkt

Einige Torhüter bauen sich am Elfmeterpunkt auf, um dem Schützen die Stirn zu bieten, während dieser versucht, sich den Ball zurechtzulegen. Der niederländische Schlussmann Hans van Breukelen ist einer der Pioniere dieser Strategie. Das Finale der Europameisterschaft 1988 in München, die Partie Niederlande – Sowjetunion, ist hauptsächlich in Erinnerung wegen Marco van Bastens überragendem Volley-Torschuss von der rechten Strafraumecke. Nicht zu vergessen ist aber, dass kurz darauf der Sowjetunion ein Strafstoß zugesprochen wurde, in dessen Vorbereitung van Breukelen eine neue Methode im psychologischen Elfmeterkrieg vorstellte. Er ging dem sowjetischen Schützen, Igor Belanow, bis zum Elfmeterpunkt entgegen, redete freundlich mit ihm und deutete dabei auf sein eigenes Auge. Van Breukelen hielt den Elfer, die Niederländer hielten ihre 2:0-Führung und gewannen schließlich den Meisterschaftstitel.

Der portugiesische Torhüter Ricardo tat bei der EM 2004 das Gleiche. Er wartete, die Hände in den Hüften, am Punkt auf David Beckham und verwickelte ihn in ein Gespräch, während Beckham den Ball auf den Rasen legte – um ihn dann über die Latte zu hämmern. Allerdings zeigen unsere Daten, dass Torhüter, die am Elfmeterpunkt auftauchen, damit nicht mehr Fehlschüsse provozieren als diejenigen, die im Tor bleiben. Für Experten in Sachen Psychospiele wie Emi Martínez und Diego Alves ist eine anfängliche Begegnung am Elfmeterpunkt fast ein Muss, aber sie scheint nur die Bühne zu bereiten für andere, aggressivere (und effektivere) Arten der Manipulation.

Ballbesitz

Wenn ein Torwart sich unmittelbar vor dem Elfmeter eines Gegners den Ball schnappt, dann reißt er möglicherweise auch eine gewisse Kontrolle über den Schützen und dessen Konzentration an sich. Er kann diese Kontrolle nutzen, um zu verzögern, zu dominieren oder zu frustrieren. Diego Alves hat die Angewohnheit, den Ball möglichst früh in Händen zu halten und ihn so lange nicht herzugeben, wie es die Situation erlaubt. Er weiß, dass das eine Quelle von Frustration und Unsicherheit für den Schützen ist, der wahrscheinlich einfach den Ball haben und seine Routine beginnen will. Dann hat der Torhüter natürlich noch die Wahl, auf welche Weise er den Ball schließlich hergibt. Die Theorie lautet: Kontrolliere den Ball, und du kontrollierst den Spieler. Ein raffiniertes, aber brutales Powerplay.

Raumbeherrschung

Wenige Torhüter wandern vor einem Elfmeter so viel herum wie der Niederländer Tim Krul. Als Krul Schlussman von Norwich in der Premier League war, kam es mehrfach vor, dass die Schützen mehr oder weniger bereit waren, nur Krul war … nicht im Tor. Er war noch nicht einmal im Strafraum. Er ging irgendwo spazieren, manchmal an der Seitenlinie, gelegentlich auch mal *hinter* dem Schützen – halt irgendwo auf dem Feld, Hauptsache, es war nicht vorhersehbar.

Louis van Gaal, der Trainer der niederländischen Nationalmannschaft, machte 2014 in der 120. Minute des WM-Viertelfinales gegen Costa Rica eine berühmt gewordene Einwechslung, als er Krul ins Spiel brachte, also speziell für das Elfmeterschießen. Das war ein sehr spezieller Wechsel in einer sehr speziellen Situation, und im Anschluss wurde van Gaal weithin für diese kreative Verwegenheit gelobt.[20]

Krul sollte ihn nicht enttäuschen. Sowohl körperlich als auch verbal nahm er mehr Raum ein, als ich es je bei einem Keeper im Elfmeterschießen erlebt habe. Er ging auf alle Schützen am Elfmeterpunkt zu, quasselte sie zu und rannte quer durch den gesamten Strafraum. Bei einer Gelegenheit konnte man Krul dabei beobachten, wie er dicht vor einem Elfmeterschützen herumrannte, als wolle er sich aufwärmen. Dies war seine große Stunde, seine 10 Minuten im Rampenlicht, und er machte etwas daraus: zwei gehaltene Elfmeter, und nach dem Spiel gehörten die Schlagzeilen allein ihm.

Celso Borges bestätigte mir in einem Gespräch, dass Krul die Spieler aus Costa Rica beeinflusst hatte: »Ihn einzuwechseln hat uns mental schon getroffen: Oh, der muss wohl ein Elfmeterspezialist sein. Ich weiß noch, dass er ganz nahe an mich rankam und sagte: ›Ich weiß, wohin du schießen wirst.‹ Okay. Das hat uns wahrscheinlich ein wenig zögerlich gemacht. Er hat das Gleiche zu allen gesagt: ›Ich kenne dich.‹ Kann gut sein, dass er nicht mal wusste, wer wir waren, aber die bloße Tatsache, dass einer so was sagt, lässt dich ›Oh, Scheiße‹ denken. Ich weiß von zwei Teamkameraden, dass sie seinetwegen anders geschossen haben als sonst. Das war ein Kopfkrimi.«

In der Liebe und im Krieg ist alles erlaubt, und im Elfmeterschießen. Ganz klar.

Kruls Ruhm wuchs weiter, als die niederländische Nationalmannschaft ein weiteres Elfmeterschießen bestreiten musste, im Halbfinale gegen Argentinien. Diesmal waren van Gaal die Hände gebunden, denn er konnte nicht mehr wechseln. Krul blieb also auf der Bank, und die Niederlande verloren. Manchmal bewahrt man sich seinen Ruf eben am besten durch Nichtstun.

Welche Beweise gibt es ganz allgemein für die Wirkung von Trashtalk und verbalen Ablenkungen?

In einer im Labor durchgeführten Studie sollten Teilnehmende unter Aufsicht von Wissenschaftlern gegen einen Gegner, der den Namen Pepper trug, ein Strategiespiel spielen. Im Laufe des Spiels schaute Pepper den anderen Spielern und Spielerinnenregelmäßig in die Augen und kommentierte den Verlauf. Pepper machte entweder ermutigende (»du bist eine großartige Spielerin … du spielst inzwischen super«) oder entmutigende (»bist du schlecht … du spielst total konfus«) Äußerungen. Die Forschenden fanden heraus, dass diejenigen, die zuvor negative Kommentare über sich selbst gehört hatten, signifikant weniger rationale und strategische Entscheidungen trafen als die Ermutigten. Peppers Trashtalk hatte eine Wirkung.[21]

Es gibt jedoch ein beachtenswertes Detail. Pepper war ein Roboter. Zwar ein mobiler Roboter mit Kopf, Armen, Fingern und einer Stimme, aber immer noch ein Roboter. Selbst wenn die Botschaft von einer Maschine kommt, können also Worte auf einen menschlichen Spieler in Konkurrenzsituationen eine Wirkung haben.

Wie steht es nun um das, was Athlet*innen selbst glauben? Eine wissenschaftliche Untersuchung zeigte, dass 89 Prozent verbale Angriffe für ein wirksames Mittel halten, um sich in Konkurrenzsituationen einen Vorteil zu verschaffen. Doch nur 30 Prozent gaben an, dass solche Behelligungen sie persönlich beeinflussten.[22] Wie alle anderen auch, neigen Athlet*innen zu Voreingenommenheit und schätzen die eigenen Fähigkeiten schnell höher ein als die der anderen. Bekannt ist die Aussage, dass 93 Prozent der amerikanischen Autofahrer*innen sich für besser als den Medianwert halten, was offensichtlich mathematisch nicht plausibel ist.[23] Darauf aufbauend, ist es gut möglich, dass verbal Angreifende selbst davon profitieren. Eine Studie hat ergeben, dass Trashtalker durch ihren Trashtalk an Selbstvertrauen gewinnen.[24]

Es gibt jedoch wahrscheinlich eine Kehrseite. Die Forschung zeigt, dass Adressat*innen von verbalen Attacken stärker motiviert sein können, sich noch mehr anzustrengen, besser als ihre Gegner*innen zu sein, und dass diese größere Anstrengung tatsächlich zu beobachten war.[25] Wer das Ziel verbaler Attacken wird, hat einen Grund mehr, sich besonders ins Zeug zu legen. Im Falle von körperlichen oder stark automatisierten Aufgaben kann diese Extraanstrengung oft gewinnbringend sein. Wenn umgekehrt die Anforderungen etwas komplexer oder technischer sind, wie beispielsweise bei einem Elfmeter, dann kann dieses Extra sich jedoch kontraproduktiv auswirken und dazu führen, dass die Betroffenen zu viel nachdenken oder zu viel analysieren. Und wir haben gesehen, dass das selbst die Besten aus der Bahn werfen kann.

Täuschung auf der Torlinie

Jorginho ist ein Elfmeterschütze, der die torwartabhängige Technik perfektioniert hatte. Von den Elfmetern, die er für seinen Verein und für Italien schoss, verwandelte er 88 Prozent, indem er darauf wartete, dass der Torwart sich rührte, um dann in die offene Hälfte des Tors einzunetzen.[26] Doch 2021, bei den WM-Qualifikationsspielen, war der Schweizer Yann Sommer auf ihn vorbereitet. Sommer legte eine wunderschön getimte Täuschung hin, indem er mit viel Gefühl eine Rechtsbewegung simulierte, die gerade stark genug war, um Jorginho zu überzeugen, dass er dorthin unterwegs war, die aber nicht so stark war, dass der Keeper nicht elegant seinen Körperschwerpunkt verlagern und nach links hechten konnte. Jorginho fiel darauf herein, zielte auf Sommers linke Seite und verschoss.

Etwa zwei Monate später begegneten sich die beiden Teams erneut. Es stand 1:1, als Italien in der 90. Minute ein Strafstoß zugesprochen wurde. Durch einen Treffer von Jorginho wären die Italiener

Gruppenerste, mit nur noch einem weiteren zu absolvierenden Match. Als nun Jorginho wieder Sommer gegenüberstand (und sich gewiss an ihre letzte Begegnung erinnerte), setzte er auf eine vollkommen andere, torwartunabhängige Strategie – und hämmerte den Ball zwei Meter über die Querlatte. Die Schweiz gewann am Ende die Gruppe, und Italien qualifizierte sich nicht für die Weltmeisterschaft von 2022.

Einige Torhüter sind wahre Meister darin geworden, mit feinen Täuschungsbewegungen auf der Torlinie den Schützen geradezu in die Irre zu zwingen. Fabi Otte, Sommers damaliger Torwarttrainer bei Mönchengladbach, verriet mir, dass sie einen speziellen Plan für torwartabhängige Elfmeterschützen wie Jorginho hatten: »Es muss vom Keeper eine Art Antäuschung oder Finte kommen, damit er [der Schütze] dorthin schießt, wo wir es wollen.« Sie besprachen auch Zickzack-Bewegungen, und sie trainierten Strafstöße intensiv. Dabei war es ein klarer Vorteil, dass Sommer »unglaublich bewegungsstark ist, sehr gut koordiniert ist und schnelle Beinarbeit macht«. Als Sommer Jorginho in der beschriebenen Weise austrickste, nahmen das außerdem andere Spieler, die eine ähnliche Taktik anwandten, zur Kenntnis. In einer Unterhaltung, die ich mit Lewandowski hatte, brachte er jene Parade plötzlich zur Sprache: »Ich habe den Schweizer Torhüter, Sommer, gegen Jorginho gesehen. Ich fand das sehr interessant. Er geht mit den Beinen sehr tief, deutet an, dass er nach rechts will, und ganz kurz vor dem Schuss wirft er sich nach links. Fantastisch. Das hat er wirklich fantastisch hingekriegt. Wenn du darauf nicht gefasst bist, kann das ein Schock sein.«

Bei perfektem Timing kann die Täuschungsbewegung auf der Torlinie ein äußerst effektives Mittel gegen torwartabhängige Elfmeterschützen sein. Der destabilisierende Effekt kann sich auf den Einzelspieler auch noch in späteren Partien auswirken und sich sogar in den Köpfen von Spielern festsetzen, die gar nicht auf dem Spielfeld waren.

Im Dezember 2006 wechselte bei einer Auktion in Deutschland ein verknitterter, schweißdurchtränkter Notizzettel mit ein paar Bleistiftkritzeleien darauf für 1 Million Euro den Besitzer. Die Notizen gehörten dem deutschen Torhüter Jens Lehmann, und der Zettel war beim Elfmeterschießen gegen Argentinien im Finale der Weltmeisterschaft in jenem Jahr zum Einsatz gekommen. Geschrieben war er von Andreas Köpke, dem Torwarttrainer, und er enthielt die Namen von sechs argentinischen Spielern nebst ihren vermuteten Elfmeter-Schussvorlieben. Lehmann behielt ihn während des gesamten Elfmeterschießens in seinem Strumpf, nahm ihn aber vor jedem Schuss heraus, um sich den jeweiligen Schützen, der sich vor ihm bereit machte, zu vergegenwärtigen. Für viele war es das erste Mal, dass sie jemanden bei einem Elfmeterschießen einen Spickzettel benutzen sahen. Man sollte meinen, dass er auch gut funktioniert hat, denn Lehmann hechtete bei jedem einzelnen Schuss der Argentinier in die richtige Ecke und hielt zweimal. Die Bleistiftaufzeichnungen waren jedoch mit Schweiß in Berührung gekommen, und einige Wörter waren nicht mehr lesbar. Als Roberto Ayala schießen sollte, hat Lehmann, so sagt man, die Anweisungen nicht entziffern können. Anscheinend stand »rechts« auf dem Zettel, aber Lehmann ging nach links – und hielt. In jedem Falle mag der Zettel eine einschüchternde Wirkung auf die Schützen gehabt haben. Arsène Wenger sagte mir dazu: »Torhüter bekommen oft ein Stück Papier mit den Vorlieben der Schützen in die Hand gedrückt. Aber manchmal steht gar nichts darauf; es dient nur dazu, den Gegner zu verunsichern.«

Es gibt auch frühere Fälle von Torwarten, die ihre Hausaufgaben zu gegnerischen Spielern gemacht haben. Im Jahre 1988 gelang Hans van Breukelen, wie oben schon erwähnt, eine wichtige Parade für die Niederlande im Finale der Europameisterschaft gegen die Sowjetunion, und eine weitere im selben Jahr für den PSV Eindhoven im Elfmeterschießen gegen Benfica im UEFA-Cup. Ein Trainer namens Jan Reker half van Breukelen mit seiner Datenbank zu Elfmeterschützen und deren Schussvorlieben.

»Ich hatte eine Karteikartensammlung angelegt, sortiert nach Land und Club«, verriet Reker. »Über jeden Spieler hatte ich eine Karteikarte. Die Informationen habe ich auch aus dem Fernsehen bezogen. Ich hatte zu Hause immer zwei Videorekorder laufen. Es gab eine Zeit, da hatte ich vier Karteikästen mit Daten von 1500 bis 2000 Fußballspielern.«[27]

Heutzutage hat jede Profi- und jede Nationalmannschaft Zugang zu riesigen Online-Videobibliotheken mit jedem nur erdenklichen Spiel, und sie verfügen über zahlreiche Analysespezialisten. Datenbeschaffung zum Elfmeterschießverhalten gehört auch dazu, und die Welt der Daten trifft auf die knallharte Realität des Platzes, wenn Torhüter die Vorhersagen zum Schießverhalten mittels Zetteln bekommen, die, aufgeklebt auf Trinkflaschen, mit auf das Spielfeld gebracht werden können. Diese Lowtech-Prozedur kann jedoch unterlaufen werden. Andrew Redmayne lieferte dafür den über jeden Zweifel erhabenen Beweis.

Wie schon erwähnt, sprangen Redmaynes Tanzvorführungen beim 2022er WM-Qualifikationsspiel gegen Peru allen Beobachtern ins Auge, und er mag damit zum Sieg Australiens in diesem Elfmeterschießen beigetragen haben, aber wir wollen etwas Ungeheuerlicheres bei diesem Elfmeterschießen nicht außer Acht lassen. Pedro Gallese, der für Peru im Tor stand, hatte zwei Flaschen dabei, eine mit Wasser, die andere umwickelt mit einem Stück Papier, auf dem die Elfmeter-Präferenzen der australischen Spieler notiert waren. Oder sagen wir, er hatte zwei Flaschen, bevor Redmayne eine davon entsorgte.

Während Gallese im Tor auf den nächsten australischen Elfmeter wartete, schnappte sich Redmayne bewusst die mit den Notizen beklebte Flasche und warf sie in die Tribünen. Er brauchte allerdings zwei Versuche, denn der erste Wurf schaffte es nicht über die Werbebande, also ging er dorthin, hob sie auf und beförderte sie in die Zuschauerränge. Im Ergebnis stahl Redmayne Perus Matchplan und warf ihn fort.

Man kann unmöglich wissen, welche Auswirkung diese Grenzüberschreitung auf Galleses Torwartleistung und auf das Ergebnis des Elfmeterschießens hatte, aber Tatsache ist, dass der peruanische Keeper bei jedem einzelnen der verbliebenen australischen Elfmeterschützen die falsche Ecke nahm. Redmayne gab später zu, Bedenken gegen die Strategie gehabt zu haben: »Ein paar Leuten habe ich schon gesagt, dass sich mein gesamtes moralisches Empfinden dagegen sträubt, so eine Art Mensch und so eine Art Widersacher zu sein.« Doch er rechtfertigte den Trick mit der Behauptung, die Kontrahenten hätten das Gleiche getan: »Die Südamerikaner besitzen diese große Fußballschläue, die sind gewieft, die sind doch die ersten, die dich reinlegen, wenn sie die Gelegenheit dazu bekommen.«[28]

Ob ein solcher Präventivschlag durch ein Vorurteil gegenüber einem ganzen Kontinent gerechtfertigt werden kann, das ist eine andere Frage.

Positionierung außerhalb der Mitte

Es gibt Strategien, die viel subtiler und weniger brutal als der Trinkflaschenwurf sind. Eine faszinierende Reihe von Studien belegt Folgendes: Wenn Torhüter so geringfügig außerhalb der Mitte der Torlinie stehen, dass Elfmeterschützen die Verschiebung gar nicht bewusst wahrnehmen, gehen 60 bis 64 Prozent der Schüsse in die minimal offenere Seite.[29] Das ist also ein Supertipp für Torwarte: Gehe eine Spur aus der Mitte heraus, und du bist direkt im Kopf des Schützen. Aus den Daten geht hervor, dass für diesen Effekt die beste Positionierung eine Verschiebung von 6 bis 8 Zentimetern in Richtung von einem der Pfosten ist.[30] Ich habe von keinem Torhüter gehört, der diese Strategie tatsächlich nutzt, zweifle aber, dass sie jemandem ihr Geheimnis verrieten, wenn sie es täten. Einen Versuch wird es wohl wert sein.

Renommee

Wie schon erwähnt, kann das Renommee eines Kontrahenten ausreichen, um einen Spieler zu demoralisieren, einzuschüchtern und negativ zu beeinflussen. Allein das Wissen, dass man es mit einem herausragenden Gegner zu tun hat, kann sich in den Kopf einschleichen und den Gegner größer erscheinen lassen. Wenn man weiß, dass der Torhüter gut ist, oder auch wenn man gerade gesehen hat, dass er den vorangegangenen Schuss gehalten hat, hat man als Schütze den Eindruck, dass er circa 6 Zentimeter größer als in Wirklichkeit ist. Das zeigt eine Studienreihe.[31]

Dieses Phänomen spiegelt sich auch in einer Untersuchung aller Elfmeter der Männer in den großen Turnieren (Weltmeisterschaft, Europameisterschaft, Champions League und Europa League) von der Saison 2005/2006 bis 2019/2020 (insgesamt 1711 Elfmeterschüsse) wider.[32] Dort wurde gezeigt, dass die Wahrscheinlichkeit, dass Schützen das Tor gänzlich verfehlten, mit dem Marktwert der Torhüter signifikant anstieg. Dies war das einzige statistisch relevante Ergebnis in der Studie zu Marktwert und Elfmeterresultaten sowohl aus der Sicht der Schützen als auch der Torwarte (was die Forscher überraschte). Dennoch ist es eine nette wörtliche Bestätigung der alten Redewendung, einer Person eile ein bestimmter Ruf voraus.

Manipulation im Hintergrund

2005 veröffentlichte der Wissenschaftsjournalist Daniel Engber einen faszinierenden Artikel über die systematische Ablenkung von

NBA-Spielern beim Freiwurf.[33] Im NBA- und College-Basketball hat das Heimpublikum schon immer große Anstrengungen unternommen, Werfer der Gastmannschaft aus dem Gleichgewicht zu bringen – durch Ballons, Plakate, Sprechchöre und vor allem durch einen Höllenlärm.[34] Doch die Prozentwerte für den Freiwurferfolg bei Heim- und Auswärtsspielen unterscheiden sich kaum, was bedeutet, dass die Ballons und das Schreien keine signifikante Wirkung haben.

Daraufhin beschloss Engber, die Analyse etwas zu verfeinern und einige der Nuancen zu erforschen. Er zeigte, dass das Winken mit Armen und Ballons hinter einem Ziel (hier: dem Korb) lediglich als eine Folge von Bewegungssignalen wahrgenommen wird, die sich gegenseitig aufheben. Für den Werfer werden all diese Bewegungen zu etwas wie einem flirrenden Fernsehbildschirm – nicht stark genug, um jemanden abzulenken. Engbers Idee war nun, hinter dem Korb einen visuellen Raum zu schaffen, in dem die Bewegungen der Fans sich nicht gegenseitig aufheben, sondern in die gleiche Richtung gehen. Er wollte ein zusammenhängendes Areal von Hintergrundbewegung schaffen, von dem er vermutete, dass es eine stärkere Beeinträchtigung darstellt. Es würde dem Werfer vorkommen, als bewegte sich die Welt hinter dem Korb in eine Richtung, sodass er diese Bewegung wahrscheinlich in seinem Wurf kompensieren und danebenwerfen würde.

Engber präsentierte Mark Cuban, dem Besitzer der Dallas Mavericks, seine Idee. Cuban fand das Projekt gut, und die Mavericks erprobten es. Drei Personen dirigierten die Fans hinter dem Korb so, dass sie ihre Arme und Fanartikel gleichzeitig in die eine Richtung, dann in die andere bewegten, und immer so weiter. Die Mavericks hatten anfänglich Erfolg, denn ihre ersten beiden Gegner verwandelten nur etwa 60 Prozent ihrer Freiwürfe – 20 Prozent weniger als im Liga-Durchschnitt. Experiment gelungen!

Doch dann spielten sie gegen die Lakers, und die erzielten mit 78

Prozent ihrer Freiwürfe Körbe. Cuban beschloss, das Experiment abzubrechen und erklärte die Anfangserfolge für Zufallsprodukte.

Seit diesem Feldversuch reißen die Bemühungen von Basketballfans auf dem expandierenden Gebiet der Distraktologie nicht ab.[35] Zu denen, die es am weitesten getrieben haben, gehört das Basketballteam des Arizona State College, das sich einen »Ablenkungsvorhang« ausgedacht hat. Dabei handelt es sich tatsächlich um einen beweglichen Vorhang hinter dem Korb, der genau in dem Augenblick weggezogen wird, wenn der Gegner wirft. Was dann zum Vorschein kommt, ist ein Sammelsurium an Verrücktheiten: grölende Weihnachtsmänner, schreiende ältere Damen, winkende Clowns, Männer mit dicken Bäuchen, die in Unterwäsche Fitnessübungen machen, Ringer, Promis in Badehosen, knutschende Studenten in Tierkostümen, Promi-Nachahmer ... Funktioniert der Vorhang? Einige statistische Angaben zeigen, dass der Vorhang – oder besser, was sich dahinter befindet – in den ersten beiden Jahren seit seiner Einführung die Freiwurfergebnisse der Gastmannschaften um 10 bis 15 Prozent schmälerte.[36] Doch ein Bericht aus einer weniger lange zurückliegenden Saison fand keinen Effekt des Vorhangs. Das könnte darauf hinweisen, dass die Gegner im Laufe der Zeit Mittel gefunden haben, den Ablenkungsvorhang als weniger ablenkend wahrzunehmen.[37]

Kann man derartige fanbasierte Ablenkungstricks bei Strafstößen im Fußball vollführen? Im Prinzip auf jeden Fall. Es muss aber bedacht werden, dass die Fankultur im US-Basketball und besonders im College-Basketball eine fundamental andere ist als im Profifußball. Ich kann mir schlicht keine Choreografie mit Fans, die als alte Damen verkleidet sind, oder Show-Training in Unterwäsche im Old Trafford oder im Estadio Santiago Bernabéu vorstellen. Doch Fußballfans zeigen sich ja auch äußerst kreativ bei ihren Spottliedern über gegnerische Spieler, und vielleicht werden aus dieser Kreativität eines Tages ähnlich orchestrierte Ablenkungs-Shows bei Elfmetern entstehen. Sie könnten wertvoll sein.

Stören des Anlaufs

Weiter oben habe ich gezeigt, dass sich heutzutage Elfmeterschützen nach dem Pfiff des Schiedsrichters deutlich mehr Zeit lassen als früher und dass sie sich auf diese Weise mehr Kontrolle über sich selbst und die Situation verschaffen. Doch in all den Tausenden von Strafstößen, die ich mir angeschaut habe, habe ich nur zweimal gesehen, dass ein Tormann dem Schützen diese Kontrolle über die Zeit wieder entrissen hat. Und beide Male war es unser alter Freund Diego Alves.

Das erste Mal fand im Oktober 2017 statt, gegen das brasilianische Team Ponte Preta und seinen Elfmeterschützen Lucca. Nachdem der Pfiff ertönt war, wartete Lucca, wie es sein Recht ist. Er wartete in der Tat lange, knapp über 10 Sekunden. Da entschied Alves, dass es ihm reichte. Als Lucca gerade seinen Anlauf beginnen wollte, hob Alves die Hand, trat nach vorne und schaute hinüber zum Schiedsrichter. Es war klar, dass er gegen die Länge von Luccas Verzögerung protestierte. Es folgte ein kleines Wortgefecht. Alves drückte sein Missfallen aus, sowohl gegenüber dem Schiedsrichter als auch dem Schiedsrichterassistenten gegenüber, bevor er für einen Neustart wieder zurück zur Torlinie ging. In seinem Inneren muss ein Freudenfeuer gebrannt haben: wieder die Routine eines Elfmeterschützen gestört, wieder die Oberhand gewonnen. Im zweiten Durchlauf wartete Lucca nur 4,5 Sekunden, lief holprig an und schoss den Ball nach links unten, wo Alves ihn ohne Mühe hielt.

Die zweite Begebenheit war ein kritischer Moment bei einem Elfmeterschießen zwischen Flamengo und Palmeiras um die brasilianische Supercopa. Danilo hatte das Match und die Trophäe auf dem Fuß, und nach dem Pfiff sammelte er sich über 10 Sekunden lang reglos. Wieder beklagte sich Alves über Spielverzögerung, ging in Richtung Ball, um gegen Danilos »Zeitspiel« zu protestieren, womit er den gesamten Ablauf erst einmal unterbrach. Wieder war die Elfmeter-

Routine des Schützen grundlegend gestört. Bei seinem zweiten Ansatz nahm sich Danilo nur 2,5 Sekunden Zeit, um sich zu sammeln. Alves hielt auch diesen Elfmeter. Flamengo gewann schließlich den Pokal. Diego Alves liest Elfmeter-Situationen so, wie andere Leute Bücher, und er dirigiert sie, als wären die Spieler sein ganz persönliches Sinfonieorchester.

Verzögerung

Es gibt eine viel subtilere Art und Weise, Elfmeterschützen aus dem Gleichgewicht zu bringen, und von ihr profitieren wahrscheinlich die eher ruhigen, gelassenen Torhüter, die keine Aufmerksamkeit auf sich ziehen wollen und keinen Rummel brauchen. Im Mai 2008 trafen in Moskau bei strömendem Regen Manchester United und Chelsea aufeinander, um das Champions-League-Finale untereinander auszuspielen. Es ging ins Elfmeterschießen. Beim Werfen der Münze war Chelseas Kapitän John Terry sichtlich genervt: Er war bereit, nicht aber Rio Ferdinand von Manchester United. Terry stand eine Weile mit den Schiedsrichtern da, hob verärgert die Hände und ging fort. Warten zu müssen kann sehr frustrierend sein. Und dies war nicht das einzige Mal, dass Terry und sein Chelsea-Team an jenem Fußballabend warten mussten.[38]

Nachdem Carlos Teves den ersten Elfmeter für United verwandelt hatte, machte sich Chelsea-Spieler Michael Ballack vom Mittelkreis aus auf den Weg. Zwischenzeitlich hatte offenbar der Keeper von United, der Niederländer Edwin van der Sar, sein Handtuch an der Eckfahne abgelegt. Während Ballack noch unterwegs war, trocknete van der Sar sich das Gesicht und legte das Handtuch wieder ab. Da das etwas Zeit in Anspruch nahm, erreichten van der Sar und Ballack den Strafraum gleichzeitig. Während Ballack zielstrebig zum Elfmeterpunkt unterwegs war, um seine Aufgabe zu erledigen, schlenderte van der Sar ganz gemächlich zur Torlinie und ließ sich reichlich Zeit, sich auf der Torlinie zu postieren. Es vergingen 12 Sekunden zwischen dem Augenblick, als Ballack den Ball auf dem Punkt abgelegt hatte, und dem Schiedsrichterpfiff. Ballack war sich offenbar im Klaren darüber, dass van der Sar absichtlich verzögerte, ging noch einmal zum Ball, legte ihn erneut zurecht und ging wieder zurück. Und traf.

Doch van der Sar blieb bei seiner Taktik. Während Chelseas Torhüter Petr Čech unmittelbar und regelkonform zur Torlinie schritt, ließ sich van der Sar Zeit: Er wischte sich wieder mit dem weit an der Seite abgelegten Handtuch über das Gesicht, er zog die Strümpfe hoch, er bat den Schiedsrichter um Kontrolle der Ballposition, kurz: Er zwang den Schützen zu warten. Im Durchschnitt ließ van der Sar die Spieler von Chelsea 8,5 Sekunden warten, wohingegen diejenigen von United nur 0,7 Sekunden warteten. Sowohl John Terry als auch Nicolas Anelka, die beiden Chelsea-Spieler, die ihren Elfmeter nicht verwandeln konnten und damit Manchester United den Pokal bescherten, mussten mehr als 8 Sekunden warten.

Es handelte sich hier um ein Meisterstück der indirekten Ausübung von Kontrolle durch van der Sar. Ein Torwart, der verzögert, ergreift die Initiative, bricht eingefahrene Muster auf, stört den Rhythmus des Elfmeterschützen und zwingt seinem Gegenüber einige Extrasekunden des Nachdenkens und Grübelns auf. Wenn man einfach nur seine Aufgabe hinter sich bringen will, zerrt erzwungenes Warten an den Nerven.

Haben Verzögerungen durch Torhüter eine Wirkung? In einer Studie über die Auswirkungen des Faktors Zeit bei Elfmeterschießen aus dem Jahre 2009 fanden Kollegen und ich heraus, dass diejenigen Spieler, die, als sie zum Anlaufen bereit waren, überhaupt nicht auf den Pfiff des Schiedsrichters warten mussten, 90 Prozent ihrer Schüsse verwandelten. Dieser Prozentwert verringerte sich kontinuierlich, je länger Elfmeterschützen auf den Schiedsrichterpfiff warten mussten, und war mit 60 bis 70 Prozent bei denen am niedrigsten, die am längsten hatten warten müssen.[39] Wir haben die Daten um Elfmeterschüsse ergänzt, die nach der Veröffentlichung unserer Studie dazugekommen sind, und konnten jetzt jeden Elfmeter in wichtigen Elfmeterschießen der Männer von 1976 bis 2023 analysieren. Das Ergebnis ist eine signifikant beeinträchtigte Leistung bei den längsten Wartezeiten. Wer als Schütze mehr als 8 Sekunden warten musste, traf nur in 44 Prozent der Fälle, also wesentlich seltener als Spieler unter anderen Bedingungen.

Es ist wichtig, darauf hinzuweisen, dass es sich hier um erzwungene Wartezeiten handelt, nicht darum, wie lange ein Schütze sich Zeit nimmt, also, wie weiter oben erwähnt, selbst bestimmt, wann er nach dem Ertönen des Pfiffs schießt. Die Wartezeiten, um die es gerade ging, liegen außerhalb der Kontrolle des Schützen.

Die sich abzeichnende Tendenz lautet: Je länger der Elfmeterschütze auf den Schiedsrichterpfiff warten muss – typischerweise aufgrund von Verzögerungen, die der Torwart verursacht –, desto schlechter ist seine Leistung am Elfmeterpunkt. Ein Grund hierfür könnten Ängste sein, wenn nämlich das aufgezwungene Warten unangenehme und ablenkende Gefühle erzeugt. Auch kann das oben schon erwähnte Overthinking ausgelöst werden. Der Schütze ärgert sich möglicherweise, weil er gegen seinen Willen die Kontrolle an den Keeper abgegeben hat und keinen Weg sieht, sie wiederzuerlangen.

Im American Football gibt es ein paralleles Phänomen, welches als »icing the kicker« (etwa: den Spieler, der den Kick ausführen soll, kaltstellen) bezeichnet wird. Gemeint ist damit, dass die verteidigende Mannschaft ein Time-out in genau dem Moment nimmt, in dem der Gegner sich darauf vorbereitet, ein Fieldgoal zu erzielen. Das erzeugt in einer potenziell hoch aufgeladenen Situation eine von den Regeln gedeckte Verzögerung. In der ersten Untersuchung zu dieser Praxis wurden Daten aus den NFL-Saisons 2003 und 2004 mit dem Ergebnis analysiert, dass das »Kaltstellen« die Chancen auf ein

Fieldgoal um etwa 10 Prozent minderte.[40] Die Forscher argumentierten, dass Spieler, die Zeit zum Nachdenken über den Kick haben, eher zum Opfer von Choking werden könnten. Eine zweite Studie, welche die Saisons 2002 bis 2008 der NFL abdeckte, zeigte, dass »kaltgestellte« Spieler ihren Kick zu 14 Prozent weniger erfolgreich ausführten als solche, die nicht durch ein Time-out unterbrochen worden waren.[41] Dieses Ergebnis konnte allerdings in einer jüngeren Studie mit einer größeren Fallzahl nicht bestätigt werden, was vermuten lässt, dass Spieler sich darauf eingestellt haben, »kaltgestellt« zu werden und stattdessen die Pause nutzen, um sich auf ihren Kick vorzubereiten.[42] Dieser Effekt könnte sich im Fußball bei Elfmetern ebenfalls einstellen.

Tatsächlich deutet eine Studie auch bereits in diese Richtung. Die durchschnittliche Wartezeit zwischen einem Foul und einem aufgrund dessen verhängten Elfmeter hat sich seit der Einführung des Videoassistenten (VAR) von 62 auf 114 Sekunden fast verdoppelt.[43] Überprüfungen durch den Videoassistenten sind eine Art automatisches »Kaltstellen« des Kickers, allerdings sagt die Studie aus, dass, wenn sich das Warten auf den VAR länger hinzieht, damit keine Leistungsverringerung der Elfmeterschützen einhergeht. Die Zeit, die vergeht, ist ja in jedem Falle lang, und da kann es sein, dass der Unterschied zwischen einer und zwei Minuten keine Auswirkungen hat. Dennoch waren Strafstöße nach VAR-Überprüfung signifikant weniger erfolgreich (71 Prozent) als ohne VAR (81 Prozent). Die Erklärung dafür könnte die gleiche sein wie beim »Kaltstellen« in der NFL, dass es nämlich auf die Absicht und den Kontext der Verzögerung ankommt und nicht auf die tatsächliche Zeit, die verstreicht. Wenn Zeitverzögerungen auf den Videoassistenten zurückgehen und nicht der Gegner sie durch Diskussion mit dem Unparteiischen verursacht, dann herrscht echte Unsicherheit, ob es zum Elfmeter kommen wird oder nicht, und diese Unsicherheit kann sich negativ auf den Elfmeterschützen auswirken.

Schutz vor dem Feuerwerk an psychologischer Einflussnahme

Psychospiele sind im Fußball nichts Neues, aber in letzter Zeit haben sie sich in zwei Richtungen entwickelt. Einerseits sind sie intensiver, unberechenbarer und brutaler geworden; andererseits subtiler, komplexer und manipulativer. Spieler und Teams, die auf der Höhe der Zeit sein wollen, müssen sich dem stellen und ihre Elfmeterschützen entsprechend abschirmen.

Traditionell verlassen sich Elfmeterschützen auf ihre mentale Stärke sowie auf den Schiedsrichter, der die Gegner kontrolliert. Obwohl dies beides signifikante Faktoren sind, ist es naiv und bisweilen nicht ausreichend, sich nur darauf zu verlassen. Besser durchdachte Strategien sind wahrscheinlich hilfreich. In Kapitel 4 diskutiere ich, wie Spieler und Mannschaften kollektiv mit dem Druck der Elfmetersituation umgehen können und sollten. Doch zuvor ein Blick auf individuelle Bewältigungsstrategien.

Menschen, die auf der großen Bühne etwas leisten müssen, können die negativen Auswirkungen von Ablenkung ausgleichen, indem sie mental mehr in eine Aufgabe investieren.[44] Das wird mit zunehmender Erfahrung leichter: Training hilft. Erfahrenere Elfmeterschützen und -schützinnen sind weniger stimulusgesteuert (d.h. die Aufmerksamkeit wird auf das gelenkt, was andere tun) und stärker torfixiert (d.h. die Aufmerksamkeit bleibt auf die Aufgabe gerichtet, die man lösen will). Wer häufig der Ablenkung durch andere ausgesetzt war, wird mit größerer Wahrscheinlichkeit solche Ablenkungen nicht an sich heranlassen und auf die Aufgabe fokussiert bleiben.

So zeigt Kylian Mbappés Ausnahmeleistung unter Druck im Weltmeisterschaftsfinale von 2022 einen Spieler, der trotz seines geringen Alters einen riesigen Erfahrungsschatz hat, welcher ihn in die Lage versetzte, sich im Nervenkrieg gegen seinen Kontrahenten Emi Martínez zu behaupten. Mbappés zweiter Elfmeter in diesem Finale ist vielleicht einer der Strafstöße, die unter dem größtmöglichen je im Fußball gesehenen Druck geschossen wurden. Zur Erinnerung: Es steht in der 118. Minute, also mit nur noch zwei Minuten auf der Uhr, 3:2 für Argentinien, und wenn Mbappé nicht trifft, ist Argentinien Weltmeister. Neben Martínez versuchen noch drei weitere argentinische Spieler, Mbappé abzulenken. Der aber tut energisch und doch ruhig und ohne großes Aufhebens das Nötige, um die Gegner auszublenden, und es scheint, als schenkte er ihnen kaum Aufmerksamkeit. In derartigen Situationen muss die ausführende Person sich ganz auf die Aufgabe konzentrieren und gleichzeitig geistig flexibel genug bleiben, um jegliche Form von Ablenkung gewandt zu umschiffen. Es fällt deutlich leichter, Ablenkungen, die von anderen ausgehen, standzuhalten, wenn man etwas Ähnliches vorher schon erlebt und erfolgreich bewältigt hat.

Planung ist wichtig, und zwar nicht nur, um praktische und logistische Irrtümer zu vermeiden, sondern auch um des psychologischen Vorteils willen, der daraus resultiert, dass man den Unsicherheitsfaktor reduziert.[45] Die Methode des Mental Contrasting ist eine Technik zum Umgang mit derartigem Chaos: Man stellt sich das Tor, das man in der Zukunft schießen will, vor, und dann stellt man sich den genauen Weg vor, der zum Erreichen des Ziels nötig ist, und zwar mit all den Hindernissen und Herausforderungen, die zu bewältigen sind. Es hat sich erwiesen, dass diese Strategie um einiges effektiver für das Erreichen von Zielen ist, als sich nur das Ziel selbst vorzustellen.[46]

Darüber hinaus können sich speziell Elfmeterschützen vor unberechenbaren Torhütern und anderen Kontrahenten schützen, 1) indem sie erst dann im Strafraum ankommen, wenn der Schiedsrichter dort die volle Kontrolle hat, 2) indem sie den Ball erst sehr spät auf den Elfmeterpunkt legen (Haalands Technik), 3) indem sie sich strategisch abgrenzen (also wegschauen), 4) indem sie den Ball nochmals auf den Punkt legen und den Vorgang von Neuem beginnen (was Michael Ballack und Salomon Kalou erfolgreich 2008 im Finale der Champions

League praktizierten, um Herr über die Verzögerungstaktik zu werden), und 5) indem sie variieren (denn wenn die Routine eines Elfmeterschützen immer einen gewissen Grad an Unvorhersehbarkeit behält, macht er sich weniger angreifbar gegenüber Torhütern, die sein Spiel im Laufe der Zeit analysieren und durchschauen).

Ist Ablenkung fair?

Im Lichte der Häufigkeit und starken Zunahme von ablenkendem, Unruhe stiftendem und manipulativem Torhüterverhalten lautet eine wichtige Frage: Inwieweit sind solche Verhaltensweisen etwas, das im Fußball akzeptiert werden sollte? Letztendlich bedeutet ja unsere Akzeptanz, dass wir sie implizit fördern, haben sie doch offensichtlich Auswirkungen auf wichtige Spiele.

Bis zu welchem Grad ist solch ein Verhalten zurzeit legal? Interessanterweise gab das International Football Association Board, das Organ, das die Fußballregeln beschließt, im Anschluss an Martínez' störende Vorstellung bei der WM 2022 in Katar die Bekanntmachung heraus, dass »der Torwart sich nicht in einer Weise verhalten darf, die Mangel an Respekt vor dem Spiel und dem Gegner zeigt, d.h. indem er den Schützen unfair ablenkt«.[47] Namentlich wurde für Regel 14 (»Strafstoß«) ein Zusatz verabschiedet, der im Juli 2023 in Kraft trat: »Der Torhüter darf mit seinem Verhalten den Schützen nicht unfair ablenken, etwa indem er die Ausführung des Strafstoßes verzögert oder einen Torpfosten, die Querlatte oder das Tornetz berührt.«

Die alte Regel enthielt keine Bestimmungen zu Psychospielchen, daher war die Aktualisierung fällig. Doch was bedeutet es genau, jemanden »unfair abzulenken«? Der Zusatz lässt viel Raum für Interpretation und Subjektivität. Dürfen Torhüter und Torhüterinnen weiterhin kreativ-störend unübliche Haltungen annehmen oder sich vor dem Kick auf der Linie bewegen? Dürfen sie die Elfmeterschützen und -schützinnen ansprechen? Dürfen sie vor dem Elfmeter im Strafraum umherwandern? Dürfen sie sich den Ball nehmen, und dürfen sie ihn dann dem Schützen oder der Schützin auf vielleicht etwas unkomfortable Weise zupassen? Solche Aktionen dienen klar dazu, die Schützinnen und Schützen aus der Fassung zu bringen, aber seit der Aktualisierung der Strafstoßregel durften die meisten Torwarte und Torwartinnen weitermachen wie zuvor. Ich denke außerdem, dass man Täuschungsmanöver durch den Torhüter oder die Torhüterin während des Anlaufs auch weiterhin als fair einstufen wird, obwohl manche sie so effektiv ausführen, dass man versucht ist, sie als unfair zu bezeichnen. Ein weiterer Punkt: Warum wird nur das Verhalten der Person im Tor reglementiert? Wie steht es mit Feldspielern und -spielerinnen, die keine Elfmeterschützen und -schützinnen sind? Wie an mehreren Stellen in diesem Buch aufgezeigt wurde, versuchen Feldspieler von Zeit zu Zeit, Elfmeterschützen zu beeinflussen. Gelten diese Regeln für sie denn nicht?

Angesichts der Vielfalt an Ablenkungen, die auf den prestigeträchtigsten Bühnen des Fußballs zu beobachten sind, ist es sinnvoll klarzustellen, was erlaubt ist und was nicht. Da die Neufassung der Strafstoßregel interpretiert werden *muss*, schafft sie womöglich ebenso viele Probleme, wie sie löst. Ich bin mir bislang noch nicht sicher, ob die Aktualisierung viel bewirken wird, es sei denn, a) die Regeln enthalten klare Formulierungen zu Verhaltensweisen, die man unterbinden will, und b) es gibt spezifische Routinen und Leitfäden, die Schiedsrichter und Schiedsrichterinnen bei deren Durchsetzung unterstützen. Der jetzige Stand ist, dass praktisch nur ein Schiedsrichter oder eine Schiedsrichterin die Kontrolle über oft mehrere Spieler und Spielerinnen in einem sehr chaotischen Strafraum behalten muss, während andererseits Mannschaften dieses psychologische Spiel mit immer raffinierteren Mitteln spielen.

Die größere Frage dahinter lautet: Sind diese Verhaltensweisen moralisch vertretbar? Ein Standpunkt ist, dass Psychospiele akzeptabel sind, solange die vom Dachverband herausgegebenen Regeln sie gestatten.[48] Aber sollte es nicht unser Ziel sein, diese Formen des Verhaltens gänzlich zu unterbinden? Schließlich sind sie manipulativ und aus psychologischer Sicht potenziell schädlich. Einige sind beleidigend, andere grenzen an Formen des Mobbings. Viele würden sich der Meinung anschließen, dass dies nicht die Verhaltensweisen sind, die wir in einer Sportart in Kauf nehmen und fördern wollen.

Auf der anderen Seite steht das Argument, dass Mannschaftssportarten im Grunde ein kontrollierter Konflikt zwischen zwei Parteien sind, und dazu gehört als wesentlicher und unausweichlicher Bestandteil ein psychologisches Element. Strafstöße und in besonderer Weise das Elfmeterschießen zeigen Leistung unter Druck in Reinform, und so ist der Elfmeter mehr als alles andere eine psychologische Herausforderung. Dazu gehört zwangsläufig auch das kognitive und emotionale Duell zwischen zwei Kämpfenden. Wollen wir wirklich den Konflikt, die Emotionalität und das sich zwischen zwei Personen abspielende Drama abschwächen? Gehört dieser Nervenkitzel nicht zum Wettkampf dazu?

Ich verstehe beide Positionen. Unstrittig ist und bleibt jedoch, dass es in einem Elfmeterschießen – wie in jeder anderen Konkurrenzsituation, in der es um viel geht – Gegnerinnen und Gegner geben wird, die Druck erzeugen und ihn sich zunutze machen und die immer bis an die Grenze des Erlaubten gehen werden. Auf der praktischen Ebene bedeutet das, dass man vorbereitet sein muss, ob man es nun gutheißt oder nicht.

KAPITEL 4
Gemeinsam gegen den Druck

»Unser Zugehörigkeitsgefühl muss immer wieder durch Signale der Verbundenheit gestärkt werden.«
Dan Coyle, *The Culture Code*, 2018

Viele Spieler sagen, der längste Weg im Fußball sei der Gang vom Mittelkreis zum Elfmeterpunkt bei einem Elfmeterschießen. Das stimmt aber nicht. Der längste Weg im Fußball ist der Gang *zurück* in den Mittelkreis, nachdem man bei einem Elfmeterschießen einen Elfmeter vergeben hat. Nachdem Marcus Rashford im Elfmeterschießen gegen Italien bei der EM 2020 den dritten Elfmeter für England nicht verwandeln konnte, war er eindeutig am Boden zerstört, als er über das Feld zurück zu seiner Mannschaft ging. Die Rückkehr zu den Mitspielern, den Leuten, die man enttäuscht hat, deren Träume man ebenso zerstört hat wie die eigenen, ist vermutlich der einsamste Moment im Sport überhaupt; und das Fernsehpublikum – in dem Fall waren es geschätzte 328 Millionen Menschen – sieht live dabei zu.[1]

Die englische Mannschaft war bei diesem Turnier angeblich eng zusammengewachsen. So berichteten es Spieler wie Kieran Trippier: »Bei uns herrscht ein guter Teamgeist. Wir ergänzen uns gut, und jeder arbeitet hart für die anderen.« Und auch Cheftrainer Gareth Southgate: »Viele Mannschaften scheiden aus dem Turnier aus, weil sie nicht über einen so guten Teamgeist verfügen wie unsere Jungs.« Vollmundige Aussagen.

Doch wie wurde dieser Geist in der Praxis sichtbar, wie weit ging die gegenseitige Unterstützung auf dem Feld? Was haben Rashfords Mitspieler getan, als er den längsten Weg seines Lebens antrat? Nichts. Sie blieben zusammen im Mittelkreis stehen und rührten sich nicht, bis Rashford wieder bei ihnen war. Warum? Wollten sie nicht gegen die Spielregeln verstoßen? »Alle teilnehmenden Spieler – mit Ausnahme des Torschützen und der beiden Torhüter – müssen sich im Mittelkreis aufhalten«, besagen diese Regeln. Doch sie hätten ihm als Zeichen ihrer Unterstützung zumindest bis an den Rand des Kreises entgegengehen können. Doch das taten sie nicht. Angesichts der im zweiten Kapitel erläuterten Bemerkungen von Chris Markham zur englischen Nationalelf vor 2018 wäre es auch möglich, dass diese stoische Reaktion auf den Fehlschuss eines Mannschaftskameraden Absicht war – ein Versuch, sich nach jedem Schuss, egal wie er ausgeht, unbeeindruckt zu geben, einfach weiterzumachen. Das hat seine Logik, und ich vermute, es traf zumindest auf einen Teil der Spieler zu. Es passt jedoch nicht ins Bild, dass im selben Elfmeterschießen mehrere englische Spieler jubelnd in die Luft sprangen, wenn einer ihrer Mitspieler traf oder einer der Gegner verschoss. Es passt auch nicht ins Bild, dass ein englischer Spieler zweimal Anstalten machte, auf Rashford zuzugehen, nach einem Blick über die Schulter aber wieder innehielt, da niemand von den anderen ihm folgte. Dieser Spieler war Kalvin Phillips. Hätte die Mannschaft sich kollektiv vorgenommen, nach einem vergebenen Schuss still stehen zu bleiben, hätte Phillips sich dann so verhalten?

Ob Absicht oder nicht, die statische Reaktion auf vergebene Elfmeter durch Teamkollegen war in jedem Fall eine verpasste Gelegenheit, Teamgeist und Zusammenhalt zu demonstrieren. Sicher, Arm in Arm dazustehen mag ebenfalls Geschlossenheit ausdrücken, und die Spieler im Mittelkreis dürften sich dadurch behütet gefühlt haben.

Aber für den unglücklichen Einzelspieler auf dem Rückweg zu seiner Mannschaft könnte diese Formation auch etwas anderes signalisieren: »Wir sind eine starke Gruppe, wir halten zusammen, aber du gehörst nicht dazu.«

Rashford war nicht der erste Spieler, der in diesem Shootout seinen Elfmeter vergab. Nachdem der englische Torhüter Jordan Pickford Italiens zweiten Schuss, ausgeführt von Andrea Belotti, pariert hatte, stand auch Belotti der lange Weg zurück zu seiner Mannschaft bevor. Für ihn wurde dieser Weg allerdings vom italienischen Mannschaftskapitän Giorgio Chiellini und von Abwehrspieler Alessandro Florenzi verkürzt, die sich aus der Mittelkreisformation lösten und Belotti entgegengingen, um ihn so schnell wie möglich wieder in die Gruppe zu holen. Diese scheinbar kleine Geste war von großer Bedeutung, und es ist anzunehmen, dass sie auch von großer Wirkung war. In einem so einsamen Moment, wenn man das Gefühl hat, alle enttäuscht zu haben, zeigen die entgegenkommenden Kollegen, dass man dennoch geschätzt wird und zur Gruppe gehört. Und an den Rest der Mannschaft wird die beruhigende Botschaft gesendet: »Selbst wenn du verschießt, wird sich die Gruppe nicht von dir abwenden.« Das könnte den Druck abmildern, sei es auch nur ein wenig, und bei den nachfolgenden Schützen womöglich den Ausschlag geben, ob sie verwandeln oder vergeben.

Und der englische Kapitän? Harry Kane hatte seinen Elfmeter, den ersten für England, bereits verwandelt, und da nun kein Schuss mehr vor ihm lag, konnte er sich ganz auf die Führung und Unterstützung seiner Mannschaft konzentrieren. Doch als Rashford wieder beim Team war, blieb Kane einfach, wo er war. Auf manchen Fotos ist er gar nicht zu sehen, sondern wird von den anderen verdeckt. Kane und sein Team verpassten die Chance, Rashfords Leid zu lindern und sich als Gruppe schnell von dem Rückschlag zu erholen. Diese kraftlose kollektive Reaktion auf den ersten Fehlschuss zeigte Spielern wie Jadon Sancho und Bukayo Saka indirekt, dass auch für sie niemand da sein würde, sollten sie ihre noch bevorstehenden Elfmeter nicht verwandeln. Beide vergaben, und England verpasste wieder einmal einen Titel.

Bei der WM 2022 reagierten mehrere Mannschaften schnell und mit Einigkeit auf vergebene Elfmeter, gingen dem Schützen auf dem Rückweg entgegen und holten ihn wieder in die Gruppe. Interessanterweise ergriffen dabei oft die besonders starken Spieler die Initiative. Im Endspiel etwa war es Kylian Mbappé, der zweimal auf eigene Faust den Mittelkreis verließ, um den beiden Franzosen, die verschossen hatten, entgegenzugehen. Im Viertelfinale nahm Lionel Messi den zurückkommenden Enzo Fernández in Empfang, der als einziger Argentinier nicht verwandelt hatte. Bei der Frauenweltmeisterschaft 2023 begab sich die französische Mannschaftskapitänin Wendie Renard im Viertelfinale weit aus dem Mittelkreis hinaus, um Vicki Becho nach ihrem Fehlschuss gegen Australien wieder in die Gruppe zu holen.[2] Die Wirkung dieser Geste ist besonders groß, wenn sie von einem hochrangigen Mitglied der Gruppe kommt. Das ist aktive Führung, nicht nur nominelle.

Von den 93 Elfmeterschießen, die in der Geschichte der Weltmeisterschaften, der Europameisterschaften und des Europapokals/der Champions League der Männer bis 2022 insgesamt stattgefunden haben, wurden 49 (52,7 Prozent) von einer Mannschaft gewonnen, die mindestens einen ihrer Strafschüsse nicht hatte verwandeln können. Über die Hälfte also. Das heißt, mit einem Fehlschuss klarzukommen und sich schnell davon zu erholen ist extrem wichtig für eine Mannschaft. Ein vergebener Elfmeter ist oft nur ein vorübergehender Rückschlag, und die Teamreaktion darauf ist von entscheidender Bedeutung. Das habe ich zwischen 2005 und 2008 als Elfmeterberater niederländischer Nationalteams gründlich gelernt.

Im Herbst 2004 nahmen meine Kolleg*innen von der Universität Groningen und ich die Gespräche mit dem niederländischen Fußballverband über unser Forschungsprojekt zum Thema Elfmeterschießen auf. Nach den ersten Treffen erhielten wir unerwartet einen Anruf von Foppe de Haan, dem U20/U21-Trainer. Er bereitete gerade sein Team auf die Junioren-Fußballweltmeisterschaft 2005, also im folgenden Sommer, vor. Er fragte, ob ich bereit wäre, ins Trainingslager zu kommen und mit seinen Spielern über den Umgang mit dem psychischen Druck bei einem Elfmeterschießen zu sprechen.

Und ob ich das war. Was für eine Gelegenheit! Natürlich war mir klar, dass man nicht einfach aus dem akademischen Umfeld heraus in die Praxis gehen und trockene, komplexe Daten präsentieren kann, ohne sein Publikum zu langweilen. Also nahm ich mir ganze sechs Monate Zeit, meine Informationen zu sortieren und sie für die Mannschaft aufzubereiten, immer mit dem Gedanken, alles möglichst bündig zusammenzufassen und auf kluge, nachvollziehbare Art vorzustellen. Dann kam mein großer Tag. Die Präsentation ging über die Bühne und ich fand, sie lief ganz gut.

Doch meine Zufriedenheit mit dem vermeintlich gelungenen Auftritt währte nicht lange.

In der Finalrunde der Junioren-WM traf das Team im Viertelfinale auf Nigeria. Die Partie endete 1:1. Elfmeterschießen.

An diesen Tagen Ende Juni war es in den Niederlanden extrem warm, und in meiner winzigen Einzimmerwohnung mitten in Groningen war die Hitze kaum auszuhalten. Ich schaute mir das Spiel auf dem Sofa an, nur in Boxershorts. Es fühlte sich so an, als würde es im Laufe des Elfmeterschießens immer heißer im Zimmer.

Erst nach 24 Schüssen war das Spiel entschieden – und die Niederlande hatten verloren. Verloren! Ich war am Boden zerstört. Und verabschiedete mich von meinen Ambitionen, auch im echten Leben ein kompetenter Berater in Sachen Elfmeterschießen zu werden.

Jedenfalls war ich überzeugt, dass die Zusammenarbeit mit dem niederländischen Fußballbund damit gestorben und ich dort für immer unten durch war. Aber vielleicht ließ sich aus dieser Pleite trotzdem irgendein Nutzen ziehen. In den folgenden Wochen reiste ich mit dem Zug durchs Land und traf mich mit den einzelnen Spielern in ihren Clubs. Ich wollte sie zu ihren Elfmeterschüssen befragen und wissen, wie sie sich vorbereitet hatten. Jedes dieser Interviews dauerte mindestens eine Stunde, und ich lernte viel – wie man sich auf das Schießen von Elfmetern vorbereiten kann, was man dabei tun und vor allem, was man dabei *nicht* tun sollte. Doch dazu später mehr.

Sechs Monate darauf rief mich der Trainer zu meiner großen Überraschung wieder an. Er bereitete gerade ein neues Turnier vor, diesmal die U21-Fußballeuropameisterschaft, und er fragte, ob ich noch einmal kommen würde, um mich mit dem Team zu treffen und über Elfmeter zu sprechen. Danach rief mich Marco van Basten an, was allein schon eine große Sache war, weil er Marco van Basten war: Die große Spielerlegende von Ajax Amsterdam und AC Milan trainierte zu der Zeit die A-Nationalmannschaft der Niederlande. Die Weltmeisterschaft 2006 in Deutschland stand bevor, und van Basten lud mich ins Trainingslager ein, um der Mannschaft meine Erkenntnisse zu präsentieren. Die Begegnung mit der niederländischen Nationalmannschaft der Männer war für mich der ultimative Test. Würden unsere Beobachtungen zum Elfmeter den echten Profispielern plausibel vorkommen? Für die Niederlande war es die goldene Ära der herausragenden Talente: Robin van Persie, Arjen Robben, Wesley Sneijder, Rafael van der Vaart, Ruud van Nistelrooy, Edwin van der Sar … Ich freute mich riesig darauf und war natürlich schrecklich nervös. Aber die Präsentation schien gut zu laufen. Nach meinem Vortrag kamen die beiden Spieler mit der meisten Elfmetererfahrung, van Nistelrooy und van der Sar, zu mir und stellten Nachfragen. Das habe ich seitdem oft erlebt: Die, die nach einem Vortrag noch weiterreden wollen, sind meistens die, die ohnehin schon am meisten können. Sie sind gut, aber sie wollen noch besser werden. Das ist die geistige Haltung sehr vieler erfolgreicher Sportler*innen und Spitzenkräfte.

Leider war die WM 2006 für die Niederländer früh vorbei. Sie verloren im Achtelfinale gegen Portugal. Es war eines der hässlichsten

Spiele in der WM-Geschichte, mit vier roten Karten, aber leider ohne Elfmeterschießen. Das war das einzige Mal, dass ich mit der niederländischen Nationalelf der Männer zusammengearbeitet habe. Aber im Laufe von vier Jahren habe ich meine Erkenntnisse mehreren anderen niederländischen Nationalmannschaften vorgestellt: 2005 der U-20, 2006 und 2007 der U-21, 2008 dem olympischen Team. Nach dem holprigen Start im Jahr 2005 musste nur eine weitere dieser Mannschaften zum Elfmeterschießen antreten – aber auch das war eines, das in die Geschichte einging.

Es war das Halbfinale der U-21-Europameisterschaft 2007. Die Niederlande spielten gegen eine englische Mannschaft, zu der etliche Spieler gehörten, die später in der Premier League Karriere machen sollten: James Milner, Ashley Xoung, Mark Noble, Scott Carson ... Die Partie war ein Heimspiel für die Niederlande – sie fand im Abe-Lenstra-Stadion in Heerenveen statt. Zwei Millionen Menschen schalteten den Fernseher ein, um das Match zu verfolgen, und die Anspannung war überall greifbar, auch bei mir – umso mehr, als das Spiel durch ein Elfmeterschießen entschieden wurde, das über sagenhafte 32 Schüsse ging. Damit war es das längste Elfmeterschießen in einem internationalen Wettbewerb überhaupt.[3] Zu meiner großen Freude und Erleichterung gewann das niederländische Team. Gianni Zuiverloon verwandelte den letzten und entscheidenden Elfmeter mit einem unhaltbaren Schuss in die untere linke Ecke, und netterweise erwähnte er mich anschließend in einem Interview mit dem *Algemeen Dagblad*, einer niederländischen Tageszeitung: »Geir Jordet hat mir geraten, mir vor dem Schuss Zeit zu lassen. Vor dem Anlauf ist es gut, kurz zu pausieren und tief durchzuatmen. Das habe ich getan, und ich wusste genau, wohin ich schießen wollte.« Nach diesem Turnier war klar, dass die Ergebnisse meines Forschungsprogramms nicht bloß zur Veröffentlichung in akademischen Fachzeitschriften taugten, sondern auch in der Praxis von Trainer*innen und Spieler*innen angewandt werden konnten.

Hatte ich 2007 irgendetwas anders gemacht als zuvor? Eine Sache gab es tatsächlich. 2005 war mir der Gedanke gekommen, dass man als Spieler*in vor einem Elfmeterschießen am besten Selbstvertrauen aufbauen kann, indem man die Aufgabe positiv definiert und erkennt, was ein Elfmeter auch ist: eine großartige Gelegenheit, ein Tor zu schießen! Kurzum, ich konzentrierte mich in meinen Beratungen auf die guten Gefühle und das positive Denken, um Optimismus und so etwas wie Vorfreude aufzubauen. Im Zuge dessen achtete ich darauf, nur über das Verwandeln zu sprechen und nur Videoaufnahmen von exzellent geschossenen Elfmetern zu zeigen.

Dieser Ansatz war im besten Falle naiv. Nicht, dass eine positive Grundeinstellung schlecht wäre, wenn man unter Druck etwas leisten muss. Im Gegenteil, wenn Spieler*innen die haben, wunderbar. Doch positives Denken allein führt nicht zum Ziel. Die beste Leistung unter Druck liefert man nicht ab, weil man sich gut fühlt, sondern weil man das tut, was klug und richtig ist, egal wie man sich fühlt, und ganz besonders dann, wenn man sich schlecht fühlt. Das habe ich erst so richtig verstanden, nachdem ich mit einigen Kolleg*innen vom medizinischen Institut der Uni Groningen gesprochen hatte. Dort wird erforscht, wie Ärzt*innen und Pfleger*innen mit extremem Stress zurechtkommen, etwa in der Notaufnahme oder im OP. Aufgrund unseres gemeinsamen Interesses an Drucksituationen hatten sie mich zu einem Treffen eingeladen, damit wir unsere Erkenntnisse miteinander teilen konnten.

Das Treffen eröffnete mir eine ganz neue Welt, was menschliche Leistung unter massivem Druck betrifft. In Krankenhäusern ist der Druck ja noch viel größer, denn wenn man dort einen Fehler macht, verliert man nicht nur ein Spiel, ein paar Punkte oder einen Pokal. Man verliert ein Menschenleben. Diese Branchen – dazu zählen auch der Flugverkehr, die Feuerwehr, Atomkraftwerke, Flugzeugträger und Ölbohrinseln – werden oft »high reliability organisations«, auch HROs, genannt, denn dort ist ein hohes Maß an Zuverlässigkeit unabdingbar. Es sind Umfelder, in denen Fehler leicht passieren können, wo Kleinigkeiten große Wirkung haben und wo menschliches Leben auf dem Spiel steht, wenn etwas schiefgeht.[4] Forschungen haben ergeben, dass 70 Prozent aller Flugzeugabstürze auf menschliches Versagen zurückzuführen sind, und die Ursachen dafür sind nicht selten Erschöpfung, Angst, mentale Überlastung, schlechte Kommunikation und falsche Entscheidungen.[5] Interessanterweise machen Menschen, die in Flugzeugen, Notaufnahmen oder bei der Feuerwehr arbeiten, genauso oft Fehler wie andere, nur lassen sie sich in der Regel davon nicht beirren, und schon gar nicht lähmen.[6] Sie haben gelernt, mit Fehlern umzugehen, besitzen eine Fehlerkultur, die der Logik folgt, dass die Reaktion auf einen Fehler letztendlich entscheidender für die Bewältigung der Aufgabe ist als der ursprüngliche Fehler. Sie versuchen, auf Fehler schnell und überlegt zu reagieren und aus ihnen zu lernen, anstatt alle Kraft einzig in die Fehlervermeidung zu investieren. Ihr Ansatz ist, dass die grundsätzliche Reaktion auf Bedrohungen überlegt, flexibel und dynamisch sein sollte, anstatt mechanisch, gewohnheitsmäßig und starr. Solches Fehlermanagement ist proaktiv, nicht strafend, und auf Kommunikation und das größere Ganze ausgerichtet statt auf ein Fehlverhalten einzelner Personen.

All das hatte ich im Sinn, als ich 2007 meine Präsentation für das niederländische U-21-Team hielt. Ich fing mit dem Hinweis an, dass ein paar der Spieler höchstwahrscheinlich ihre Elfmeter vergeben würden und wir daher als Erstes genau darüber sprechen sollten. Bei diesen Worten wurden die Spieler merklich unruhig. Sie hatten wenig Lust, sich mit ihren schlimmsten Ängsten zu beschäftigen. Aber ich hatte mir etwas vorgenommen, also fuhr ich fort: »Die besten Spieler verschießen typischerweise öfter als die anderen. Manche geraten unter hohem Druck sogar in Panik.« Daraufhin zeigte ich ein Dia mit der Überschrift: »Einen Elfmeter zu vergeben ist ganz normal!« Darunter standen Zitate von Spielern, die ich nach dem verlorenen Elfmeterschießen gegen Nigeria 2005 interviewt hatte.

Dann hatte ich noch ein weiteres Zitat vorbereitet, und dazu ein Video von eben jenem Elfmeterschießen von 2005: »Die anderen haben mich gut aufgenommen, als ich wieder in den Mittelkreis kam.« Die Aufnahmen zeigten, wie ein Spieler, der verschossen hatte, von den anderen empfangen und umarmt wurde. Ich sagte dazu: »Wir können es sogar noch besser machen. Hier ist mein Vorschlag: Wenn einer von uns den Elfmeter vergibt, gehen wir ihm ALLE entgegen, um ihn so schnell wie möglich wieder in die Gruppe zu holen!« Die Spieler hörten mir zu, aber niemand sagte etwas, deshalb hatte ich keine Ahnung, ob sie dazu bereit waren oder nicht.

Bei dem Elfmeterschießen mit den 32 Schüssen vergaben mehrere niederländische Spieler. Jedes Mal löste sich die gesamte Gruppe im Mittelkreis auf und ging dem Zurückkehrenden entgegen. Dadurch wurde dieser längste Gang für ihn kürzer. Am Ende gewannen sie das Elfmeterschießen. Hinterher interviewte jemand von der Uni in meinem Auftrag die Spieler und fragte auch, wie sie sich vorbereitet hatten.[7] Das Element, das die meisten in der Vorbereitung als das effektivste empfanden, war dieses Abholen derjenigen, die verschossen hatten. Es war etwas, das ihnen einleuchtete und das sie wertschätzten.

Zugehörigkeit ist ein menschliches Grundbedürfnis.[8] Wenn wir uns ausgeschlossen fühlen, gehen im Körper die Alarmglocken an. Tatsächlich werden bei einem Ausschluss aus der Gruppe dieselben neuronalen und physiologischen Alarmsysteme aktiviert wie bei einer drohenden körperlichen Gefahr.[9] In wichtigen Momenten des Scheiterns, zum Beispiel bei einem Fehlschuss im Elfmeterschießen, unter dem die ganze Mannschaft leidet, klingeln diese Alarmglocken ohrenbetäubend laut. In dieser Lage können aufrichtige Signale, dass man dennoch von der Gruppe geschätzt wird und weiterhin dazugehört, eine signifikant positive Wirkung haben.

Der Wert einer inklusiven Geste wie dieser scheint den Spielern auch früher schon bewusst gewesen zu sein, als das Verhalten bei einem Elfmeterschießen noch nicht so vielen Konventionen unterlag. Das allererste Elfmeterschießen bei einem großen internationalen Fußballturnier fand im November 1970 statt, in der zweiten Runde des Europapokals, als Everton Borussia Mönchengladbach mit 4:3 besiegte und damit ins Viertelfinale einzog. Schaut man sich heute die Körpersprache bei diesem Shootout an, wirken die Spieler ausnahmslos sehr nervös. Sie reagieren alle schnell auf den Freigabepfiff des Schiedsrichters, die meisten starten ihren Anlauf unmittelbar beim Ertönen der Pfeife. Die meisten Spieler drehen dem Torwart nach der Ballablage auf dem Elfmeterpunkt den Rücken zu, so als wollten sie die Stress auslösende Figur im Tor lieber nicht anschauen. Ein Spieler der Gladbacher, wohl der prominenteste Spieler auf dem Platz, Günther Netzer, kehrte sogar dem gesamten Elfmeterschießen buchstäblich den Rücken, denn er weigerte sich angeblich, dabei anzutreten.

Es fängt für Everton schlecht an. Wolfgang Kleff, der Keeper des bundesdeutschen Teams, pariert den ersten Schuss von Joe Royle. Das löst einen Jubel aus, der so wirkt, als habe Mönchengladbach schon gewonnen. Kleff wird von Mannschaftskameraden in Trainingsanzügen umringt, die aufs Spielfeld gerannt sind, um ihn zu feiern. Fotografen in echten Anzügen rennen ebenfalls aufs Feld, um ihn mit der Mannschaftsfahne um die Schultern zu fotografieren – noch ehe überhaupt der nächste Schuss ausgeführt ist. Das waren eindeutig andere Zeiten. Evertons Trainer Harry Catterick hatte recht, als er nach dem Spiel sagte: »Ich finde nach wie vor, dass die Siegerermittlung durch Elfmeterschießen ein echter Zirkus ist.«

Es mag einem wirklich wie ein Zirkus vorkommen, aber eigentlich ist es unglaublich interessant: Das Elfmeterschießen offenbart rohe, unkontrollierte individuelle und kollektive Verhaltensweisen unter extremem Druck. Royle ist nach dem vergebenen Schuss verzweifelt, sinkt beschämt auf der Torraumlinie zu Boden. Da schiebt sein Mannschaftskollege Alan Ball, der 1966 mit England Weltmeister wurde und jetzt als Nächster für Everton schießen soll, seine eigene Angst beiseite und rennt den ganzen Weg bis in den Strafraum, um seinen Mitspieler dort abzuholen. Während der Schiedsrichterassistent sich alle Mühe gibt, die beiden auseinanderzubekommen und Alan Ball wieder in den Mittelkreis zu schicken, legt Ball die Arme um Royle, gibt ihm einen Klaps auf die Wange und macht eine Geste, als wolle er sagen »Kopf hoch«. Dann eskortiert er Royle zurück in den Mittelkreis. Als Royle später gefragt wurde, was Ball zu ihm gesagt hat, lachte er und meinte: »Wir waren echt gute Freunde, aber wir haben uns immer die Meinung gesagt. Wahrscheinlich hat er mich lächelnd einen großen … oder so was genannt.« Die Worte spielen keine Rolle. Es geht darum, da zu sein. Als Herbert Laumen später für Mönchengladbach verschießt, wiederholt sich die Szene, seine Mitspieler kommen extra in den Strafraum, um ihn abzuholen.

Wir haben oben schon gesehen, wie Pierre Littbarski beim Elfmeterschießen im Halbfinale der Weltmeisterschaft 1982 zum Strafraum lief, um Uli Stielike buchstäblich wieder aufzurichten. Im selben Jahrzehnt, beim Elfmeterschießen im UEFA-Cup-Endspiel von 1984, rannten Graham Robert und Steve Archibald ziemlich weit, um Danny Thomas, der gerade den fünften Elfmeter für Tottenham Hotspur, mit dem er seiner Mannschaft den Pokal hätte sichern können, verschossen hatte, zu trösten und wieder in die Gruppe zu holen. Arnór Guðjohnsen verschoss daraufhin für Anderlecht, und Tottenham siegte. Bei diesen frühen Elfmeterschießen sieht man tatsächlich häufiger, wie Teamkollegen aus dem Mittelkreis in den Strafraum rennen, um ihre Mitspieler entweder zu feiern oder aufzubauen. Beides wirkt wie eine absolut natürliche Reaktion auf das Geschehen.

Heutzutage kommt so etwas viel seltener vor. Niemand macht mehr den weiten Weg zum Strafraum. Wieso? Eine entsprechende Regeländerung hat es nicht gegeben. Die Vorschriften waren 1970–71 so klar, wie sie heute sind, und besagen, dass unbeteiligte Spieler im Mittelkreis bleiben müssen. Warum also halten die Teams sich neuerdings so bereitwillig daran? Meine persönliche Vermutung ist, dass dies mit der Schulter-an-Schulter-Formation zusammenhängt, die heute so beliebt ist. Diese Aufstellung erweckt den Eindruck eines Teams, das zusammenhält und sich gegenseitig stützt, und die körperliche Berührung und Nähe sorgen zweifellos für Trost und Geborgenheit bei denen, die dort zusammenstehen. Die Formation hat mehrere Vorteile, auf die ich noch zu sprechen kommen werde. Wenn sie aber dazu führt, dass diejenigen, die es am nötigsten haben, nicht abgeholt und wieder in die Gruppe integriert werden, dann dürfte sie als kollektive Strategie wohl versagt haben.

Mittlerweile hat die Forschung in zahlreichen Untersuchungen festgestellt, dass sozialer Zusammenhalt Stress und Ängste angesichts von Leistungsdruck in schwierigen Situationen verringern kann. Eine Studie ergab, dass allein die Gewissheit, dass Unterstützung durch andere verfügbar ist, die körperlichen Anzeichen von Stress bei Aufgaben, die unter hohem Druck erledigt werden müssen, reduziert.[10] Folglich kann bereits die Absprache über gegenseitige Unterstützung vor dem Spiel eine Wirkung erzielen. Die Forschung konnte auch zeigen, dass solche Unterstützung *vor* einer unter Druck auszuführenden Aufgabe den Stress signifikant verringern kann. Ablesbar ist dies an der Cortisolausschüttung im Körper. Kommt die Unterstützung noch dazu von jemandem, zu dem die ausführende Person eine stabile Bindung hat, sind die Ängste am geringsten.[11] Daraus lässt sich schließen, dass Gruppen an ihren Beziehungen und der langfristigen Bindung untereinander arbeiten sollten, um eine wirksame soziale Unterstützung leisten zu können, wenn ein Team unter hohem Druck Bestleistungen abliefern muss.

Aber es hat im Hinblick auf die sozialen Aspekte des Elfmeterschießens auch ein paar konstruktive Entwicklungen gegeben. In den letzten Jahren wurde die Vorbereitung der Teams auf die Ausführung von Elfmeterschüssen revolutioniert. Ein Elfmeter ist heute keine isolierte Einzelaufgabe mehr, bei der alle Last auf den Schützen und Schützinnen liegt und die anderen nur zuschauen. Heute betrachtet man einen Elfmeter – sowohl in der regulären Spielzeit als auch beim Elfmeterschießen – eher als Aufgabe für das gesamte Team, an der mehrere Spieler und Spielerinnen mitwirken und dem Schützen oder der Schützin so viel Rückhalt wie möglich geben, um einen erfolgreichen Schuss wahrscheinlicher zu machen. Im Folgenden beschreibe ich einige der Methoden, mit denen Teams heutzutage an die Sache herangehen.

Den Elfmeterpunkt bewachen

Wenn in Brasilien, zumindest im Männerfußball, ein Elfmeter verhängt wird, ist das fast immer das Startsignal für eine Reihe von heftigen Streitereien auf dem Platz, die alle geklärt werden müssen, bevor der Strafstoß ausgeführt werden kann. Das kann dauern: Manchmal vergehen vier bis fünf Minuten zwischen dem Foulpfiff des Schiedsrichters und dem Moment, in dem der Schütze den Strafstoß tritt. Ein langes Zeitfenster, in dem der Druck des bevorstehenden Schusses den Elfmeterschützen weichkocht und die gegnerischen Spieler reichlich Gelegenheit haben, ihn mit allen möglichen Tricks zu verunsichern. Wir haben oben gesehen, wie das Herumtrampeln auf dem Elfmeterpunkt einem Schützen das Leben schwer machen kann, deshalb kann er darauf verfallen, sich, so schnell er kann, schützend auf den Punkt zu stellen. Das Problem ist, dass sich der Schütze damit mitten im Getümmel befindet und viel Angriffsfläche für andere Nervenspielchen der Gegner bietet. Gibt es also eine bessere Lösung?

Im Juli 2019 kehrte der brasilianische Fußballer Filipe Luís nach 15 Jahren bei europäischen Clubs, insbesondere bei Atlético Madrid, nach Brasilien zurück und ging zu Flamengo in Rio de Janeiro. Luís hat in seiner gesamten Laufbahn als erwachsener Spieler keinen einzigen offiziellen Elfmeter geschossen, und doch wurde er bei Flamengo schnell zu einem wichtigen Spieler bei Elfmetern.[12] Jedes Mal, wenn es Elfmeter für Flamengo gab, ging Luís seelenruhig zur Strafstoßmarke und brachte sich genau darüber in Position, indem er einen Fuß rechts und einen links vom Punkt platzierte. Oft war er in dem Moment der einzige Flamengo-Spieler im Strafraum, umringt vom Schiedsrichter und von aufgeregt drängelnden Gegnern. Trotzdem konzentrierte er sich unbeirrt auf seine Aufgabe, bewachte das Stück Rasen und schob jeden Spieler, der sich näherte, behutsam weg. Unterdessen hatte der tatsächliche Elfmeterschütze, meistens Gabi Barbosa, sich den Ball genommen und wartete irgendwo am Rande des Geschehens, außerhalb des Strafraums. Wenn der Schiedsrichter das Chaos um Luís herum aufgelöst und alle Gegner den Bereich verlassen hatten, ging auch Luís ruhig weg. Sein Job war erledigt, Barbosa konnte jetzt den Ball auf dem unberührten Elfmeterpunkt ablegen.

Eine elegante Lösung also – der Schütze kann sich in Ruhe abseits des Gerangels sammeln, und der Rasen wird vor hinderlichen Trampelspuren geschützt. Allerdings kann die Taktik auch nach hinten losgehen.

Im Jahr 2022 brach geradezu eine Epidemie der Elfmeterpunktverwüstung aus. Auf Social Media wurde viel darüber gepostet, und neben vielen anderen schlug auch ich mögliche Abwehrtaktiken dagegen vor. Womöglich infolge dieser gesteigerten Aufmerksamkeit wurde das Bewachen des Elfmeterpunktes in jenem Jahr bei der WM und auch in einigen der europäischen Ligen zu einer beliebten Strategie. Jedes Mal, wenn Argentinien in Katar Elfmeter bekam, bildeten mehrere Spieler einen Ring um den Punkt, damit kein Gegner dort hingelangen konnte.

Doch das zeitigte schon bald eine unerwünschte Nebenwirkung. Gingen die Bewacher bei ihrer Aktion nicht unauffällig und subtil genug vor, wurde ihr Auftauchen im Strafraum von den Gegnern als feindliche Invasion interpretiert oder gar als Gelegenheit gesehen, einen Streit anzuzetteln, der dem Gegner im Endeffekt einen Vorteil verschaffen konnte. In einigen Fällen schufen diese Schutzmaßnahmen sogar ganz neue Möglichkeiten, den Elfmeterpunkt zu verwüsten.

Beispiel 1: Elfmeter für Argentinien gegen Saudi Arabien. Lionel Messi legt den Ball auf dem Punkt ab, Lautaro Martínez stellt sich als Bewacher daneben. Ein saudischer Spieler berührt den Ball, als er auf dem Weg zum Schiedsrichter daran vorbeiläuft. Sofort rennen drei weitere argentinische Spieler zur Verstärkung zum Punkt. Mehrere saudische Spieler folgen ihnen. Plötzlich entbrennt am Elfmeterpunkt ein unübersichtliches Gerangel, das Messi in diesem Moment sicher nicht gebrauchen kann. Allerdings bleibt er ruhig ein Stück abseits des Geschehens stehen und verwandelt schließlich den Strafstoß.

Beispiel 2: Elfmeter für Portugal gegen Uruguay. Der Torwart diskutiert mit dem Schiedsrichter und bewegt sich langsam auf den Punkt zu. Eventuell führt er etwas im Schilde. Gonçalo Ramos aus der portugiesischen Mannschaft sieht es, sprintet herbei und stellt sich mit dem Rücken zum Torwart auf den Punkt. Sofort kommen drei Mitspieler zu ihm und bauen sich um den Punkt herum auf, so als handle es sich um einen Berg Goldmünzen. Das sendet natürlich eine Botschaft an die Gegner: Wir vermuten, ihr habt böse Absichten. Auch hier gibt es ein Gerangel, und Matías Viña vom uruguayischen Team erhält sogar Gelegenheit, eine Fußspitze in Richtung Punkt auszustrecken. Es herrscht Chaos, doch auch hier bewahrt der Elfmeterschütze, Bruno Fernandes, Ruhe und verwandelt.

Beispiel 3: Elfmeter für Ghana gegen Uruguay. Wenn Ghana gewinnt, hat die Mannschaft die Gruppenphase überstanden und zieht in die K.-o.-Runde ein. Während der Schiedsrichter noch das Resultat der VAR-Überprüfung abwartet, umringen vier ghanaische Spieler den Elfmeterpunkt. Zwei weitere gesellen sich zu ihnen, sodass sie zu sechst sind und fast wie ein antiker römischer Schildwall wirken. Jetzt befinden sich mit André Ayew, dem Elfmeterschützen, der ebenfalls in der Nähe steht, sieben ghanaische Spieler in dem Bereich, was einige Uruguayer als Provokation auffassen und zum Anlass nehmen, ebenfalls dorthin zu gehen. Es kommt zu Geschubse und Gerangel, und Darwin Núñez versucht, die römische Mauer mit einem ausgestreckten linken Fuß zu durchbrechen, wofür er nach erbitterten Protesten der Ghanaer die gelbe Karte bekommt. Insgesamt alles sehr chaotisch. Und dieses Mal wird André Ayews schwacher Schuss gehalten. Uruguay gewinnt das Spiel mit 2:0. Beide Teams scheiden aus.

Ein erfolgreicher Einsatz solcher kollektiver Gegenmaßnahmen erfordert offensichtlich Augenmaß und Feingefühl. Argentinien hat bei der WM 2022 nach der oben beschriebenen chaotischen Situation tatsächlich seine Vorgehensweise geändert. Die Spieler hielten sich zurück, beobachteten einfach den Elfmeterpunkt und wurden nur aktiv, wenn es nötig war – etwa im Spiel gegen Kroatien, in dem Rodrigo De Paul vor Messis Elfmeterschuss eingriff, und gegen die Niederlande, als Enzo Fernández und Leandro Paredes vor Messis Elfmeterschuss den Strafraum betraten.

Das wohl geschickteste Vorgehen auf diesem Gebiet habe ich bei Kieffer Moore von Bournemouth beobachtet. Moore spielte im Eröffnungsspiel der WM 2022 für Wales gegen die USA. Die Amerikaner lagen mit 1:0 vorn, als Wales in der 82. Minute Elfmeter bekam. Sechs US-Spieler redeten auf den Schiedsrichter ein und verlangten, er solle die Entscheidung zurücknehmen. Moore gratulierte inzwischen erst Gareth Bale, der gefoult worden war und auch den Ball treten sollte, dann ging er ruhig zum Elfmeterpunkt, der mittlerweile das Epizentrum der amerikanischen Proteste geworden war. Die meisten Spieler nehmen bei der Bewachung des Punkts eine feste Position ein und versuchen, Dominanz auszustrahlen. Moore hingegen ging die Sache völlig anders an. Er gab sich flexibel, agil und freundlich. Gegnerische Spieler schob er sanft, aber bestimmt von sich weg, immer lächelnd, mit ein paar freundlichen Worten. Mehrmals umarmte er sogar einen Spieler, um ihn vom Elfmeterpunkt und von Bale fernzuhalten. Es war ein klassisches Beispiel für Deeskalation. Zwar misst Moore 1,96 Meter, was ihm in dieser Situation eine gewisse natürliche Autorität verschafft haben mag. Aber das Entscheidende dürfte hier sein gefasster, zugewandter Auftritt gewesen sein. (Und Bale erzielte gelassen den Ausgleich.)

Vielleicht können Fußballer*innen hier etwas von den Türstehern vor Discos und Bars lernen. Obwohl die Forschung eindeutig zeigt, dass es am häufigsten dann zu aggressiven Auseinandersetzungen kommt, wenn gar keine Türsteher oder Sicherheitskräfte anwesend sind, haben zahlreiche Studien doch auch ergeben, dass besonders streitbare und feindselig auftretende Türsteher gewaltsame Vorfälle eher begünstigen.[13] Zu den Verhaltensweisen, die Konflikte verlässlich eskalieren lassen, gehören: Feindseligkeit, Drohgebärden, »sich Aufblasen«, Schreien und zu wenig Abstand wahren.[14] Effektive Türsteher hingegen treten entschieden, aber freundlich auf,[15] sind im Umgang mit problematischen Gästen rhetorisch gewandt,[16] greifen bei Konflikten frühzeitig ein, verlassen sich auf Teamwork und benutzen körperliche Kraft nur als letztes Mittel.[17] Die hier betrachteten Elfmeterpunktbewacher können sich daran getrost ein Beispiel nehmen.

Einen Schutzschild bilden

In einem Premier-League-Spiel gegen Aston Villa im Jahr 2021 wurde Bruno Fernandes von Manchester United vor einem Elfmeter, den er schießen sollte, am Punkt von nicht weniger als sechs Villa-Spielern umringt, unter ihnen auch unser Meistermanipulator aus Argentinien, Torwart Emi Martínez. Gleichzeitig kehrten sechs Spieler von Manchester United dem Punkt den Rücken zu und gingen weg, scheinbar ohne zu merken, dass ihr Elfmeterschütze von gegnerischen Spielern belagert wurde. Nach ein paar Sekunden schaute der Brasilianer Fred sich um, sah, was los war und eilte Fernandes zu Hilfe. Doch die nachlässige Reaktion von United in diesem Moment (Fernandes vergab übrigens den Strafstoß) offenbart die übliche Annahme, dass der Elfmeter eine individuelle Angelegenheit ist – eine Situation, mit der die Schützin oder der Schütze allein zurechtzukommen hat. Diese Annahme ist falsch.

Ein paar Monate später stand der Liverpooler Spieler Mo Salah bei einem Elfmeter Emi Martínez von Aston Villa gegenüber. Liverpool war vorbereitet. Erstens wurde Salah, nachdem der Elfmeter verhängt worden war, von Liverpools Kapitän Jordan Henderson aus dem Strafraum hinausbegleitet und entkam so dem destruktiven Einfluss von Martínez. Zweitens stellte sich Henderson zusammen mit zweien seiner Mitspieler Martínez entgegen, als der die Torlinie verließ und Salah hinterherging. Henderson errichtete praktisch eine Wand zwischen Martínez und Salah. Drittens verweilte Henderson, nachdem sich das Chaos im Strafraum aufgelöst hatte und der Schiedsrichter allmählich die Kontrolle wiedererlangte, weiter hinten, indem er vorgab, seine Stutzen hochzuziehen, und blieb so genau zwischen Martínez und Salah. Dadurch erhielt er die Schutzwand aufrecht. Viertens harrte Henderson, auch als Martínez schließlich aufgab und sich auf der Torlinie positionierte, bei Salah aus, um ihn gegen mögliche weitere Angriffe zu verteidigen. Die Spieler von Aston Villa bekamen mit, wie Martínez scheiterte, und einige, allen voran Tyrone Mings, versuchten ihrerseits, Salah zu bedrängen, doch Henderson hinderte sie daran. Die ganze Zeit über blieben zwei andere Spieler von Liverpool woanders im Strafraum, wo Spieler von Aston Villa den Schiedsrichter in die obligatorischen Proteste gegen den Strafstoß verwickelt hatten. Man kann nie wissen, was bei so einer Diskussion passiert, und es kann nicht schaden, wenn das Team, dem der Elfmeter gewährt wurde, dort ebenfalls vertreten ist. Alles in allem übernahmen zusätzlich zum Elfmeterschützen fünf Spieler von Liverpool in diesen Minuten vor dem Strafstoß Verantwortung. Mit anderen Worten: Dieser Elfmeter war Teamsache. Und der Schuss selbst? Salah platzierte ihn tief, schoss nicht sehr hart, aber er ging rein, obwohl Martínez fast noch eine Hand am Ball gehabt hätte.

In den nächsten beiden Saisons setzte Liverpool diese breit angelegte Strategie der fein abgestimmten Unterstützung des Elfmeterschützen fort und baute sie aus. Manchmal hieß das, dass nur Jordan Henderson sich ganz beiläufig hinter Salah und den Elfmeterpunkt stellte. In anderen Fällen lief die Aktion koordinierter ab. Vor Fabinhos Elfmeter gegen Watford im April 2022 schirmten drei Spieler den Schützen gründlich ab: Henderson nach vorne gegen den Torhüter, Naby Keïta nach hinten und links, und Andy Robertson verteidigte die andere Seite, kehrte Fabinho den Rücken zu und hielt wachsam nach möglichen Bedrohern Ausschau. Jordan Henderson ist der Sohn eines Polizisten, vielleicht verlief die Bewachung deshalb so proaktiv und koordiniert. »Ich wusste, ich brachte eine Qualität mit: Ich hatte das Gefühl, nicht der Wichtigste auf dem Spielfeld zu sein.«[18] Ohne Henderson hingegen wirkte Liverpool eher reaktiv. Beim Community Shield 2022 gegen Manchester City war Henderson schon ausgewechselt worden, als Liverpool in der 84. Spielminute einen Elfmeter bekam. Salah ging in den Strafraum und war kurz allein mit fünf Spielern von Man City, ehe Harvey Elliott und Thiago Alcântara herbeigerannt kamen, um ihn abzuschirmen. Die beiden teilten sich die Aufgabe, Alcântara schirmte Salah gegen Ederson, den Torhüter von Man City, ab, und Elliott hielt ihm gegen alle anderen den Rücken frei.

Jordan Henderson ist kein Elfmeterschütze. Er hat bislang nur zwei Elfmeter in offiziellen Spielen geschossen – einen für Liverpool (verwandelt) und einen für England im Elfmeterschießen der WM

2018 gegen Kolumbien (vergeben).[19] Dennoch ist sein Einfluss auf andere Elfmeterschützen nicht zu unterschätzen. Im Viertelfinale der Weltmeisterschaft 2022, als England den ersten von zwei Elfmetern gegen Frankreich in der regulären Spielzeit zugesprochen bekam, tat Henderson, was er am besten kann. Kaum hatte der Schiedsrichter die Entscheidung getroffen, schnappte sich Henderson den Ball. Er reichte ihn Harry Kane, während er ihn in den Strafraum geleitete und ermutigend auf ihn einredete. Dabei stellte er sicher, dass kein französischer Spieler nahe genug an Kane herankam, um mit ihm zu kommunizieren. Kane spulte seine gewöhnliche Routine ab und glich zum 1:1 aus.

Als England in der 84. Minute erneut einen Elfmeter bekam, Frankreich mit 2:1 führte und Englands Weiterkommen infrage stand, war Henderson soeben ausgewechselt worden und Harry Kane die ersten 30 Sekunden nach der Prüfung durch den Videoassistenten allein am Elfmeterpunkt, um ihn nur französische Spieler, bis Kanes Teamkameraden das mitbekamen und eilig herbeiliefen. Zuerst wurde Mason Mount, dann Jude Bellingham aktiv, und die beiden eskortierten den besonders lebhaften Olivier Giroud schließlich aus dem Strafraum. Schön und gut, aber sie reagierten statt zu agieren und legten dabei so viel Eifer an den Tag, dass sie die Franzosen eher anzulocken schienen, statt sie abzuschrecken. Kane hielt sich auch diesmal an seine übliche Routine, hatte damit aber ausnahmsweise keinen Erfolg. Er vergab den Elfmeter, und Englands Hoffnungen schwanden.

Interessanterweise waren die Ersten, die nach dem Fehlschuss bei Kane waren, alle Franzosen. Sie umringten ihn und ihren Torhüter Hugo Lloris jubelnd. Schließlich erreichte auch ein einsamer englischer Spieler Kane – es war Jude Bellingham, damals erst 19, der ihn umarmte und mit ihm redete, ehe er weglief und ermunternde Gesten in Richtung der anderen englischen Spieler machte. Doch wo waren die anderen englischen Spieler? Als der Ball wieder im Spiel war, war kein anderer von ihnen zu Kane gelaufen, um ihn aufzumuntern.

Mit Ausnahme von Bellingham ließen ihn alle im Stich, gingen erst nach dem Schlusspfiff auf ihn zu. Das war auch der Zeitpunkt, an dem Henderson zu Kane konnte. Er ging zu ihm hinüber und blieb eine ganze Weile neben ihm stehen. Es wirkte absichtsvoll – er stand in dieser bitteren Situation neben seinem Mitspieler und signalisierte damit allen, die es sahen, dass Fußball ein Mannschaftssport ist, selbst wenn es um Elfmeter geht. Und vielleicht sogar ganz besonders dann.

Spieler*innen können in dieser Situation viele unterschiedliche Rollen übernehmen, von praktischer Hilfe (etwa, was den Ball oder die Gegner*innen betrifft) bis hin zu direkter emotionaler Unterstützung im Umgang mit dem Druck. Als Maren Mjelde im Champions-League-Spiel gegen Lyon 2023 den entscheidenden Elfmeter trat, bekam sie von Anfang an jede Menge Hilfe. »Ich hatte nicht mal den Ball«, erzählte sie mir, »aber ich dachte, da kümmert sich schon jemand drum. Wir hatten ja gut geplant. Und ich hatte Beschützerinnen da draußen. Es sollten immer zwei sein, also weiß man, dass zumindest eine auf dem Platz dafür zuständig ist. Genau wie wir zwei Elfmeterschützinnen haben.«

Dann, am Elfmeterpunkt: »Ich bekam den Ball von einer der beiden Beschützerinnen, und ich brachte mich in Stellung, aber ich merkte, dass hinter mir alles Mögliche los war. Doch ich hörte nicht hin. Ich stand nur da. Die Beschützerin, meine Mitspielerin Jess Carter, die neben mir stand, sorgte dafür, dass mir niemand zu nahe kam.«

Natürlich ist hier auch wichtig, was von wem und auf welche Weise gesagt wird. »Mit ihr ist es irgendwie witzig, also mit Jess, sie ist eine gute Freundin und sie ist wirklich die perfekte Person an der Stelle. Sie sieht, dass ich versuche, mich vorzubereiten und zu konzentrieren, aber trotzdem sagt sie so Sachen wie: ›Das zieht sich hier, Maren, hast du was auf dem Herzen, was du besprechen willst?‹ Und ich sag nur: ›Nein, ich bin mit mir selbst beschäftigt.‹ Aber ich glaub, ich lach auch ein bisschen, weil es komisch ist. Und ich steh da und hab Gras im Gesicht, also wischt sie es mir weg. Und dann sagt sie: ›Sollen wir nächste Woche mal wieder einen Kaffee zusammen trinken?‹ Ich höre alles, was sie sagt, aber ich bin mit mir selbst beschäftigt, denke an meine Aufgabe. Aber was Jess macht, das nimmt dem Ganzen die Schwere, wenigstens für ein oder zwei Sekunden. Und das ist manchmal echt eine Hilfe. Sonst macht man vielleicht komplett zu.«

Der Lockvogel

Das Endspiel der wegen der Coronapandemie verschobenen FIFA-Klub-Weltmeisterschaft 2021 wurde im Februar 2022 in Abu Dhabi ausgetragen. Chelsea stand als Vertreter Europas der brasilianischen Mannschaft Palmeiras gegenüber, die Südamerika repräsentierte. Zu Beginn der zweiten Hälfte der Verlängerung stand es 1:1, und ein Elfmeterschießen drohte. Ich schaute mir das Spiel zu Hause auf dem Sofa an, und wie immer an diesem Punkt in einem Match, bei dem ich keinen persönlichen Favoriten hatte, hoffte ich so langsam, dass es dazu kommen würde.

Leider hatte ich diesmal kein Glück. Trotzdem bot die Partie noch etwas sehr Interessantes, sogar ausgesprochen Innovatives für eifrige Forscher zum Thema Elfmeter.

Ungefähr sieben Minuten vor dem Ende gab es Elfmeter für Chelsea. Ich gebe zu, dass ich ein bisschen enttäuscht war, obwohl ich beim FC Chelsea viele Freunde habe. Denn ein potenziell spielentscheidender Elfmeter ist nett, aber für mich natürlich nicht dasselbe wie ein Elfmeterschießen.

Jedenfalls war ich wohl nicht richtig bei der Sache gewesen, denn als Kai Havertz den Ball auf den Punkt legte, war ich einigermaßen verwirrt. Hatte ich nicht gerade eben erst César Azpilicueta am Punkt stehen sehen? Egal. Ich wollte mir das später noch mal ansehen. Mittlerweile legte Havertz, der trotz des enormen Drucks nach dem Freigabepfiff gefasst und konzentriert wirkte, eine kurze Pause ein, nahm dann einen mittellangen Anlauf und netzte links ein. Tor. Chelsea war Klub-Weltmeister.

Später am Abend schaute ich mir, da mich das Rätsel um Azpilicueta nicht losließ, die ganze Szene noch einmal an. Leider hielten die Fernsehkameras hauptsächlich auf die Spieler von Palmeiras – einer bekam die gelbe Karte für sein Handspiel, das zum Elfmeter geführt hatte, ein anderer wurde im Zuge des üblichen Gerangels am Elfmeterpunkt verwarnt. Am nächsten Morgen ging ich dann auf YouTube, wo zahlreiche Fans eigene Videos gepostet hatten. Und endlich sah ich, was geschehen war. Und das war genial!

Nachdem die Überprüfung durch den VAR den Elfmeter bestätigt hatte, ging Chelseas Kapitän Azpilicueta, scheinbar in lebhafter Diskussion mit dem Schiedsrichter, in Richtung Elfmeterpunkt. Kurz bevor die beiden den Strafraum erreichten, schien Azpilicueta sich nach jemandem umzuschauen, ehe er beherzt den Ball nahm und auf den Punkt zuging, den Blick aufs Tor gerichtet und mit einem Gestus, der für alle den Eindruck erweckte, er würde gleich den Elfmeter schießen. Das erregte natürlich die Aufmerksamkeit etlicher Spieler von Palmeiras. Er wurde von vier Spielern gleichzeitig bedrängt, die auf ihn einredeten, gestikulierten und eindeutig versuchten, ihn aus der Ruhe zu bringen. Eduard Atuesta war dabei so eifrig, dass er sogar eine gelbe Karte kassierte. Der Schiedsrichter versuchte immer wieder, die Palmeiras-Spieler aus dem Strafraum zu verbannen, aber es war hoffnungslos. Kaum hatte ein Spieler sich entfernt, kam ein anderer hinzu. Das ging eine Weile so. Schließlich gewann der Schiedsrichter die Kontrolle über die Situation zurück und räumte den Strafraum von allen unbeteiligten Spielern. In dem Moment trat Havertz, der die ganze Zeit unbemerkt und unbehelligt ein paar Meter entfernt am Rand gestanden hatte, auf den Plan. Azpilicueta reichte ihm den Ball. Havertz legte ihn in aller Ruhe auf dem Elfmeterpunkt ab, trat ein paar Schritte zurück und verwandelte den Elfmeter, der Chelsea den Weltmeistertitel einbrachte.

Azpilicueta bestätigte später, dass der Plan tatsächlich darin bestanden hatte, den Druck vom Elfmeterschützen zu nehmen. Chelsea hatte seine Hausaufgaben gemacht. Schon die ganze Saison über hatte Palmeiras ein einschüchterndes Gerangel um den Ball und den Schiedsrichter veranstaltet. Und auch Chelsea hatte diese Strategie schon angewandt. »Das war Taktik«, sagte Azpilicueta, »denn ich wusste ja, wie sie es machen, ich wusste, dass sie es auf den Schützen abgesehen hatten, deshalb habe ich den Ball genommen. Kai wusste, dass er schießen sollte, also wollten wir den Druck von ihm nehmen … Ich habe gewartet und mir alles angehört, was die Spieler mir zu sagen hatten, und ich glaube, es hat funktioniert, und das ist ja das Wichtigste.«[20] Ich war Zeuge der Erfindung des Elfmeter-Lockvogels geworden. Eine echte Innovation. Großartig!

Seither haben viele Teams auf der ganzen Welt diese Strategie kopiert – von Norwegen (Bodø/Glimt vs. Rosenborg, April 2022) bis Costa Rica (Alajuelense vs. Herediano, Mai 2022). Schweden wandte sie bei einem Unentschieden gegen Slowenien in der UEFA-Nations-League im März 2022 an. Und beide Nationalmannschaften der USA, sowohl die Frauen als auch die Männer, haben die Masche in entscheidenden Momenten erfolgreich eingesetzt: Die Frauen im CONCACAF-Endspiel gegen Kanada im Juli desselben Jahres, als Lindsay Horan alle Aufmerksamkeit auf sich zog, ehe schließlich Alex Morgan auf der Bildfläche erschien und schoss; die Männer im März 2022 im entscheidenden Qualifikationsspiel für die Weltmeisterschaft gegen Panama, in dem Jesús Ferreira für Christian Pulisic den Lockvogel spielte. Die USA perfektionierten die Täuschung: Es gab sogar Spieler, die so taten, als würden sie den Lockvogel vor den Aktionen der Gegner aus Panama schützen – ein äußerst kluger Schachzug.

Natürlich ist es günstig, wenn der Elfmeterschütze oder die Elfmeterschützin der gegnerischen Mannschaft nicht bekannt ist. Im März 2023 gab es einen klassischen Hochdruck-Elfmeter im Premier-League-Spiel zwischen Newcastle und Nottingham Forest. Es stand

1:1, als Newcastle in der 91. Minute Elfmeter bekam. Newcastles üblicher Elfmeterschütze, Callum Wilson, saß auf der Bank, aber den letzten Elfmeter für das Team hatte Alexander Isaak geschossen, und er wäre auch diesmal der naheliegende Kandidat gewesen. Doch Kieran Trippier war derjenige, der sich den Ball schnappte und zum Elfmeterpunkt ging. Er lieferte eine großartige Show ab, spielte die Rolle des Elfmeterschützen vollkommen glaubwürdig: Er legte die Kugel auf dem Punkt ab, nahm sie wieder hoch, als gegnerische Spieler herbeikamen, legte sie wieder ab …

Die Redakteure von Sky Sport hat er offenbar überzeugt: der Sender blendete sofort Trippiers Elfmeterstatistik ein. Sogar Newcastles Coach Eddie Howe sagte hinterher, er sei kurz »verwirrt« gewesen. Doch Keylor Navas, der Torwart von Nottingham Forest, fiel nicht darauf herein. Er beachtete Trippier gar nicht, sondern verließ den Strafraum, um mit Isak zu reden. Isak sagte später: »Manchmal kann man den Gegner reinlegen. Aber der Torhüter, Keylor, schien zu ahnen, dass ich schießen würde, also kam er direkt auf mich zu und versuchte, mich zu verunsichern. Wir haben unser Bestes getan.«[21] Isak traf, und Newcastle gewann das Spiel mit 2:1.

Arsenal ist unter den Top-Teams vielleicht die Mannschaft, die diese Strategie am weitesten getrieben hat, auch wenn der Klub den Vorteil hatte, dass es eine Zeit lang sehr schwer war, vorherzusagen, wer von seinen Spielern die Elfmeter übernehmen würde. In der ersten Hälfte der Saison 2023/2024 traten bei sieben Elfmetern für Arsenal fünf verschiedene Schützen an: Bukayo Saka, Martin Ødegaard, Kai Havertz, Fabio Vieira und Jorginho. Bei fünf der sieben Schüsse kam ein Lockvogel zum Einsatz, der den Ball erst im letzten Moment dem tatsächlichen Schützen übergab. Viermal war Saka derjenige, der zuerst den Ball nahm. Dreimal gab er ihn weiter, einmal schoss er selbst. Ødegaard nahm einmal den Ball und gab ihn an Saka weiter. Bei so vielen Varianten wird es für die Gegner sehr schwer zu erraten, auf wen sie sich bei ihren Psychospielen konzentrieren sollen, und auch der Torhüter kann sich schlechter auf den Elfer vorbereiten. Als ich Martin Ødegaard zu dieser Taktik von Arsenal befragte, erklärte er mir, das sei keine explizit geplante Teamstrategie gewesen, sondern etwas, das sich gewissermaßen organisch unter den Spielern entwickelt habe: »In den letzten Jahren haben immer mehr Spieler und Teams angefangen, diese Psychotaktiken einzusetzen. Den Elfmeterpunkt zertrampeln, auf den Schützen einreden und so weiter. Wir haben darüber nicht wirklich gesprochen, es ist einfach automatisch passiert. Zuerst entscheiden wir, wer den Elfmeter schießen wird. Dann kommt es drauf an, was der Schütze braucht. Will er, dass ich den Ball halte und so tue, als würde ich schießen, dann mache ich das. Wenn er den Ball selbst nehmen und sich einfach konzentrieren will, dann läuft es so. Es geht eigentlich nur darum, dass derjenige, der schießt, sich möglichst gut konzentrieren kann.«

Wie bei allen Bewältigungsstrategien gibt es auch hier keine Garantie, dass der Lockvogeltrick zu einem verwandelten Elfmeter führt, aber wenn er gut ausgeführt wird, kann so ein Teameinsatz eindeutig die Bedrohung durch die gegnerische Mannschaft verringern und damit den Druck mildern. Doch nicht nur das. Ødegaard: »Für uns geht es hauptsächlich darum, den Schützen zu schonen, aber das Ganze kann auch Auswirkungen auf den Torhüter haben. Wenn ich mit dem Ball in der Hand dastehe, könnte der Keeper darauf kommen, mich zu analysieren und ein paar Szenarien mit mir im Geiste durchzuspielen, und wenn dann plötzlich jemand anders vor ihm steht, muss er sich neu sortieren.«

Jubel nach dem Schuss

Sie haben soeben einen Elfmeter verwandelt. Jetzt haben Sie zwei Möglichkeiten. Sie können sich umdrehen und ruhig wieder in den Mittelkreis (im Falle eines Elfmeterschießens) oder in die eigene Hälfte (wenn das Spiel noch läuft) joggen. Oder Sie können etwas tun, was die Chancen Ihres Teams auf einen Sieg und den möglichen Pokal erhöht: Sie können Ihr Tor euphorisch feiern.

Im Torjubel liegt eine große Kraft. Nur wenige werden sich an die Einzelheiten von Megan Rapinoes Strafstoß in der 61. Minute des Weltmeisterschaftsfinales gegen die Niederlande erinnern, der der US-amerikanischen Frauenelf den entscheidenden 1:0 Vorsprung verschaffte. Aber an Rapinoes Jubelpose nach dem erzielten Tor erinnern sich alle: Brust raus, Arme weit zur Seite gestreckt, das Kinn hoch, im Gesicht ein leises Lächeln. Das Bild wurde zu einem ikonischen Coverfoto von *Sports Illustrated*. Und mehr noch – und das könnte der Grund sein, warum dieses Foto so beliebt ist: Die Pose und das Gesamtbild stimmen zu fast 100 Prozent mit dem überein, was in der Sozialpsychologie als der prototypische nonverbale Ausdruck von Stolz beschrieben wird: raumgreifende Körperhaltung, Kopf leicht nach hinten geneigt, Arme hoch ausgestreckt und ein leises Lächeln.[22]

Beeinflusst Jubel die anderen? Kann sich Jubel auf den Ausgang von Elfmeterschießen auswirken? Betrachten wir folgenden Moment der Fußballgeschichte: Argentinien trifft im Halbfinale der Weltmeisterschaft 1990 im San-Paolo-Stadion von Neapel auf Italien. Argentinien wird von Diego Maradona angeführt, der zufällig bei Neapel spielt – und dort ein legendärer Spieler ist, der an den beiden letzten Titelgewinnen des Clubs in der Serie A entscheidend beteiligt war. Maradona spielt also quasi zu Hause, aber für das auswärtige Team. Die Partie geht ins Elfmeterschießen – genau wie das vorherige Spiel Argentiniens gegen Jugoslawien, in dem Maradona seinen Schuss vergeben hat. Es liegt also einiges in der Luft, als Maradona jetzt vortritt, um Argentiniens vierten Elfmeter gegen Italien zu schießen.

Auf seinem Weg zum Strafraum wird er von einem ohrenbetäubenden Pfeifkonzert begleitet, das sogar noch lauter wird, als er Anlauf nimmt. Er zögert wie immer kurz … und dieses Mal funktioniert seine torwartabhängige Schusstechnik. Walter Zenga, der italienische Keeper, springt frühzeitig nach rechts, und Maradona kickt den Ball nur einen Meter links von der Mitte ins Tor.

Und dann geht er ab – rennt, wird immer schneller, breitet die Arme aus, brüllt triumphierend und dreht sich in wildem Jubel um die eigene Achse. Sein Ziel ist die argentinische Trainerbank an der Seitenlinie. Maradona wirft sich in die Arme der Trainer und feiert, als hätte er soeben im Alleingang den WM-Titel gewonnen. Bedenken Sie: Er hat noch nicht einmal das *Spiel* gewonnen, das Elfmeterschießen läuft noch. Allerdings nicht mehr lange. Als Nächster ist Aldo Serena für Italien dran. Ein erfahrener Stürmer, der sich dennoch von der Energie des Moments beeindrucken lässt: »Ich konnte kaum gehen. Meine Beine wollten mir nicht gehorchen. Als wären es gar nicht meine, als gehörten sie jemand anderem. Sie machten einfach nicht, was ich wollte.«[23] Er setzt auf Kraft, hämmert den Ball Richtung rechte Ecke. Aber Keeper Sergio Goycochea sieht den Schuss kommen, pariert, und die Gastgeber sind raus. Maradonas grandioser Jubel erweist sich als prophetisch. Argentinien steht im Finale.

Doch war der Jubel wirklich prophetisch oder ist etwas weit weniger Geheimnisvolles passiert? Wir haben eine Studie über das Verhältnis zwischen dem Torjubel einer Mannschaft und dem Endergebnis von Elfmeterschießen durchgeführt.[24] Die Analyse umfasst alle Schüsse in Elfmeterschießen bei Weltmeisterschaften und Europameisterschaften der Männer vor 2008; berücksichtigt wurden aber nur Elfmeter, bei denen die Bilanz vor dem Schuss ausgeglichen war (also wenn noch keins der beiden Teams einen Führungstreffer erzielt hatte[25]). Obwohl es dadurch bedingt nur wenige Beispiele waren, ließ sich doch ein deutlicher und signifikanter Zusammenhang zwischen Torjubel und Mannschaftsergebnis beim Shootout feststellen. Ein ausgiebiges Feiern der erzielten Tore steigerte die Aussichten, das Elfmeterschießen insgesamt zu gewinnen. Zum Beispiel gehörten 82 Prozent der Spieler, die beim Torjubel beide Arme hochrissen oder sie weit zur Seite ausstreckten, der Mannschaft an, die am Ende siegte. Interessanterweise hat dieses Verhalten auch die Wahrscheinlichkeit, dass der nächste gegnerische Schütze seinen Elfmeter vergab, maßgeblich erhöht, was dafür spricht, dass die gegnerische Mannschaft durch die Zurschaustellung großer Torfreude negativ beeinflusst wird. Und es gab zumindest schwache Hinweise darauf, dass nach großem Jubel über einen erzielten Treffer der Erfolg des nächsten eigenen Schützen wahrscheinlicher wurde.

Einiges davon wurde später unter Laborbedingungen noch einmal nachgestellt und überprüft. In vier Experimenten fanden deutsche und niederländische Forschende heraus, dass allein das Erleben des Jubels erfolgreicher Schütz*innen deutliche Auswirkungen auf die eigenen Gefühle, Gedanken und Leistungserwartungen hat.[26] Erfahrene Torhüter*innen, die gesehen hatten, wie gegnerische Elfmeterschütz*innen die eigene Leistung stolz bejubelten, rechneten damit, sich im Elfmeterschießen schlechter, gestresster und weniger zuversichtlich zu fühlen, und schätzten auch die eigene Leistung geringer ein, als wenn die Gegner*innen sich neutraler verhielten. Entsprechend rechneten erfahrene Feldspieler*innen, die gesehen hatten, wie ihre Mitspieler*innen nach verwandelten Elfmetern ihren Stolz zeigten, damit, sich besser und zuversichtlicher zu fühlen, und erwarteten eine bessere Leistung von sich selber beim Elfmeterschießen als diejenigen, die eine neutrale Reaktion bei ihren Mannschaftskamerad*innen erlebt hatten.

Einfach ausgedrückt kann es das eigene Team positiv und das gegnerische negativ beeinflussen, wenn man vor Selbstbewusstsein nur so strotzt und jubelnd die Arme hochreißt. Ich würde das nicht unbedingt auf nicht-sportliche Kontexte übertragen, denn etwa im Büro mit Luftsprüngen zu reagieren, wenn man im Meeting ein gutes Argument vorgebracht hat, dürfte wohl weder den Teamgeist stärken noch dem Ruf bei den Kolleg*innen dienlich sein. Anderseits habe ich es noch nie probiert, also wer weiß? Doch das generelle Prinzip, kleinere Siege zu feiern, um die kollektive Zuversicht zu stärken, erscheint durchaus Erfolg versprechend, auch im Büro.

Und beim Elfmeterschießen? Hier scheint der beste Rat zu sein, sich nicht zu zügeln.

Anreichen des Balls

Wie wir gesehen haben, ist es England bei der Weltmeisterschaft 2018 gelungen, seine langjährige Pechsträhne im Elfmeterschießen durch besonders gründliche Vorbereitung im Training zu überwinden. Eine der Schlüsselstrategien dieser Vorbereitung bestand darin, dass der englische Torhüter sich wann immer möglich den Ball schnappte und ihn dem nächsten englischen Schützen direkt übergab. Das war eindeutig eine Möglichkeit, mehr Kontrolle über die Situation zu erlangen. Und es hat funktioniert.

Nur leider beim nächsten Mal nicht mehr. Zwar hat es Jordan Pickford noch einmal mit derselben Übergabestrategie im Finale der Europameisterschaft 2020 gegen Italien versucht, doch drei englische Schützen vergaben ihre Elfmeter. Wie alle Strategien führt auch diese nicht immer zum Ziel – das spricht nicht unbedingt gegen die Strategie.

Liverpool bestritt in den letzten Jahren mehrere Elfmeterschießen, meistens erfolgreich. Seit die Mannschaft im Viertelfinale des Carabao Cup im Dezember 2021 Leicester schlagen konnte, hat sie jedes Elfmeterschießen gewonnen – vier Stück in Folge. Das mag Zufall sein, aber es könnte auch an der gründlichen Vorbereitung aufs Elfmeterschießen liegen, die Liverpool vor einiger Zeit eingeführt hat. Zu dieser Vorbereitung gehört die Arbeit mit dem deutschen auf Hirn- und Mentaltraining für Sportler spezialisierten Unternehmen *neuro11*, das von Liverpools Spielern und ihrem Coach Jürgen Klopp für ihren Anteil am Erfolg gepriesen wurde. Die Firma hilft Spielern bei der

Entwicklung einer Routine vor dem Schuss und misst während des Trainings auf dem Platz die Gehirnaktivität, um durch objektives Feedback die mentalen Fähigkeiten so zu trainieren, dass im Spiel auch unter Druck ein optimaler Zustand abrufbar wird. Seit zwei Jahren stehe ich mit dem Gründer und CEO der Firma, Dr. Niklas Häusler, in Kontakt. Er ist überzeugt, die Arbeit mit den Spielern von Liverpool habe es der Mannschaft ermöglicht, »psychologisch komplexe Situationen innerhalb des Spiels akkurater zu bewerten und sich gegenseitig besser zu unterstützen«. Ein Detail, das Liverpool perfektioniert hat, ist die Ballübergabe durch den Torwart. Die Mannschaft wandte diese Taktik zum ersten Mal beim Elfmeterschießen im Finale des FA Cup gegen Chelsea an. Der Keeper, Alisson Becker, reichte vor jedem Schuss dem nächsten Elfmeterschützen seiner Mannschaft den Ball. Die Art und Weise, wie Alisson das macht, ist bemerkenswert. Er positioniert sich an einer Stelle außerhalb des Strafraums, die auf einer Linie zwischen dem auf ihn zukommenden Spieler und der Mitte des Tors liegt. Dadurch verdeckt er dem Elfmeterschützen die Sicht auf den gegnerischen Torwart, und dieser hat auf seinem Weg zum Elfmeterpunkt einen vertrauten Mitspieler vor Augen. Wenn Alisson dann den Ball übergibt (er macht das immer direkt und ruhig, ohne ihn zu werfen, und oft gibt es noch einen kurzen körperlichen Kontakt dazu, er tätschelt etwa dem Spieler mit dem Handschuh den Kopf), betritt er gemeinsam mit dem Schützen den Strafraum. Im Endeffekt ist das eine clevere Art und Weise, das Zweierduell sozusagen als »zwei gegen einen« beginnen zu lassen, die dem Schützen maximale Unterstützung gibt. Häusler betont, wie wichtig diese Art von Beistand in Situationen großen Drucks ist, und fügt hinzu: »Die Mannschaft hat eine brillante Dynamik entwickelt, um sich gegenseitig zu helfen und die Bedürfnisse der anderen zu verstehen, wenn es drauf ankommt.«

Die Rolle des Unterstützers hat der Australier Andrew Redmayne 2022 im Playoff-Spiel um die WM-Teilnahme gegen Peru auf die Spitze getrieben. Sie erinnern sich an seine Tanzkünste und seinen moralisch fragwürdigen Wasserflaschenwurf; aber lassen Sie uns einen Moment darauf schauen, wie ernst er seine Rolle als Hauptbewacher des Elfmeterschützen auf dem Weg zum Punkt nahm. Er war nicht nur am Rand des Strafraums zur Stelle, um den Ball zu überreichen, und an der Seite des Schützen, wenn der den Strafraum betrat, sondern es sah ein paarmal sogar danach aus, als wolle Redmayne dem Schützen helfen, den Ball auf dem Punkt abzulegen. Einmal war auch zu beobachten, wie Redmayne im Strafraum wild in Richtung des peruanischen Torhüters gestikulierte und herumschimpfte.

Können Torhüter*innen in diesem Moment auch zu viel des Guten tun? Nun ja, manchmal vielleicht schon, aber es kommt darauf an. Beim Shootout zwischen Schweden und den USA im Achtelfinale der Frauenweltmeisterschaft 2023 übergaben beide Torhüterinnen vor jedem Schuss ihren Elfmeterschützinnen den Ball. Allerdings unterschied sich die Art und Weise, wie sie das machten, fundamental. Alyssa Naeher, die US-Keeperin, wartete mit dem Ball in den Händen zwischen Elfmeterpunkt und Strafraumrand, überreichte ihn zügig und joggte dann an die Seite. Schnell, effektiv, ohne Brimborium.

Zećira Mušović, die schwedische Torhüterin, hatte einen ganz anderen Stil. Sie ging breit lächelnd auf die Schützin zu, sprach mit ihr, reichte ihr den Ball und verließ dann langsam den Strafraum. Manchen der schwedischen Spielerinnen entlockte die gesprächige, freundliche Keeperin ein Schmunzeln, ein Lächeln oder ein paar Worte als Antwort. Sie schienen ihren Stil zu mögen, vielleicht half er ihnen sogar. Ein paar andere wirkten eher ernst, in sich gekehrt, weniger zum Plaudern aufgelegt. Als siebte Schützin war Lina Hurtig an der Reihe und hatte die Möglichkeit, Schweden zum Sieg zu schießen. Sie und Mušović tauschten bei der Ballübergabe ein paar scheinbar fröhliche Worte aus. Als man sie später fragte, worüber sie gesprochen hatten, sagte Mušović: »Sie hat mich gefragt, was passiert, wenn sie trifft. Ich wusste nicht, ob ich mich trauen sollte zu antworten, also sagte ich nur, sie solle einfach den Sch****ball ins Tor schießen.« Sie traf. Schweden siegte und war damit weiter.

Mušović spielte ein großartiges Spiel, parierte drei amerikanische Elfmeter und wurde verdient zur schwedischen Heldin. Und sie möchte unbedingt noch dazulernen. Als sie meine Tweets zu dem Elfmeterschießen sah, meldete sie sich bei mir. Im Gespräch erklärte sie, dass ihr Auftreten nicht einstudiert war: »Ich habe einfach spontan reagiert. Unter diesem großen Druck wollte ich meinen Mitspielerinnen einfach auf keinen Fall das Gefühl geben, dass sie ganz allein sind.« Dennoch ist die Frage erlaubt, ob eine lächelnde, gesprächige Torhüterin in solchen Stressmomenten der Schützin wirklich hilft oder auch hinderlich sein kann. Mušović sagte: »Ich habe bei jeder Mitspielerin anders kommuniziert. Manche kenne ich sehr gut, da weiß ich, dass eine entspannte Plauderei ankommt, während ich bei anderen eher ernst geblieben bin und einen direkteren Ton angeschlagen habe.« Das ist ein wichtiger Punkt. Die Ballübergabe ist eine Technik, die Fingerspitzengefühl und Einfühlungsvermögen erfordert.

Mittelkreisformationen

Wie wir gesehen haben, war es in den 1970er und 1980er Jahren noch üblich, dass sich die Spieler im Mittelkreis locker verteilten, einige saßen, andere standen. Manchmal mischten sich auch die Spieler beider Teams, und oft genug kamen auch die Trainer und andere Mitarbeitende dazu. In den 1990er Jahren bildete die Mannschaft dann schon eine engere Gruppe, stellte sich oft in einer Reihe auf, obwohl sich nach wie vor manche hinsetzten. Gegen Ende der 1990er Jahre und mit Beginn der 2000er fingen die Teams an, Formationen zu bilden, sich etwa mit untergehakten Armen in einer Kette auf der Mittellinie zu postieren. Und seit ungefähr 2010 steht jedes Team unweigerlich in solch einer dichten Formation auf der Mittellinie.

Hat diese dicht geschlossene Formation eine Funktion? Kann sein. Ein Team bildet in dieser Aufstellung buchstäblich eine Einheit und sendet Signale von Verschworenheit und Zusammenhalt aus. Und natürlich kann auch der Körperkontakt in einer so stressigen Situation beruhigend wirken, das haben viele Studien und unsere eigenen Experimente eindeutig bewiesen.[27] Dennoch glaube ich, dass die meisten Teams diese Formation in erster Linie deshalb anwenden, weil alle anderen es auch tun, ohne viel darüber nachzudenken.

Welche alternativen Formationen im Mittelkreis kommen infrage? Erstens gibt es keine Regel, die besagt, dass die Spieler und Spielerinnen auf der Mittellinie stehen müssen, auch wenn es alle tun. Vermutlich wirkt das Weiß auf dem Feld wie eine Orientierungshilfe, und wenn man sich in einer Reihe aufstellen will, ist das die nächstgelegene gerade Linie. Eine progressivere Formation wäre aber die Aufstellung am Rand des Kreises, denn da wären die Spieler und Spielerinnen 8 bis 9 Meter näher am Tor. Das würde den Gang zum und vom Elfmeterpunkt verkürzen, und das restliche Team wäre den Schützen und Schützinnen etwas näher. Außerdem stünde die Mannschaft damit 9 Meter vor der gegnerischen und würde ihnen den Rücken zukehren – zumindest so lange, bis es ihnen auffallen würde und sie ebenfalls nach vorne kämen, womit auf jeden Fall zu rechnen wäre. Doch damit hätten sie sich zu einer Reaktion zwingen lassen, und das könnte sich psychologisch zugunsten des proaktiven Teams auswirken.

Diese progressive Mittelkreisformation habe ich zum ersten Mal den niederländischen U21-Spielern vor der Europameisterschaft 2007 vorgeschlagen. Das Halbfinale gegen England in diesem Turnier endete, wie schon erwähnt, mit einem legendären Elfmeterschießen, das erst nach 32 Schüssen entschieden war. Die Niederländer stellten sich, so wie wir es ein paar Wochen zuvor besprochen hatten, am

Rand des Mittelkreises auf. Wie vermutet, folgte das englische Team ihnen sofort, aber die Spieler berichteten später, es habe sich trotzdem gut angefühlt, die Initiative ergriffen und dem anderen Team eine Reaktion entlockt zu haben.

Ein anderes Team, dem ich diese Aufstellung vorgeschlagen habe, war der belgische Club SV Zulte Waregem. Sie hatten mich eingeladen, etwa zwei Wochen vor dem belgischen Pokalendspiel 2017 gegen Oostende einen Vortrag vor der Mannschaft zu halten. Eigentlich ging es darin um gruppendynamische Prozesse und Zusammenhalt im Allgemeinen, und die Präsentation war schon geplant, bevor das Trainerteam wusste, dass die Mannschaft es ins Pokalfinale schaffen würde. Im Vorfeld bat man mich dann, doch auch ein paar Minuten übers Elfmeterschießen zu sprechen, also nahm ich ein paar Punkte dazu in meinen Vortrag auf, unter anderem den Vorschlag, sich statt auf der Mittellinie am Rand des Mittelkreises zu positionieren.

Es schien kein besonders gutes Omen zu sein, als am Tag meiner Präsentation im Gebäude des Trainingsplatzes plötzlich der Strom ausfiel. Der Vortrag wurde um zwei Stunden verschoben und schließlich aus dem schönen hellen Saal des neuen Trainingszentrums in eine alte, dunkle Cafeteria am Stadion verlegt. Trotzdem lief alles glatt, und als es im Pokalendspiel tatsächlich zum Elfmeterschießen kam, machte die Mannschaft alles so, wie wir es besprochen hatten, inklusive der Formation am vorderen Rand des Mittelkreises. Alle vier Schützen trafen, und der Torhüter hielt zwei gegnerische Schüsse. Das Team gewann den Pokal und qualifizierte sich für die Europa League 2017/2018.

Nach dem Match erzählten die Spieler belgischen Presseleuten von dem norwegischen Elfmeterspezialisten, der sie besucht hatte, und kurz darauf klingelte bei mir das Telefon. Natürlich sagte ich, dass der Club ein Kunde von mir war und ich daher keine Auskünfte geben könne. Doch dann rief mich der Club an und meinte, es könne ihrem Image nützen, wenn in der Presse von ihrer ausführlichen Planung und Vorbereitung auf das Elfmeterschießen berichtet würde, also sprach ich mit den Medien – und verdiente mir damit meine 15 Minuten Ruhm in Belgien, leider auch durch ein superpeinliches falsches Zitat. In einem der Berichte wurde mir folgender Satz in den Mund gelegt: »Ich habe mir das Finale im Livestream angeschaut, und als das Elfmeterschießen anfing, wusste ich sofort, dass Zulte Waregem gewinnt!«[28]

Also, es stimmt, dass ich das Spiel im Livestream gesehen habe. Aber bisher hat mir meine Elfmeterforschung noch keine hellseherischen Fähigkeiten beschert, und ich verfüge nicht über die Superkraft, den Ausgang eines Elfmeterschießens vorherzusagen, auch wenn ich das wirklich gerne könnte. Und was meine Zuversicht zu Beginn des Shootouts betrifft … also, ich bin kaum je so nervös wie in solchen Momenten, wenn ein Team, das ich beraten habe, ins Elfmeterschießen kommt. Und das war in diesem Fall nicht anders. Ich war ein Nervenbündel.

Ein weiteres Team, das die progressive Mittelkreisformation anwandte, war der FC New York City. Unter ihrem norwegischen Coach Ronny Deila, dem ich ein paar Jahre zuvor meine Erkenntnisse zum Thema präsentiert hatte, gewann der Club 2021 zum ersten Mal überhaupt einen MLS-Titel, und zwar nachdem sie sowohl im Viertelfinale gegen New England Revolution als auch im Finale gegen die Portland Timbers das Elfmeterschießen gewonnen hatten. In beiden Partien bauten sich die Spieler von New York City sofort am vorderen Rand des Mittelkreises auf, worauf das gegnerische Team reagierte, indem es sich ebenfalls dort aufstellte.

Deila erwähnte später meine Vorträge, an denen er teilgenommen hatte, und erklärte, die Positionierung sei so geplant gewesen: »Du bist dann näher am Schützen dran. Und der Gang zum Punkt wird kürzer.« Zusätzlich hatte die Strategie einen psychologischen Grund: »Du kontrollierst das Feld. Du gibst den Ton an.«[29] Im Mittelkreis läuft ein

Kampf ums Territorium, warum also nicht versuchen, den Raum zu dominieren? Martin Ødegaard hat mir etwas Ähnliches erzählt: »Die meisten Mannschaften stellen sich einfach an der Mittellinie auf. Ich habe das Gefühl, es geht darum, die Kontrolle zu übernehmen. Wir wollen hier stehen, also stehen wir hier. Man wird leicht ein bisschen passiv und überlässt der Situation, oder anderen, die Kontrolle.« Typisches Beispiel: Arsenal positionierte sich beim Elfmeterschießen gegen Porto im Achtelfinale der Champions League 2023/2024 vorne am Mittelkreis.

Spielt es eine Rolle, an welcher Seite des Kreises das Team sich positioniert, links oder rechts? Nicht unbedingt, aber manchmal vielleicht schon. Auf der Seite der Bank mit den Trainerteams und den Ersatzspielern oder Ersatzspielerinnen ist es leichter für die Coaches, während des Elfmeterschießens mit ihren Schützlingen zu kommunizieren, was von Vorteil sein kann. Psychologisch kann es dem Team auch nützen, nah am Rest der Mannschaft und ihrem Trainerteam zu sein – so spüren sie die Unterstützung der eigenen Leute stärker. Andererseits kann es auch Momente geben, in denen die Spieler und Spielerinnen entspannter sind, wenn eine gewisse Distanz zum Trainer oder der Trainerin besteht. Das ist genauso wie im regulären Spiel, wo ein Flügelspieler oder eine Außenverteidigerin manchmal einen gänzlich anderen Eindruck von der ersten und der zweiten Halbzeit einer Partie haben, je nachdem, wie die Reaktion des Trainers oder der Trainerin ausfiel, wenn sie auf der Bankseite spielten.

Interessant ist auch, dass in den Regeln nicht steht, dass die Spieler und Spielerinnen im Mittelkreis stillstehen müssen. Dennoch tendieren die meisten dazu, so als sei alles andere verboten. Körperlich betrachtet ist es widersinnig, sich über 120 Minuten lang im Spiel zu verausgaben, dann aber urplötzlich für 5 bis 10 Minuten zum Standbild zu erstarren, ehe man den vielleicht wichtigsten Schuss seines Lebens abliefern muss. Auch mental ist das passive Warten ohne jede Aufgabe nicht unbedingt vorteilhaft, denn es kann Stress und Druck verstärken. Bewegung ist gut in dieser Lage, und man kann sie sich auf mindestens zwei Arten verschaffen.

Warum nicht zum Beispiel die Teamformation ein bisschen dynamischer gestalten, etwa indem man sich während des Shootouts um den Mittelkreis herumbewegt? Das Team könnte sich ohne Weiteres nach einer vorher festgelegten Choreographie im Mittelkreis von vorn nach hinten und wieder zurück bewegen. Abgesehen davon, dass die Spieler und Spielerinnen so in Bewegung kämen, würde das auch für die gegnerische Mannschaft ein reichlich unvorhersehbares Umfeld erzeugen. Alternativ könnten die Möglichkeiten des Torjubels ausgeschlachtet werden. Hier eine Idee, die 2007 im Gespräch mit dem niederländischen U21-Team geboren wurde: Alle lösen sich aus der Teamformation und feiern individuell jeden erzielten eigenen Treffer und auch jeden Fehlschuss der gegnerischen Mannschaft. Das lockert nicht nur verhärtete Muskeln, sondern bringt auch Feuer und positive Energie ins eigene Team. Und auch das könnte das gegnerische Team irritieren, denn es ist ja kein Geheimnis, wie nervig es sein kann, wenn Sportler*innen sich für kleine Siege übertrieben laut bejubeln. Als New York City im Elfmeterschießen gegen die Portland Timbers 2021 den MLS Cup gewann, musste der Linienrichter die Spieler zurechtweisen, weil sie Tore und parierte Schüsse übermäßig feierten. Offenbar hat das Team diesen Teil der Strategie ebenso umgesetzt wie die progressive Formation im Mittelkreis.

Obwohl auch hier zur Wahrheit gehört, dass es keine Garantien gibt und die Jubelstrategie sich in zahlreichen Fällen nicht bewährt hat. Man denke nur an die Niederlande im Elfmeterschießen gegen Argentinien bei der WM 2022. Das niederländische Team stand im Mittelkreis immer 1 bis 2 Meter vor dem argentinischen, bejubelte jedes Tor euphorisch und bewegte sich während des gesamten Prozesses insgesamt recht viel. Doch die argentinischen Spieler ließen sich zu keiner Zeit dominieren, taten es ihren Kontrahenten gleich und gewannen schließlich das Match.

Erling Haaland gehört der seltenen Kategorie von Fußballern an, die zugleich extreme Individualisten und hervorragende Teamplayer sind. Sein Torhunger ist weltbekannt. Er sucht ständig nach Torschussmöglichkeiten, es ist geradezu eine Obsession. Von daher ist ein Elfmeter für Haaland eine willkommene Gelegenheit, den Ball aus einer komfortablen Position heraus einzunetzen. Es schreckt ihn nicht, einen Elfmeter schießen zu müssen, es ist ihm eine Freude, mehr Belohnung als Bedrohung, und folglich ein wertvolles Gut, das verschenkt und gehandelt werden kann.

Im Oktober 2019 spielte Haaland mit Red Bull Salzburg zu Hause gegen Rapid Wien. Nach einer halben Stunde Spielzeit bekam Salzburg einen Elfmeter, nachdem Haaland im Strafraum vom Torhüter zu Fall gebracht worden war. Haaland war eigentlich der designierte Elfmeterschütze, doch als er nach dem Gerangel wieder auf den Beinen war, überließ er den Ball dem Ungarn Dominik Szoboszlai, unserem alten Bekannten aus dem zweiten Kapitel mit der starken, torwartunabhängigen Schusstaktik. Ein weiterer RB-Spieler mischte sich ein: Der Südkoreaner Hwang Hee-chan schien ebenfalls schießen zu wollen. Doch Szoboszlai behielt den Ball.

Zu diesem Zeitpunkt hatte Haaland in der österreichischen Liga bereits 11 Tore in 11 Spielen erzielt, während Szoboszlai nur drei geschossen hatte, keins davon in den letzten fünf Spielen. Als Szoboszlai diesen Elfmeter mit einem typischen harten Schuss in die linke Ecke verwandelt hatte, war Haaland als Erster bei ihm, umarmte und schüttelte ihn wie verrückt, während er mit hocherhobenem Kopf ein wildes Triumphgeheul losließ. Szoboszlai wirkte anfangs nur erleichtert, dass seine torlose Phase damit beendet war, aber dann konnte er nicht anders als über seinen Mitspieler zu lachen, der außer Rand und Band geraten schien.

Keine zwei Minuten später wiederholte sich das Ganze. Haaland stürmte in den Strafraum, war viel schneller als der gegnerische Verteidiger und wurde zu Fall gebracht. Wieder Elfmeter. Wieder gab Haaland den Ball ab. Diesmal an den zuvor übergangenen Hwang. Dieses Mal ging der Plan allerdings nicht auf. Hwangs schlecht platzierter Schuss auf die rechte Seite war leicht zu halten. Wieder war Haaland der Erste, der beim Schützen war, den er diesmal mit einem freundschaftlichen, tröstenden Schulterklopfen bedachte.

Weitere vier Minuten später stürmte Haaland erneut in den Strafraum, blieb diesmal aber auf den Beinen und traf. Nach dem Spiel zeigte sich Salzburgs US-amerikanischer Trainer Jesse Marsch nicht besonders glücklich darüber, wie es mit den Elfmetern gelaufen war: Haaland war der designierte Elfmeterschütze, er hätte den Ball nicht weitergeben dürfen. Marsch gab zu, dass es keine große Rolle spielte, weil das Team gewonnen hatte, aber er fügte mit finsterem Blick hinzu: »Darüber werden wir noch reden müssen.«[30] Später, nachdem sowohl Marsch als auch Haaland zu anderen, größeren Clubs gewechselt waren, blickte Marsch auf dieses Spiel zurück und sagte über Haaland: »Ich habe bei ihm in den sechs Monaten, in denen ich mit ihm zusammengearbeitet habe, keinen einzigen egoistischen Moment erlebt. Wir hatten eine Phase, da hat er alle Elfmeter seinen Mitspielern überlassen, weil er einfach die positive Energie mit den anderen teilen wollte. Ich musste schließlich eingreifen und sagen, nein, Erling wird unsere Elfmeter schießen.«

In seinem Buch *Geben und Nehmen* unterteilt der Organisationspsychologe Adam Grant die Menschen in Nehmer, Tauscher und Geber. Nehmer sind Menschen, die versuchen, so viel wie möglich von anderen zu bekommen, Tauscher geben zurück, was immer sie erhalten, und Geber sind zufrieden, wenn sie anderen mehr geben können als sie zurückbekommen. Am erfolgreichsten in der Berufswelt sind tatsächlich die Geber. Studien unter Ingenieur*innen, Medizinstudent*innen und Vertriebsleuten zeigen zum Beispiel, dass die oberen Stufen der Karriereleiter überwiegend von Geber*innen besetzt werden. Seltsamerweise gilt jedoch das Gleiche für die untersten Stufen. Menschen, die immer nur geben, werden irgendwann ausgenutzt. Man übergeht sie, nutzt sie aus und mit der Zeit nimmt ihre Leistung ab. Es ist also sehr wichtig, die richtige Art von Geber zu sein.

Kommen wir kurz zu Haaland zurück. Im September 2020 bestritt Borussia Dortmund, der Club, zu dem Haaland von Salzburg wechselte, das erste Bundesligaspiel der neuen Saison gegen Borussia Mönchengladbach. Nach 53 Spielminuten gab es Elfmeter für Dortmund, und Jadon Sancho, der wenige Tage zuvor in einem Pokalspiel einen Elfmeter verwandelt hatte, schnappte sich den Ball und machte sich bereit. In dem Moment ging Haaland zu ihm und schien hinter vorgehaltener Hand etwas mit ihm zu verhandeln. Sancho wirkte nicht sehr begeistert von dem Vorschlag, der ihm unterbreitet wurde, konnte sich aber offenbar ein Lächeln nicht verkneifen. Einen Augenblick lang schien Sancho seine Optionen abzuwägen, dann gab er zögernd den Ball aus der Hand, den Blick verlegen grinsend gesenkt. Haaland hatte ihm gerade den Elfmeter abgeluchst – aber eindeutig auf eine Art und Weise, die es Sancho schwer machte, abzulehnen. Haaland legte sich den Ball zurecht. Es folgte ein kluger, gut platzierter, torwartabhängiger Schuss. Tor.

Später in der zweiten Halbzeit schoss Haaland mit Sanchos Hilfe ein zweites Tor, meiner Meinung nach das spektakulärste Tor seiner gesamten Laufbahn. Kurz nach einem Eckstoß sprintete Haaland in unglaublichem Tempo fast über das gesamte Feld, um hinter die Verteidiger zu kommen und Sanchos perfekt getimten und geschossenen Pass anzunehmen. Jubelnd stürzte er sich geradezu auf Sancho vor Begeisterung über das Tor, das sie soeben gemeinsam erzielt hatten.

Diese Geschichten zeigen, dass Haaland ziemlich gut auf Grants Modell des erfolgreichen Gebers passt, denn er ist einer, der strategisch gibt. Ein gutmütiger Riese. Er ist sowohl altruistisch als auch ehrgeizig. Er gibt, aufrichtig und großzügig, versteht sich aber auch darauf, andere zu lenken und Beziehungen so zu gestalten, dass er nicht ausgenutzt wird. Wenn es besser für die Mannschaft ist, dass er selbst den Elfmeter schießt (wie es in der Episode mit Sancho vielleicht war), zögert er nicht, sondern bringt seine Wünsche zum Ausdruck, kämpft vielleicht sogar darum und nimmt sich, was er haben möchte. In seiner Rolle als Stürmer und potenzieller Torschütze ist er vollkommen von seinen Mitspielern abhängig, denn er ist darauf angewiesen, dass sie ihm den Ball zuspielen, sobald er sich in einer günstigen Position befindet. Wenn sie nie etwas von ihm bekommen, passen sie vielleicht seltener zu ihm. Also muss Haaland geben, um etwas zurückzubekommen. Trotzdem ist er ein echter Teamplayer. Wenn es besser für die Mannschaft ist, gibt er den Strafstoß ab, überlässt die Torchance gerne einem Mitspieler. Haaland gibt also wohlüberlegt.

Das heißt allerdings nicht, dass seine Großzügigkeit bei allen gut ankommt. Ein paar Jahre nach den obigen Beispielen, im Mai 2023, trat Haaland wieder einen Elfmeter an einen anderen Spieler ab. Dieses Mal im Spiel mit Manchester City gegen Leeds United, in der 83. Minute, als Man City relativ entspannt mit 2:0 vorne lag. İlkay Gündoğan hatte beide Tore für Man City geschossen, und Haaland wollte ihm Gelegenheit geben, durch einen dritten Treffer seinen ersten Hattrick zu erzielen. Doch Gündoğan traf den Pfosten, und die Chance war vertan. Pep Guardiola, Man Citys Trainer, war sauer. Die Bilder zeigen, wie er Haaland anschrie: »Erling, du schießt!« Zu allem Übel traf Leeds knapp eine Minute später zum 1:2, und plötzlich war das Spiel wieder offen. Man City gewann schließlich, aber natürlich wurde Guardiola hinterher zu dem Elfmeter befragt. Er sagte: »Das zeigt, wie nett und großzügig Erling ist. Aber das Spiel ist noch nicht vorbei. Wenn es 4:0 steht und noch zehn Minuten bleiben, okay. Aber bei 2:0? Erling ist zurzeit unser bester Elfmeterschütze, also muss er schießen.«

Interessanterweise machte Arsenal im September 2023 im Spiel gegen Bournemouth etwas Ähnliches, und einige Leute reagierten darauf sehr heftig, obwohl alles gut ging. Beim Stand von 2:0 für Arsenal überließen Saka und Ødegaard dem hochkarätigen Neuzugang der Saison, Kai Havertz, einen Elfmeter, den normalerweise einer von ihnen beiden geschossen hätte. Havertz hatte nach 20 Einsätzen immer noch nicht getroffen, und sein erstes Tor für Arsenal würde ihm offensichtlich viel bedeuten. Er verwandelte den Elfmeter zum 3:0, und Mannschaft und Fans jubelten begeistert mit ihm.

Doch Steve Nicol, früher bei Liverpool, mittlerweile Experte bei ESPN, nannte das unprofessionell und bezog in seiner Kritik einen eher althergebrachten, auf kurzfristige Erfolge ausgelegten Standpunkt. Sakas und Ødegaards Verhalten kommentierte er so: »Entweder *du* übernimmst den Elfmeter, oder *du*. Einer von euch beiden. Nichts mit ›Ach, komm, lass uns lieb und nett sein und ihn Havertz schenken.‹«[31]

Doch Fußball ist ein komplexes soziales und psychologisches Spiel, das von echten Menschen gespielt wird. Um das meiste aus ihnen herauszuholen, sind solche strategischen Geschenke, für welche die derzeit aktive Spielergeneration einen Raum geschaffen hat, vielleicht nicht in jeder Situation der beste Weg, sich drei Punkte zu sichern. Aber sie sind großzügig und menschlich und werden sich auf lange Sicht auch auszahlen.

KAPITEL 5

Den Umgang mit dem Druck trainieren

»Normal ist genug.«
Skisprungtrainer Mika Kojonkoski

Es ist ein wunderschöner Sonntagmorgen unter klarem blauen Himmel. Perfekte Flugbedingungen. Sie haben die Startfreigabe vom Tower bekommen und geben sachte Gas. Die Maschine nimmt Fahrt auf, es drückt Sie in Ihren Cockpitsitz, dann hebt sich die Nase des Flugzeugs von der Landebahn. Aufmerksam überwachen Sie die Instrumente. Die Steigrate sieht gut aus, die Startbahn liegt hinter ihnen, also holen Sie das Fahrwerk ein. Sie steigen auf eine Höhe von 500 Fuß, alles läuft glatt. Es sieht gut aus für den zweistündigen Flug, der vor Ihnen liegt.

Und dann – *PENG!* Ein heftiger Ruck geht durch die Maschine, danach herrscht beängstigende Stille. Sie ziehen am Gashebel, aber nichts passiert. Der Motor ist aus. Neustartversuche bleiben ohne Reaktion. Ihr Puls beschleunigt sich. Das Flugzeug befindet sich jetzt im Gleitflug – und laut Höhenmesser sinkt es bereits. Sie versuchen, die Panik zu bekämpfen und gehen Ihre Möglichkeiten durch. Was sehen Sie durch die Frontscheibe? Vor Ihnen befinden sich Bäume und Hügel – schwieriges Terrain. In Ihrem Rücken liegt die sichere Landebahn. Aber Sie müssen rasch handeln, denn dieses Flugzeug bleibt nicht mehr lange in der Luft.

Das ist der kritische Augenblick. Weiterfliegen und nach einem Landeplatz suchen? Oder umkehren? Sie müssen sich entscheiden, und zwar jetzt. Sie entschließen sich, umzukehren. Immerhin ist sie doch da, die Landbahn, gleich hinter ihnen, oder? Ein schnelles Wendemanöver und in kürzester Zeit haben Sie wieder Boden unter den Füßen.

Sie leiten eine Kurve ein. Schön langsam. Das Flugzeug neigt sich in die Kehre. Doch dann scheint es plötzlich ein Eigenleben zu entwickeln. Der Horizont ist nicht mehr direkt vor Ihnen, er erscheint links im Seitenfenster, und der Boden kommt mit erschreckender Geschwindigkeit auf Sie zu. Sie versuchen, das Flugzeug wieder hochzuziehen, aber es reagiert nicht. Nur der Boden kommt näher und näher, Alarme schrillen und die Kontrollleuchten auf dem Armaturenbrett spielen verrückt, während Sie am offenbar toten Steuerknüppel zerren.

Und dann wird alles schwarz.

In diesem Moment ertönt eine ruhige Stimme hinter Ihrem Kopf. »Hoppla«, sagt der Ausbilder hinter Ihnen im Simulator. »Eine scharfe Kurve ohne Motorunterstützung. Keine gute Idee. Unter 1000 Fuß nie umkehren. Einfach weiterfliegen und nach einem geeigneten Landeplatz Ausschau halten.«

Dann wird der Computer zurückgesetzt, und Sie versuchen es noch einmal.

Flugsimulatoren waren in der Pilotenausbildung schon vor dem Zweiten Weltkrieg üblich, um den Notfall zu proben. Als Flugpassagiere wissen wir das alle zu schätzen. Auch in der medizinischen Ausbildung werden heute routinemäßig Simulatoren eingesetzt, insbesondere beim Üben komplexer Operationen. Beruhigend zu wissen. Simulatoren finden auch bei der Vorbereitung von Militäroperationen und bei der Ausbildung von Astronaut*innen Einsatz.

Pilot*innen, Chirurg*innen, Soldat*innen, Astronaut*innen – ihnen allen ist bewusst, dass in ihrem Arbeitsumfeld Versagen reale und irreversible Folgen hat. Sie arbeiten nicht nur unter immensem Druck, sie trainieren im Voraus dafür, weil sie überzeugt sind, dass man sich auf Stress vorbereiten und ihn abmildern kann. In diesen Berufsfeldern hat man umfangreiche Erfahrungen damit, hohen Druck zu simulieren, wie er etwa in einem Kriegsgebiet, in einem Operationssaal, auf der Internationalen Raumstation ISS oder im Cockpit eines in Schwierigkeiten geratenen Flugzeugs herrscht. Und alle, die dort arbeiten, profitieren sehr davon.

Dennoch hält sich in der Welt des Fußballs nach wie vor hartnäckig und weit verbreitet die Überzeugung, man könne den hohen Druck eines Elfmeterschießens nicht simulieren.

Ein prominenter Vertreter dieser Annahme ist Didier Deschamps, der 1998 Frankreich als Mannschaftskapitän zum WM-Titel geführt hat, was ihm 2018 als Trainer ein zweites Mal gelang. Im Jahr 2016 erklärte Deschamps, dass er nie für Elfmeter trainiert habe. Seine Begründung? »Weil ich denke, dass ein entspanntes Elfmeterschießen im Training nicht vergleichbar ist mit dem enormen Druck im Spiel.«[1]

Nach der Niederlage Frankreichs im Elfmeterschießen gegen Argentinien im Finale der Weltmeisterschaft 2022 äußerte sich Deschamps erneut zu diesem Thema: »Im Training ist man allein. Man schafft es nie, die Bedingungen eines Spiels zu simulieren. So ein Finale mit all seinen Emotionen, vor Publikum, die Positionierung der Schützen, all das lässt sich nicht vorbereiten.«

Immerhin räumte er ein, dass ein paar Elferübungen am Ende einer Trainingseinheit einen gewissen Wert haben. Aber keinen großen. »Wenn die besten Schützen im Training einen, zwei, drei, vier Elfmeter schießen, warum nicht? Ich bezweifle, dass es viel bringt, aber das ist nur meine Meinung. Deshalb mache ich auch keine speziellen Trainingseinheiten dazu. Am Ende des Trainings kann es schon mal vorkommen, dass die Offensivspieler zum Schießen bleiben, aber mehr nicht.«[2]

Mit dieser Ansicht ist Deschamps unter seinen Landsleuten nicht allein. Auch Mickaël Landreau, ein ehemaliger Torhüter, der in 11 Länderspielen für Frankreich angetreten ist, sieht keinen Sinn darin, Elfmeter zu trainieren: »Es ist unmöglich, sich dabei in die Situation eines Spiels zu versetzen. In so einem Moment hast du 120 Minuten in den Beinen und stehst unter Wahnsinnsdruck, so was geht im Training einfach nicht.«

Nur zur Erinnerung: Frankreich hat in jüngerer Zeit keine gute Bilanz im Elfmeterschießen, die Nationalmannschaft hat die letzten drei verloren (2006, 2016 und 2022) und seit ihrem ersten Elfmeterschießen bei der Weltmeisterschaft 1982 lediglich drei von acht Elfmeterschießen gewonnen (38 Prozent Siege). Ob das vielleicht doch am mangelnden Training liegt? Oder ist es einfach nur Pech?

Nicht wenige angesehene Trainer aus der ganzen Welt würden Deschamps zustimmen. Als Carlo Ancelotti, einer der erfolgreichsten Trainer aller Zeiten, im Januar 2023 gefragt wurde, ob er Real Madrid auf die Möglichkeit eines Elfmeterschießens in einem bevorstehenden Spiel vorbereitet habe, winkte er nur ab: »Ganz ehrlich, Elfmeterschießen trainieren wir nur am Rande. Es ist unmöglich, die reale Atmosphäre eines wichtigen Elfmeters im Training nachzustellen.«[3]

Der legendäre Johan Cruyff sah das genauso: »Ich glaube auch nicht, dass es viel bringt, Elfmeter zu trainieren. Es kann ja nicht darum gehen, ob man es hinbekommt, den Ball zu schießen – das ist wirklich kein Kunststück. Nein, es kommt darauf an, ob man das in einem tobenden Stadion, unter enormem Druck, schafft. So was kann man auf dem Trainingsplatz nie und nimmer nachstellen.«[4]

Und auch Bayern-Trainer Niko Kovač meinte vor dem Achtelfinale im DFB-Pokal 2019 zwischen Bayern München und Hertha BSC Berlin klipp und klar: »Das kann man gar nicht simulieren … Im Training macht man jeden rein, aber wenn 40.000 oder 50.000 pfeifen …«[5]

Pep Guardiola, ein Schützling von Cruyff, sagt dazu: »Klar kann man Elfmeter trainieren, aber die Spannung des echten Moments, die kann man nicht nachspielen.«[6]

Selbst Trainer, die ihre Spieler Elfmeter häufig üben lassen, halten es für unmöglich, sich auf den Druck vorzubereiten. Luis Enrique, der Trainer Spaniens bei der WM 2022 in Katar, meinte dazu: »Vor über einem Jahr haben wir den Spielern in vielen Trainingslagern gesagt: ›Ihr habt Hausaufgaben vor der WM. Ihr müsst mindestens 1000 Elfmeter mit dem Verein üben.‹ Ich glaube nicht, dass es wie Lotto ist. Wenn du viel trainierst, wirst du auch besser. Natürlich kann man den Druck und die Spannung nicht wirklich proben, aber man kann damit umgehen lernen.«[7]

Doch selbst nach 1000 Trainingselfern konnten die Spanier bei der Weltmeisterschaft der Männer nicht überzeugen. Spanien verlor im Achtelfinale das Elfmeterschießen gegen Marokko, nachdem seine drei Elfmeterschützen Pablo Sarabia, Carlos Soler und Sergio Busquets vergaben. Dreitausend Trainingselfmeter und kein einziges Tor!

Solche Fälle verstärken die Vorstellung, dass ein Elfmeterschießen doch Glückssache ist. Wie könnte es auch anders sein, wenn Training offenbar nicht hilft? Spricht es nicht Bände, dass einige der weltbesten Fußballtrainer ihre Spieler unvorbereitet ins Elfmeterschießen schicken?

Doch was, wenn sich mit allen Wassern gewaschene und hochintelligente Trainer darin irren, dass man Drucksituationen nicht trainieren kann? Ist es entgegen aller gängigen Fußballweisheit vielleicht doch möglich, Druck so zu simulieren, dass Spieler und Spielerinnen ihre Elfmeter auch unter höchster Anspannung sicherer im Tor versenken?

Bevor wir über diese Frage nachdenken, stellen Sie sich einen Moment lang vor, dass Sie ein Gespräch mit einer Chirurgin führen, die am folgenden Tag einen heiklen Eingriff bei Ihnen vornehmen soll.

Sie: »Sie haben das doch geübt, oder?«

Die Chirurgin: »Na ja, so ein bisschen, wozu man halt so kommt kurz vor Feierabend. Aber die Operation als Ganze … Wissen Sie, die reale Anspannung, wenn dann der Patient auf dem OP-Tisch liegt und man das Skalpell in der Hand hat, das kann man einfach nicht nachstellen. Das hat einfach nicht viel Sinn, meinen Sie nicht auch?«

Ich mag mich irren, aber ich denke, Sie würden hoffen, dass die Chirurgin doch geübt hat. Und ich glaube, dass ein Simulationstraining für das Elfmeterschießen genauso nützlich ist wie ein Simulationstraining für Operationen. Es freut mich, dass ich mit meiner Meinung nicht ganz allein dastehe.

Thomas Tuchel, der bereits Chelsea, PSG und Bayern München trainiert hat, meint dazu: »Wir üben Elfmeterschießen vor jedem Spiel, in dem es zu einem kommen kann. Ob man es schafft, den Druck, die Erschöpfung, all das, was auf dem Spiel steht, die Tagesform zu simulieren? Nein, das nicht. Aber wir glauben trotzdem, dass wir an bestimmten Mustern, einem gewissen Rhythmus und an speziellen Routinen beim Elfmeterschießen arbeiten können.«[8]

Und hier Lionel Scaloni, der Trainer, der mit Argentinien nun drei wichtige Elfmeterschießen in Folge gewonnen hat, über das Training vor dem Spiel gegen die Niederlande, das in ein Elfmeterschießen mündete: »Wir schießen immer Elfmeter«[9], und: »Wir haben Elfmeter geübt, vor und nach dem Training.«[10]

Nach der Weltmeisterschaft räumte Scaloni zwar ein, es sei schwierig, Druck zu simulieren, doch er glaube weiter an den Nutzen von Training: »Wenn Leute hinter dem Tor stehen … mit 80.000 Menschen im ganzen Stadion, da ist es nicht dasselbe, wie im Training zu kicken. Aber ich glaube, dass es etwas bringt. Man bekommt ein Gefühl für den Ball, für den Schuss.«[11]

Gehen wir etwas weiter zurück in die Geschichte, ins Jahr 2002, als die WM in Japan und Südkorea ausgetragen wurde. Der Niederländer Guus Hiddink, der Südkorea trainierte, führte eine echte Neuerung im Training fürs Elfmeterschießen ein. Vor ein paar Jahren besuchte ich Hiddinks zu Hause in Amsterdam. Er ist eine beeindruckende Persönlichkeit mit einer großartigen internationalen Karriere: Er war Trainer in zehn Ländern und bei einigen der berühmtesten Vereinen der Welt, darunter Real Madrid und Chelsea. Hinzu kommen sein Interesse für andere Kulturen und seine tiefe Überzeugung, dass Spieler in erster Linie Menschen sind. Dies alles macht ihn zu einem Trainer, der in Hinblick auf psychologische Einsichten viel zu bieten hat.[12] Zu den Vorbereitungen Südkoreas auf das WM-Viertelfinale gegen Spanien im Jahr 2002 gehörte auch das Elfmeterschießen.[13]

»Am Abend zuvor haben wir Elfmeter geübt. Ich habe jeden Spieler einen schießen lassen. Einen einzigen. Kein zweiter Versuch, das war's.«

Das war so ziemlich das Gegenteil dessen, was Enrique den spanischen Fußballern mit seinen 1000 Elfern abverlangt hatte. Hiddinks Überlegung dabei war, dass bei der Beschränkung auf einen einzigen Versuch mehr Druck auf dem Elfmeter lasten würde, was der Situation bei einem echten Elfmeterschießen näher kommt. Es ging ihm nicht um die Schusstechnik, sondern um den Druck.

Hiddink entwickelte seine besondere Art der Elfmetersimulation: »Die Elfmeterschützen mussten unter den Augen aller anderen Spieler über das gesamte Spielfeld zum Elfmeterpunkt gehen. Das ist ganz schön weit, wenn man 100 Meter zu gehen hat, um seinen Ball zu treten. Da gehen einem eine Menge Gedanken durch den Kopf.«

Hiddink ließ die Spieler also nicht einfach von der Mittellinie aus zum Elfmeterschießen antreten, wie es in manchen Teams üblich ist. Bei ihm starteten sie vom gegenüberliegenden Strafraum, was einen speziellen Aspekt des Elfmeterschießens zwar übertreibt, aber auch den Fokus stärker auf den Druck als auf den Schuss selbst legt: »Man konnte gut sehen, wie ihre Körper auf die Anspannung reagierten«, sagte Hiddink, »jeder hatte dabei seine eigene Mimik, seine spezielle Art zu laufen.«

Ob Tor oder nicht, das spielte bei diesem Arrangement keine Rolle: »Wenn jemand verschoss, haben wir einfach weitergemacht, als wäre nichts passiert. Dann kam eben der nächste dran.«

Und wie ging die Sache dann aus?

»Am nächsten Tag kam es tatsächlich gegen Spanien zum Elfmeterschießen, und alle fünf Schüsse gingen rein. Es war einfach herrlich. Erst wollte keiner schießen, dann haben alle getroffen.«

Damit erreichte Südkorea als erstes Team Asiens überhaupt das Halbfinale einer Weltmeisterschaft (verlor aber am Ende nach einem Tor von Ballack in der 75. Minute gegen Deutschland).

Ausgehend von Hiddinks Ansatz wollen wir also untersuchen, wie man Druck trainieren kann, wie sich die Wirkung einer solchen Vorbereitung überprüfen lässt und schließlich darlegen, wie sich all dies auf das Elfmeterschießen im Fußball anwenden lässt.

Leistungsdrucktraining – funktioniert das?

Training für Leistungsdruck beruht im Wesentlichen auf einer recht einfachen Idee: Menschen, die leichtem Stress ausgesetzt werden, kommen mit einem höheren Stresslevel besser zurecht.[14] Konkret bedeutet das, dass Training unter einer bestimmten Form von Druck die Fähigkeit erhöht, später in einer vergleichbaren Situation auch höheren Belastungen standzuhalten. Hinweise darauf, dass das funktioniert, kann man in ganz verschiedenen Bereichen finden.

Die Biologie zeigt beispielsweise, dass die Überlebensfähigkeit eines Organismus durch leichten Stress steigt, weil dies Mechanismen aktiviert, die vor ähnlichem oder stärkerem Stress schützen.[15] Das bekannteste Beispiel dafür stellen Impfstoffe dar. Man aktiviert das Immunsystem mit einem abgeschwächten Virus, damit sich bis zum Kontakt mit dem echten Virus ein Immunschutz entwickelt. In vergleichbarer Weise, so die Überlegung, erzeugt eine geringe Stressdosis Widerstandsfähigkeit gegen ähnlichen und höheren Stress zu einem späteren Zeitpunkt.

Vielleicht können wir das Training von Leistungsdruck demzufolge wie eine Art Impfprogramm verstehen. Durch die Anwendung von

Mikrodosen von Druck wird man geimpft und reagiert damit in der Zukunft weniger empfindlich auf stärkeren Druck. Aus dieser Perspektive betrachtet, führt das Erleben von Stress eher zu posttraumatischem Wachstum als zu einem anhaltenden Trauma – und damit zu einer Verbesserung der eigenen Fähigkeit, mit Stress umzugehen. Der Statistiker und Bestsellerautor Nassim Nicholas Taleb bezeichnet das Vermögen eines Systems, seine Fähigkeiten zu steigern und sich infolge von Stress weiterzuentwickeln, als »Antifragilität«.[16] Unter diesem Gesichtspunkt betrachtet, profitieren wir sogar von Stress.

Forschungen an Tieren bestätigen diese Ergebnisse. Nagetiere und Primaten, die moderatem Stress ausgesetzt sind, erweisen sich später im Vergleich zu solchen, die hohem oder geringem Stress ausgesetzt sind, in neurobiologischer, neuroendokrinologischer, kognitiver und affektiver Hinsicht sowie im Verhalten anpassungsfähiger.[17] Eine Studie zeigt beispielsweise, dass Affen, die als Jungtiere eine kurze Zeit von ihren Müttern getrennt wurden, nach neun Monaten nicht nur weniger Angst- und Stresssymptome zeigen, sondern im Vergleich zu einer Kontrollgruppe im späteren Leben auch eine höhere kognitive Kontrolle, mehr Neugier und ein größeres Gehirn entwickeln.[18]

Eine andere Reihe von Studien weist nach, dass bei Tieren die Folgen einer Stresserfahrung davon abhängig sind, inwieweit sie Kontrolle über diesen Stress ausüben können. Wird ein Tier beispielsweise unvermeidbaren und unvorhersehbaren Stromschlägen ausgesetzt, reagiert es mit übertriebener Angst, allgemeiner Unsicherheit und entwickelt ineffektive Bewältigungsstrategien, ein Phänomen, das oft als »erlernte Hilflosigkeit« bezeichnet wird. Sind die Tiere jedoch in der Lage, die Stromschläge durch ihr eigenes Verhalten zu vermeiden, haben sie viel mehr Kontrolle über die Situation, und das Gesamtergebnis ist eine höhere Resilienz.[19]

Diese Prinzipien, die sich in biologischen Systemen und bei Tieren beobachten lassen, gelten auch für den Menschen. Moderater Stress in den ersten Lebensmonaten wird im Allgemeinen mit einer Reihe positiver Folgen im späteren Leben in Verbindung gebracht: einer höheren Stressresistenz, geringerer Ängstlichkeit, höheren kognitiven Fähigkeiten und allgemein besserer Lebensqualität.[20] So kommen frisch verheiratete Paare, die in den ersten Monaten ihrer Ehe moderaten Stress erleben, in der Folge besser mit den neuen Belastungen einer möglichen Elternschaft klar als Paare, die aus ihrer Anfangszeit keinen Stress kennen.[21]

Spezifischer auf den Sport bezogen, zeigt eine Reihe von Studien, dass Spitzensportler*innen mit höherer Wahrscheinlichkeit in ihrer frühen Kindheit mit Widrigkeiten und Traumata zu kämpfen hatten als Athlet*innen von niedrigerem Rang.[22]

Die Forschenden befragten beispielsweise 32 ehemalige britische Sportlerinnen und Sportler, von denen 16 mehrfach Medaillen bei großen Turnieren gewannen und 16 auf sehr hohem Niveau Leistungen erbrachten, aber keine Medaillen gewannen.[23] Es ergab sich, dass es in der frühen Jugend aller 16 Medaillengewinner und -gewinnerinnen ein dramatisches negatives Ereignis gegeben hatte (Tod eines nahen Familienangehörigen, Scheidung der Eltern, instabiles häusliches Umfeld oder erzwungene Trennung von den Eltern), während nur vier derer, die keine Medaillen gewannen, in ihrer Vergangenheit mit solchen Erfahrungen konfrontiert waren. Bei 14 der Medaillengewinner und -gewinnerinnen trat dieses negative Ereignis kurz vor einem positiven, entscheidenden sportbezogenen Ereignis auf (beispielsweise als sie ihren Sport, eine*n wichtige*n Trainer*in oder Mentor*in fanden oder einen inspirierenden sportlichen Moment erlebten). Das spricht dafür, dass der Sport für sie in gewisser Weise eine Lücke füllte oder das negative Erlebnis diese jungen Menschen womöglich sogar erst dazu motiviert hat, diesen Weg einzuschlagen. Jedenfalls hat das traumatische Grunderlebnis die Entwicklung dieser Sportlerinnen und Sportler nicht behindert, sondern sie eher gefördert.

Ähnliches wurde auch im Fußball beobachtet. Eine Studie mit Spielern der berühmten Jugendakademie von Ajax Amsterdam kam zu dem Schluss, dass jene, die schließlich Elite-Fußballer werden, dreimal so oft geschiedene Eltern haben wie jene, die nicht bis in die Spitze aufsteigen.[24] Zwar gibt es auch Studien, die keinen Zusammenhang zwischen Trauma und positiver Entwicklung sehen,[25] dennoch argumentieren einige Sportentwicklungsforscher, Talente bräuchten Traumata als Entwicklungsinstrument.[26] Dies ist natürlich kein Argument dafür, junge Sportler*innen mit schlimmen Dingen zu konfrontieren, um mehr Leistung aus ihnen herauszuholen. Aber tauschen wir doch einmal den Begriff »Trauma« gegen den Begriff »Herausforderung« aus und übertragen dies auf den rein sportlichen Kontext. Hilfreiche kleine Herausforderungen, denen junge aufstrebende Athlet*innen ausgesetzt werden könnten, wären zum Beispiel Wettkämpfe auf einem höheren Niveau als dem, das sie gewohnt sind, ein Aufwärmtraining mit Profis bei einer wichtigen Veranstaltung oder ein Elfmeterschießen in der Halbzeitpause einer gut besuchten Profiveranstaltung. Bei sorgfältig geplanter und zeitlich passender Durchführung und unter aufmerksamer Beobachtung, wie sie damit zurechtkommen, könnten solche Herausforderungen jungen Athlet*innen einen Schub geben, einzuüben und zu verbessern, wie sie mit einem höheren Stresslevel umgehen können – etwas, das letztlich alle, denen hohe Leistung abverlangt wird, kaum früh genug lernen können.

Ein Team der Vrije Universiteit Amsterdam hat in einer Reihe von Experimenten recht elegant die Auswirkungen von Training unter Stress nachgewiesen.[27] In einem dieser Experimente wurden 24 Personen nach dem Zufallsprinzip einer Versuchs- und einer Kontrollgruppe zugeordnet. Sie übten, Dartpfeile zu werfen, wobei ihnen bewusst geringfügig Angst bereitet wurde. Diese Angst wurde auf verschiedene Weise hervorgerufen. Beispielsweise wurden die Trainingseinheiten mit einer Videokamera aufgezeichnet und den Teilnehmenden gesagt, die Aufnahmen seien für eine Fernsehsendung vorgesehen, in der Expert*innen ihr Verhalten analysieren würden. Oder, etwas hinterhältiger, man erklärte den Teilnehmenden, sie seien mit einer anderen Person gepaart und würden gemäß ihrer kombinierten Ergebnisse beide eine Belohnung erhalten – nur dass die andere Person bereits geworfen hätte, sodass es nun allein an ihnen läge, den Preis für beide zu sichern. Bei anderen Tests wurde ihnen gesagt, bei jedem sechsten Wurf gäbe es die doppelte Punktzahl und ihre Ergebnisse würden anschließend allen Teilnehmer*innen bekannt gegeben.

Die Erhebung von Selbsteinschätzungen zeigte, dass dieses Training tatsächlich für leichte Unruhezustände sorgte. Am Ende mussten alle Teilnehmenden ihre Würfe von einem winzigen Vorsprung aus machen, der sich in vier Metern Höhe an einer Indoor-Kletterwand befand. Die Selbstauskunft und Pulsmessungen bestätigten, dass dieser Test bei allen hohe Angstwerte hervorrief. Die Teilnehmenden, die das Training unter der künstlich induzierten Verunsicherung absolviert hatten, schafften es, ihr bisheriges Leistungsniveau im Dartwerfen auch unter diesen Bedingungen zu halten. Die Kontrollgruppe, die unter angstfreien Bedingungen trainiert hatte, schnitt deutlich schlechter ab.

Dieses Experiment zeigt etwas sehr Wichtiges: Es ist nicht nötig, das hohe Stressniveau einer tatsächlichen Prüfungssituation perfekt zu reproduzieren, damit ein Leistungsdrucktraining signifikante Wirkung hat. Es kann ausreichen, mit einem geringen Stressniveau zu trainieren. Zwar müsste man diese Studie unter deutlich realistischeren Bedingungen replizieren, doch lassen sich aus ihr eindeutige Schlussfolgerungen für das Training von Elfmeterschießen im Fußball ziehen. Sie sollte allen Trainer*innen zu denken geben, die überhaupt keine Elfmeter üben lassen, weil sie denken, der damit verbundene Leistungsdruck ließe sich nicht zu 100 Prozent simulieren. So wie Soldat*innen von Spezialeinheiten Monate und Jahre militärische Operationen trainieren, ohne jemals den echten Stress, dem man im Krieg unter Feuer ausgesetzt ist, zu erleben, könnte man auch im Fußball unvollkommene Simulationen von Elfmeterschießen durchführen. Es ist zu erwarten, dass die Spieler*innen dadurch besser vorbereitet sind als diejenigen, die überhaupt nicht trainieren.

Was sagen andere Forschungsergebnisse? Eine Auswertung von 47 Studien über Maßnahmen zur Verhinderung des Chokings unter Leistungsdruck ergab, dass diese im Allgemeinen die Leistung verbessern.[28] Die untersuchten Studien wurden nach ihren theoretischen Ansätzen zum Thema Choking in verschiedene Kategorien eingeteilt. Die für uns interessanteste betraf Tests unter dem Stichwort Akklimatisierung, also Training unter Bedingungen, die Druck imitieren. Insgesamt wurden 10 Studien in diesem Bereich ausgewertet, in denen ein Training unter Umständen, die Befangenheit oder leichte Angst erzeugten, positive Auswirkungen zeigte.

Eine weitere Auswertung von 23 Studien über die Wirksamkeit von Maßnahmen zur Bewältigung von Leistungsdruck betrachtete verschiedene Interventionskategorien wie Ausbildung, Beratung, Simulation und Gefühlsregulierung.[29] Sie kamen weitgehend übereinstimmend zu dem Ergebnis, dass sich durch ein Simulationstraining, bei dem die Teilnehmenden unter Druck gesetzt werden, die größten Leistungsverbesserungen im Vergleich zur Kontrollgruppe ergeben. Die Forschenden kamen zu dem Schluss, dass die Simulation von Leistung unter Druck kontextspezifische Kompetenz und Selbstvertrauen förderte sowie die Möglichkeit eröffnete, in einem kontrollierten Umfeld Bewältigungsstrategien zu entwickeln.

Schließlich wurde eine Metaanalyse mit 14 Studien über Drucksimulationstraining im Sport (10 Studien) und in der Polizeiarbeit (4 Studien) durchgeführt.[30] Leistungsdruck wurde in diesen Tests durch Beurteilung (beispielsweise Bewertung), Belohnung (Geldpreise) oder Bestrafung (wer verliert, macht die Umkleidekabine sauber) erzeugt. Im Gesamtresultat ergab sich, dass ein Leistungsdrucktraining einen moderaten bis größeren positiven Effekt auf die Leistung hat. Eine sehr gute Nachricht – Drucktraining scheint zu funktionieren. Es verändert das Verhältnis der Sportler*innen zum Druck. Es ermöglicht ihnen zu denken: »Ja, der Druck, dem ich in meiner Rolle wahrscheinlich ausgesetzt sein werde, ist unangenehm, aber ich kann das trainieren, mich anpassen und den Druck unter Kontrolle bringen.«[31]

Regelmäßiges Leistungsdrucktraining wirkt sich positiv aus, aber zu viel des Guten schwächt die Wirkung ab. Training unter Leistungsdruck mit gebührendem Zeitabstand, dazu gelegentliches Auffrischungstraining (in gewisser Weise vergleichbar mit Auffrischungsimpfungen), scheinen am sinnvollsten zu sein.

Allerdings besteht eine schmale Grenze zwischen der bewussten, zeitweiligen und mit Abstand wiederholten Anwendung von Druck zur Steigerung der Leistungsfähigkeit in Situationen mit hohem sportlichem Leistungsdruck und dem Missbrauch dieser Technik.[32] Nicht auszuschließen ist, dass Trainer*innen mit dem Argument des Leistungsdrucktrainings übermäßig harte Trainingseinheiten entwickeln könnten. So etwas ist nicht zu billigen. Menschen reagieren unterschiedlich auf Drucktraining. In Abhängigkeit von Alter, Erfahrung und Persönlichkeit können einige viel, andere weniger von einem solchen Training profitieren, während es wieder anderen schwerfällt oder gar ihr Selbstvertrauen schwächt und somit genau das Gegenteil des gewünschten Ergebnisses erzeugt.[33] Alles kommt auf die richtige Dosis und das richtige Timing an.[34] Und natürlich muss man immer die Zustimmung der Beteiligten einholen.[35]

Training von Leistungsdruck beim Elfmeterschießen

José Mourinho, Trainer des Elfmeterspezialisten Harry Kane bei Tottenham von 2019 bis 2021, sagte: »Harry entscheidet vor dem Spiel, sogar ein paar Tage vor dem Spiel, wie er einen Elfmeter schießen wird. Dann übt er diesen Schuss 3 bis 4 Tage.«[36] Damit ist Kane nicht allein.

Alle guten Elfmeterschützen und -schützinnen, mit denen ich gesprochen habe, sind davon überzeugt, dass es sich lohnt, Elfmeter zu trainieren. So antwortete mir Robert Lewandowski auf die Frage, warum er am Elfmeterpunkt so erfolgreich ist, ganz schlicht: »Übung. Elfer nach dem Training, mehrmals pro Woche. Regelmäßig. Für meine Schusstechnik will ich einfach die beste Lösung finden. Es gibt immer irgendwas zu verbessern, oder ich versuche, irgendwas zu verfestigen.« Ganz ähnlich Martin Ødegaard: »Ich schieße im Training 1 bis 3 Elfmeter, zwar nicht jeden Tag, aber oft. Im Durchschnitt vielleicht einen Elfmeter pro Tag. Oft nach dem regulären Training. Gegen den Torwart.« Maren Mjelde berichtete mir von ihrem entscheidenden Elfmeter in der Verlängerung gegen Lyon: »Am Tag vor dem Spiel habe ich im Training fünf Elfmeter probiert, jeden mit einem anderen Schuss, um zu spüren, was mir am besten liegt. So einen, wie ich ihn am Ende reingemacht habe, habe ich auch am Tag zuvor im Training geschossen.« Celso Borges brachte es auf diese kurze Formel: »Ich kenne keine guten Elfmeterschützen, die nicht dafür trainieren.« Es ist ihnen eben in Fleisch und Blut übergegangen. Spieler und Spielerinnen auf diesem Niveau sind Spitzenperformer, die sich durch tägliches Training Kompetenz und Selbstvertrauen aufgebaut haben.

Die große Frage ist jedoch: Wie nutzt man dieses Wissen, um für den intensiven Druck zu trainieren, dem man beim Elfmeterschießen ausgesetzt ist? In gewisser Weise erzeugt allein schon die Durchführung eines nachgestellten Elfmeterschießens im Training einen gewissen Druck. Eine solche Elfmetersimulation haben wir mit der norwegischen Frauenmannschaft im Rahmen ihrer Vorbereitungen für die Weltmeisterschaft 2023 in Australien und Neuseeland durchgeführt. Um den Druck zu erhöhen, ließen wir die Spielerinnen wissen, dass ihre Schüsse von Trainern, Trainerinnen und Fachleuten bis ins kleinste Detail seziert und analysiert würden. Ich als Elfmeterspezialist baute mich neben dem Elfmeterpunkt auf, um den Spielerinnen schon bei der Vorbereitung auf ihren Schuss das Gefühl zu vermitteln, geprüft und beurteilt zu werden. Maren Mjelde, die Kapitänin dieser Mannschaft, beschrieb es so: »Wenn man im Training ein Elfmeterschießen macht, geht der Puls hoch, weil das eine ziemlich unangenehme Situation ist, in der jede Spielerin im Rampenlicht steht. Man tut das, was man auch in einem Spiel tun würde. Man trifft seine eigene Entscheidung, probt seine eigene Routine. Selbst wenn die Zuschauerränge leer sind und dein Elfmeter keine Folgen hat, man muss ihn irgendwie proben. Für mich bringt es auf jeden Fall etwas. Und viele Teams, die dann in eine solche Situation geraten, bedauern wahrscheinlich, dass sie sich nicht besser darauf vorbereitet, es nicht trainiert haben.«

Manche Mannschaften setzen hier inzwischen bereits auf Hightech. Der FC Liverpool veranstaltet ein Neurofeedback-Training, bei dem die Spieler an einen Computer angeschlossen sind, der ihre Gehirnströme vor und während des Schusses misst. Die kontinuierliche Rückmeldung über die Gehirnströme der Spieler während des direkten Ballkontakts erleichtert es, aktiv an einem optimalen emotionalen Zustand vor dem Schuss zu arbeiten. Niklas Häusler erklärt dazu: »Während unseres Trainings helfen wir den Spielern, unmittelbar vor einem Elfmeter oder einer Standardsituation bestimmte Hirnaktivitäten zu aktivieren und dort länger und tiefer zu verweilen.« Zum Einsatz kommt auch Augmented Reality, eine Technologie, von der wir in diesem Bereich sicherlich noch mehr sehen werden. In einer jüngst veröffentlichten Studie wurde ein Elfmetertraining mit holografischen Torhütern durchgeführt, um systematisch torwartabhängige Elfmeter zu trainieren – mit positiven Ergebnissen.[37]

Doch wie steht es um das Elfmeterschießen im Speziellen? Im Jahr 2012 veröffentlichten wir eine qualitative Studie zum subjektiven Erleben der Ausführenden bei einem EM-Elfmeterschießen.[38] Aufbauend auf diesen Beschreibungen erstellten später andere Forschende ein sechsstufiges Protokoll, um diese Art von Druck in einer Trainingsumgebung zu simulieren und nachzustellen. Dann testeten sie, inwieweit 16 Profifußballer durch diese Simulation im Vergleich zu einer Kontrollbedingung mit geringerem Druck beeinflusst wurden.[39]

Im Einzelnen beinhaltete die Simulation unter hohem Druck folgende Elemente: 1) den Gang von der Mittellinie und die Rückkehr zur Mittellinie nach einem Schuss, 2) lärmendes Publikum, 3) die Ankündigung, dass die Spieler in einem direkten Wettbewerb miteinander stünden und anschließend eine Rangliste ihrer Ergebnisse erstellt werde, 4) den Hinweis, dass der Trainer ihre Leistung anschließend per Video auswerten wird, 5) zufällig ausgewählte Ziele, auf die die Teilnehmer vor jedem Schuss schießen sollten, und 6) die Ankündigung, der Torwart werde bei zwei ihrer Schüsse vorab über die Schussrichtung informiert. (Tatsächlich waren der direkte Wettbewerb und die Bewertung durch den Trainer nur vorgetäuscht. Bei diesem Test ging es um den Einfluss möglicher, nicht tatsächlicher Folgen.)

Die Ergebnisse zeigten, dass die Simulation in der Tat die Spieler beeinflusste. Sie schätzten den Druck signifikant höher ein, hatten größere kognitive Angst, ein geringeres Selbstvertrauen, waren stärker abgelenkt und verzeichneten höhere Atemfrequenzen im Vergleich zu einem Elfmeterschießen unter Kontrollbedingungen mit geringem Druck. Insgesamt lassen die Ergebnisse den Schluss zu, dass auch die Simulation eines Elfmeterschießens einen ausgeprägten psychologischen Einfluss auf Elfmeterschütz*innen haben kann, ähnlich der Teilnahme an einem echten Elfmeterschießen. Mit anderen Worten: Im Gegensatz zu den Behauptungen der Skeptiker lässt sich der Druck eines Elfmeterschießens tatsächlich und mit positivem Nutzen im Training simulieren, zumindest bis zu einem gewissen Punkt.

Elfmetertraining: die Erfahrungen Kanadas

Die kanadische Frauen-Nationalmannschaft belegte im Sommer 2021 zu Beginn des aufgrund der Coronapandemie um ein Jahr verschobenen olympischen Fußballturniers in Tokio Rang acht der Weltliste. Ihre Trainerin Bev Priestman hatte die Messlatte vor dem Turnier sehr hoch gelegt, indem sie den Einzug ins Finale zum selbstverständlichen Ziel erklärte. Andere hatten da gedämpftere Erwartungen, und das nicht ohne Grund: In den letzten 11 Spielen gegen Top-10-Nationen hatte das Team 8 Niederlagen eingesteckt und nur einen Sieg errungen.

In der Gruppenphase des olympischen Turniers gelang den Kanadierinnen mit einem Sieg und zwei Unentschieden der knappe Einzug in die K.-o.-Phase. Damit hatte das Team immerhin eine gewisse Zähigkeit bewiesen.

Und dann vollbrachten die Kanadierinnen eine der größten Elfmeterleistungen in der Geschichte des Fußballs. Zunächst schlugen sie Brasilien im Viertelfinale, das durch Elfmeterschießen entschieden wurde. Im Halbfinale trafen sie dann auf den Turnierfavoriten, die USA. In einem sehr engen Spiel stand es 15 Minuten vor Schluss 0:0, als Kanada einen Elfmeter zugesprochen bekam. Die dreiundzwanzigjährige Jessie Fleming trat an und verwandelte. Endstand: 1:0. Im Finale traf das Team auf Schweden und geriet in der ersten Halbzeit in Rückstand. Dieser Spielstand hielt sich bis zur 67. Minute, als Kanada einen weiteren Elfmeter zugesprochen bekam. Wieder Jessie Fleming. 1:1. Somit musste auch dieses Spiel im Elfmeterschießen entschieden werden. Nach einem dramatischen Duell mit mehreren torlosen Versuchen auf beiden Seiten wurden die Kanadierinnen schließlich Olympiasiegerinnen, nicht zuletzt dank ihres Könnens beim Elfmeterschießen.

Die kanadischen Frauen waren im Elfmeterschießen einfach unschlagbar. Wie haben sie das geschafft? Was war ihr Geheimrezept? Oder hatten sie einfach nur Glück?

Womöglich hat auch Fortuna ein wenig mitgemischt, vor allem im Finale, aber es gab auch ein Rezept. Wie Alex Hodgins, der Trainer des Teams für mentale Leistungsfähigkeit, mir erzählte, hatte man schon vor langer Zeit mit Vorbereitungen auf ein Elfmeterschießen begonnen. »Wir hatten schon immer unser Elfmeter-Protokoll, wie wir es nannten«, erklärte Hodgins. »Das war ein Dokument, das wir über fast ein Jahrzehnt entwickelt und ständig aktualisiert hatten. Wir hatten eine Strategie für Strafstöße und für Elfmeterschießen. Und Protokolle für beides.«

Kanada hat diesen Plan im Laufe der Jahre immer weiter verfeinert, auch wenn das Team nicht häufig zu Elfmeterschießen antreten musste.

»Vor 2021 hatten wir in den neun Jahren, in denen ich mit dem Team gearbeitet habe, nur ein einziges Elfmeterschießen bestritten. Das war ein kleines Turnierfinale, völlig unbedeutend. Aber wir waren immer auf den Fall der Fälle vorbereitet.«

Im Fokus der Aufmerksamkeit stand dabei unter anderem die Zeit zwischen dem Freigabepfiff und dem Anlauf zum Schuss.

»Die Forschungen zum Anpfiff und die Länge der Wartezeit vor dem Anlauf waren für mich außerordentlich interessant. Ich fand es noch nie gut, wenn Spielerinnen sofort nach dem Pfiff loslaufen. Wir haben immer versucht, unseren Spielerinnen beizubringen, nicht einfach nur auf die Pfeife zu reagieren, aber auch nicht zu lange zu warten. Wir wollten den perfekten Zeitpunkt trainieren.«

Anschließend arbeiteten sie intensiv an den Routinen der Spielerinnen vor dem Schuss.

»Wir haben Informationen über Routinen bereitgestellt. Wir haben uns NFL-Kicker angeschaut. Sie gehen ein paar Schritte zurück und ein paar Schritte zur Seite. Jeder hat es ein bisschen anders gemacht, aber wir wollten ja auch, dass alle ihren individuellen Ablauf finden. Das sorgt für ein Stück Kontrolle in einer sonst sehr unkontrollierbaren Umgebung.«

Jessie Fleming, die damals für Chelsea spielte, trat bei den Olympischen Spielen vier Elfmeter, zwei im Spiel und zwei im Elfmeterschießen. Bei jedem dieser Schüsse war ihre Routine die gleiche.

»Jessie trat drei Schritte zurück. Einen Schritt zur Seite. Dann holte sie tief Luft und führte einen inneren Dialog mit sich selbst. Als der

Pfiff ertönte, hat sie noch einmal tief durchgeatmet, was ich sehr gut finde. Ich kann mir vorstellen, dass dieser Atemzug die Torhüterinnen ein wenig aus der Fassung bringt, sind sie doch daran gewöhnt, dass Elferschützinnen sofort losrennen.«

Dass die kanadische Trainerin und ihr Team der Pause vor dem Anlauf und insgesamt der Routine der Elfmeterschützinnen so viel Aufmerksamkeit schenkten, schien auch ihrer Torwartin zugutezukommen.

»Ich fand es sehr intelligent, dass unsere Torwartin viele der Informationen, die wir unseren Elfmeterschützinnen gegeben hatten, wie beispielsweise über das Abwarten, übernommen und dann für sich genutzt hat. Wenn der Ball auf den Elfmeterpunkt gelegt wurde, stand sie direkt daneben und ging dann langsam und mit so einem breiten Grinsen im Gesicht zurück. Als Elfmeterschützin hätte mich das total auf die Palme gebracht, und wer weiß, vielleicht bringt es ja Spielerinnen tatsächlich aus der Fassung. Sie hat einen fantastischen Job gemacht. Und sie hat so viele Elfmeter gehalten.«

Zu dieser Strategie gehört es auch, ein Elfmeterschießen zu einem Teamereignis zu machen.

»Wir hatten eine Spielerin, die auf keinen Fall schießen wollte. Sie ist aber das Herz und die Seele des Teams. Deshalb wollte sie diejenige sein, die die Spielerinnen nach ihrem Schuss abholt. Egal, ob sie ein Tor geschossen hatten oder nicht, sie ging ihnen auf halbem Weg entgegen, damit sie sich nicht so einsam fühlten. Alle hatten immer das Gefühl, Teil von etwas zu sein, nicht allein auf sich gestellt, denn es ist ein langer Weg, den man da schweigend zurücklegen muss, wenn man ganz allein zurückgeht.«

Dennoch ging manches sehr knapp zugunsten des kanadischen Teams aus, vor allem im Finale. Hätten die Schwedinnen ihren fünften Elfmeter verwandelt, hätten sie die Goldmedaille gewonnen. Jener Elfmeter wurde von einer außergewöhnlichen Fußballerin ausgeführt, Caroline Seger, die mit 221 Länderspielen so oft wie keine andere Spielerin – und auch kein anderer Spieler – in der europäischen Fußballgeschichte für ihr Land antrat. Stephanie Labbé, Kanadas Torhüterin, versuchte natürlich, Seger nervös zu machen, indem sie sich am Rande des Torraums positionierte und sich dann ewig Zeit ließ, um sich an der Torlinie aufzustellen. Beim Anblick von Labbés Mätzchen wandte Seger ihr einfach den Rücken zu, nachdem sie den Ball auf den Elfmeterpunkt gelegt hatte, trat vom Ball zurück und musste dann mehr als 15 Sekunden auf den Pfiff warten. Das ist eine außergewöhnlich lange Zeitspanne bei einem Elfmeterschießen. Als dann der Freigabepfiff ertönte, reagierte Seger schnell und schoss den Ball hoch über die Latte. Chance verpasst. Kanada war noch im Spiel.

Seger sagte später zu diesem Elfmeter: »Ich war mir völlig sicher, dass ich das Tor machen würde. Die Torwartin bewegte sich nicht einmal in die richtige Richtung, aber dann flog der Ball viel zu hoch. In so einem Moment ist man am Boden zerstört.«[40]

Die nächste nach Seger war Deanne Rose, die nun unbedingt ein Tor erzielen musste, um Kanada im Spiel zu halten. Rose, 22 Jahre alt, nahm auf die gleiche Weise Abstand zum Ball wie Jessie Fleming, nach Art der NFL-Spieler: lange Schritte, die auf eine überlegte und einstudierte Routine schließen lassen. Sie ließ sich vier Sekunden Zeit nach dem Freigabepfiff. Nicht zu kurz, nicht zu lang. Dann versenkte sie den Ball in der rechten oberen Ecke. Es war wahrscheinlich der am besten getretene Elfmeter des Turniers, und das unter enormem Druck. Zwar hechtete die schwedische Torhüterin frühzeitig in die richtige Ecke, doch diesen Schuss hätte kein Torhüter und keine Torhüterin der Welt gehalten. Das Elfmeterschießen wurde schließlich durch zwei weitere Schüsse in der Sudden-Death-Phase entschieden – ein schwedischer Fehlschuss und ein kanadisches Tor –, doch Roses Leistung war vielleicht Kanadas stärkster Beweis dafür, was Routinen vor einem Schuss bringen können. Und zugleich ein eindrucksvolles Zeugnis für die Wirkung von Training.

»Vor dem Elfmeterschießen in Tokio haben wir mit Sicherheit vier komplette Generalproben durchgeführt. Drei vor Beginn des Turniers. Und dann eine direkt nach dem Ende der Gruppenphase.«

Dass sie dies mit vielen der Spielerinnen schon über etliche Jahre gemacht hatten, ermöglichte es ihnen, Feedback zu sammeln, daraus zu lernen und sich entsprechend anzupassen.

»Das Feedback war großartig, würde ich sagen. Vor der Weltmeisterschaft 2019 haben wir auch eine Generalprobe gemacht, bei der wir versucht haben, die Spielerinnen abzulenken. Wir hatten ein paar Leute hinter dem Netz, die auf irgendwas herumtrommelten und irgendwelche Gesänge grölten. Wir hielten das für eine prima Idee, um die Konzentrationsfähigkeit zu steigern, bis eine der Spielerinnen zu uns kam und sagte: ›Wir verstehen schon, warum ihr das macht, aber beim Elfmeterschießen ist es ruhig. Fast mucksmäuschenstill. Das ist also nicht wirklich hilfreich.‹ Das war ein tolles Feedback. Da haben wir mit der ablenkenden Geräuschkulisse beim Training aufgehört und sie nur noch mit dieser wirklich langen, belastenden Stille konfrontiert.«

An diesem Training nahm das gesamte Betreuungspersonal teil.

»Wir haben viele Generalproben gemacht, damit alle wussten, wo ihr Platz ist, wer was macht, damit die Rollen und Verantwortlichkeiten klar waren.«

Im Grunde setzte das kanadische Team bei seiner Vorbereitung auf das Turnier 2021 vieles von dem um, was ich bei meinen Recherchen herausgefunden habe und was hier in diesem Buch beschrieben ist. Die wichtigste Botschaft war jedoch, dass Elfmeter tatsächlich trainiert werden können. Das kanadische Frauenteam mit seinen olympischen Goldmedaillen ist der Beweis dafür.

KAPITEL 6

Den Druck managen

»Heute ist es wichtig, ein guter Mensch zu sein, sich um die Leute zu kümmern, mit denen man zusammenarbeitet. Nur so kommt man mit ihnen zusammen; tut man das nicht, entfremdet man sich ihnen. Persönlicher Kontakt ist wichtiger als je zuvor.«
Lionel Scaloni, Trainer von Argentinien

Lionel Scaloni, geboren 1978 im argentinischen Santa Fe, blickt auf eine respektable Spielerkarriere zurück, hauptsächlich bei Vereinen in Spanien und Italien, abgesehen von einem kurzen Abstecher als Ausleihspieler zu West Ham United in der Premier League. Er gehörte auch der argentinischen Nationalmannschaft an, die im Viertelfinale der WM 2006 im Elfmeterschießen Deutschland unterlag, kam bei diesem Spiel allerdings nicht zum Einsatz. Seine Trainerkarriere begann er als Assistent von Jorge Sampaoli beim spanischen Club Sevilla. Sampaoli nahm ihn dann nach Argentinien mit, das ihn vor der WM 2018 in Russland unter Vertrag genommen hatte. Nach dem enttäuschenden Abschneiden Argentiniens bei dieser WM wurde Sampaolis Vertrag aufgelöst, und Scaloni und Pablo Aimar übernahmen als Interimstrainer seinen Posten, eine Vereinbarung, die bis zur Copa América 2019 verlängert wurde. Eine Personalentscheidung, die in Argentinien ziemlich umstritten war. Diego Maradona war einer der lautesten im Chor der Kritiker, die vor allem bemängelten, dass Scaloni nie zur Riege der Weltklassespieler gehört hatte.

»Ich will den nicht für meine Mannschaft haben«, erklärte Maradona. »Der taugt nicht mal als Verkehrspolizist.«[1]

Der dritte Platz bei der Copa América konnte die Kritiker nicht besänftigen, aber Scaloni blieb, und schließlich holte er 2021 für Argentinien mit einem Sieg über Brasilien zum ersten Mal seit 28 Jahren die Copa América nach Hause. Auf einmal schienen die Leute sich auch für den Menschen Scaloni zu interessieren. In Interviews wirkte er äußerst bescheiden, ganz im Gegensatz zu dem, was man von jemandem in seiner Position erwarten könnte. »Am Tag, als ich als Nationaltrainer bestätigt wurde«, erklärte er einmal, »sagte man mir, ich sei nun die wichtigste Person in Argentinien … verrückt. So was interessiert mich ehrlich gesagt überhaupt nicht. Das Leben spielt sich außerhalb des Fußballs ab. Ich bin gern mit Familie und Freunden zusammen. Ob ich nun Coach einer Nationalmannschaft bin oder nicht, macht mich nicht wichtiger als andere. Ich bin der Trainer einer Gruppe von Spielern, das ist alles.«[2]

Bei der Weltmeisterschaft 2022 hatte das von Scaloni trainierte argentinische Team dann einen denkbar schlechten Start. Im Eröffnungsspiel unterlag es Saudi-Arabien mit 1:2, eine Niederlage, die als größte Überraschung in der Geschichte der Weltmeisterschaft bezeichnet wurde.[3] Doch dann wendete sich das Blatt. Später kursierte ein Video von Scaloni, das ihn zeigt, wie er direkt nach dem Spiel gegen Saudi-Arabien im Auto mit jemandem aus dem Trainerteam spricht.

»Es muss uns klar sein, dass wir auch verlieren können. Denn erstens haben wir schon seit etlichen Jahren nichts mehr gewonnen. Und zweitens können wir daraus lernen … Wenn wir uns nach diesem Schlag wieder erholen, hält uns nichts mehr auf, mein Freund.«[4]

Scaloni trainiert nicht einfach nur Spieler, er trainiert Menschen. Einer seiner wichtigsten Mitarbeiter, Ángel Di María, beschreibt ihn wie folgt: »Er ist unser Vater, der Kapitän unseres Schiffs. Er ist sehr zugewandt, hängt sehr an den Spielern.« Argentinische Experten nennen Scaloni »den friedlichen Anführer«.[5] Andere qualifizieren seinen Führungsstil als »weiblich«.[6] So etwas hört man selten über einen Fußballtrainer. Und vielleicht offenbarte sich die Wirkung seines friedlichen Führungsstils niemals so klar und deutlich wie beim Finale der WM 2022 gegen Frankreich, als er sein Team durch ein äußerst spannungsgeladenes Elfmeterschießen navigierte.

Beim Abpfiff der Verlängerung hatten die argentinischen Spieler allen Grund, enttäuscht zu sein. Nur wenige Augenblicke zuvor waren sie kurz davor gewesen, Weltmeister zu werden – noch drei Minuten vor Ende der Verlängerung hatten sie mit 3:2 in Führung gelegen. Die Trophäe schien zum Greifen nah. Doch dann drang Frankreich in den argentinischen Strafraum ein, Mbappé schlug eine Flanke. Handspiel. Elfmeter, souverän verwandelt von Mbappé. 3:3. Und nun fing Argentinien im Elfmeterschießen praktisch wieder von vorne an.

Nach dem Abpfiff blieb Scaloni 30 Sekunden lang auf der Bank sitzen und konferierte mit einem seiner Assistenten. Dann erhob er sich, ging auf das Spielfeld und winkte den Nachzüglern, die erschöpft auf dem Weg zur Seitenlinie waren: »Kommt! Beeilt euch!« Er versammelte die Ankömmlinge im Kreis um sich und ging halb in die Hocke, die Hände auf die Knie gestützt.

Einige Spieler tranken Wasser, andere saßen zusammengekauert da, den Blick zu Boden gesenkt, wieder andere legten einem Mannschaftskameraden zur stummen Unterstützung die Hand auf die Schulter. Keiner sprach ein Wort. Alle waren ausgelaugt. Und mit Sicherheit spürten viele, wie sich der Druck aufbaute. In wenigen Minuten mussten sie wieder auf den Platz, um die Elfmeter zu schießen, die über den WM-Titel entschieden. Allen war klar: Extremer geht es nicht.

Einer der Spieler wirkte ziemlich verzweifelt: Gonzalo Montiel, der rechte Verteidiger. Seine Körperhaltung war die eines Trauernden bei einer Beerdigung. Unverständlich war das nicht – Montiel hatte das Handspiel begangen, das Frankreich in letzter Minute den Strafstoß bescherte. Er musste das Gefühl haben, für die eingetretene Situation allein verantwortlich zu sein.

Scaloni sprach nur ganz kurz zu seinen Spielern – weniger als 10 Sekunden. Keine sichtbare Emotion. Dann richtete er sich auf und löste sich aus der Gruppe, um den Spielern einen Moment Zeit zum Nachdenken und zum Runterkommen zu geben. Als Scaloni wegging, trat Luis Martín, der Fitnesstrainer, der die Gruppe vom Rand des Kreises aus beobachtet hatte, auf Scaloni zu und flüsterte ihm ein paar Worte ins Ohr. Unmittelbar danach bahnte sich Scaloni entschlossen seinen Weg zurück durch die Spieler, den Blick auf Gonzalo Montiel gerichtet.

Montiel stand etwas abseits, Scaloni brauchte ganze 12 Sekunden, um ihn zu erreichen. Bei ihm angekommen, gab er ihm einen freundschaftlichen, aber kräftigen Stoß mit der Schulter. Scaloni wechselte ein paar Worte mit ihm, bekam ein knappes Nicken als Antwort und ging dann weg. Der Schulterstoß schien keinen Effekt zu haben: Montiel wirkte nach wie vor ziemlich erschüttert. Doch Scaloni war noch nicht fertig. Er schritt um den Kreis der Spieler herum, den Blick unverwandt auf Montiel gerichtet. Als er nach etwa 15 Sekunden wieder bei ihm war, legte er ihm die Hand auf die Schulter, flüsterte hinter vorgehaltener Hand ein paar Worte und gab ihm im Weggehen noch einen aufmunternden Klaps auf die Brust. Wie man später erfuhr, fragte Scaloni bei beiden Gelegenheiten Montiel, ob er bereit sei, einen Elfer zu übernehmen. Beim zweiten Mal antwortete Montiel mit Ja.

Als Nächstes trat Scaloni in den Kreis seiner Spieler, alle steckten wieder die Köpfe zusammen, und er hielt eine zweite kurze Ansprache. Sie war deutlich emotionaler als die erste, begleitet von einem entschlossenen Gesichtsausdruck und mit Gesten unterstrichen. Zugleich war sie auch etwas länger, aber nicht viel: Sie dauerte nur 15

Sekunden. Und damit war die Teambesprechung beendet. Länger wurde nicht mit der Gruppe kommuniziert.

Doch als Scaloni aus dem Kreis trat, hielt ihn einer seiner Assistenten, diesmal Walter Samuel, fest und flüsterte ihm etwas ins Ohr. Scaloni reagierte schnell, blickte auf und schritt durch eine Gruppe von Spielern zu Emi Martínez, dem Torwart. Eine Umarmung, zwei oder drei aufmunternde Worte, und auch er war bereit. Die argentinischen Spieler begaben sich in den Mittelkreis und nahmen ihre Positionen ein.

Bevor wir das Geschehen genauer analysieren, wollen wir uns ansehen, was sich währenddessen im französischen Lager abspielte. Als der Schlusspfiff ertönte, hatte Frankreich Grund zur Erleichterung und Enttäuschung zugleich. Erleichterung, weil das Team nach einem Rückstand von erst 0:2 und dann 2:3 dank Mbappés Elfer plötzlich doch noch eine Chance bekam, nachdem der Titeltraum schon ausgeträumt zu sein schien. Aber zugleich auch Enttäuschung, weil Sekunden vor dem Schlusspfiff Emi Martínez mit gestrecktem Fuß verhindert hatte, dass Randal Kolo Muani das Ruder ganz herumriss und im allerletzten Moment den Pokal errang. Mbappé machte aus seinem Frust keinen Hehl. Nach dem Schlusspfiff schlug er die Hände über dem Kopf zusammen und fluchte aus vollem Halse: »Putain!« Danach ging er 10 Sekunden, die Hände auf die Knie gestützt, in die Hocke, bis ihm ein Mannschaftskamerad aufhalf und er langsam in Richtung Seitenlinie trottete.

Als Mbappé die französische Gruppe erreichte, wurde er sofort von Didier Deschamps, dem Trainer, und Guy Stéphan, seinem Assistenten, angesprochen. Deschamps sprach etwa 15 Sekunden hinter vorgehaltener Hand auf ihn ein, bevor sie sich trennten. Mbappé sollte Frankreichs Elfmeterschütze Nummer eins werden.

Als Nächstes gingen Deschamps und sein Assistent zu Kingsley Coman hinüber, bei dem auch Aurélien Tchouaméni stand. Deschamps sprach mit ihnen, während Stéphan sich eifrig Notizen machte. Coman wurde etwas gefragt, es gab ein kurzes Hin und Her, schließlich ein Nicken. Coman sollte Elfmeterschütze Nummer zwei werden.

Unterdessen trank Tchouaméni neben Coman aus einer Flasche und starrte in die Luft. Deschamps stand kaum eine Armlänge von Tchouaméni entfernt. Zunächst wandte er sich von dem Spieler ab, drehte sich dann aber wieder zu ihm um und sah ihn an. Ein kurzes Wort zu Trainerassistent Guy Stéphan, dann wandte er sich wieder Tchouaméni zu und beäugte ihn. Aber offenbar war Deschamps immer noch unentschlossen, und so vollführte er auf dem Absatz eine volle Drehung und ließ seinen Blick über sämtliche Spieler schweifen, bevor er sich schließlich zum dritten Mal an Tchouaméni wandte. Jetzt endlich fragte er ihn. Tchouaméni wurde Elfmeterschütze Nummer drei.

Während sich dieses stille, quälende Drama abspielte, stand Kolo Muani am Rand des Mittelkreises, etwa sieben Meter von der Gruppe der anderen Spieler entfernt. Alle im Mittelkreis schienen irgendetwas zu tun – sie umarmten ihre Mannschaftskameraden, sprachen aufmunternde Worte, klatschten in die Hände oder schauten sich um, wem sie Hilfe leisten und Unterstützung geben konnten. Nur Kolo Muani stand reglos da, sprach kein Wort und starrte in die Zuschauerränge hinauf, ein gutes Stück entfernt von Deschamps, zu dem er gelegentlich den Blick schweifen ließ, wohl wissend, dass auch er höchstwahrscheinlich aufgefordert würde, seinen Beitrag zu leisten und dem extremen Druck dieses schicksalhaften Moments nicht entgehen würde.

Seine Vermutung erwies sich als richtig. Nach einem weiteren Austausch mit Stéphan und einem Blick in dessen Notizen bewegte sich Deschamps in Richtung Kolo Muani, dem dies nicht entging und der nun seine volle Aufmerksamkeit auf seinen Trainer richtete. Doch es wirkte irgendwie zögerlich und unentschlossen, wie Deschamps sich Kolo Muani näherte, zumal sein Blick die ganze Zeit zu anderen Spielern schweifte. Auf diese Weise benötigte der Trainer ganze 7 Sekunden für die vielleicht 5 Meter Weg, wobei er sich nicht weniger als siebenmal nach anderen Spielern umsah. Als er Kolo Muani erreichte, stellte ihm Deschamps die Frage. Ein Blick, ein kurzes Nicken, wenige Worte, und die Sache war klar. Kolo Muani nahm wie vor ihm Tchouaméni die offenbar spontane und dem Anschein nach nicht mit der größten Überzeugung vorgetragene Einladung seines Chefs an und wurde Elfmeterschütze Nummer vier.

Knapp zwei Minuten waren seit dem Schlusspfiff vergangen. Die französischen Spieler wirkten ungeduldig, sie bildeten einen Kreis, der sich rasch um Deschamps und seinen Assistenten schloss. Alle schienen auf eine Ansprache ihres Chefs zu warten, die Deschamps auch lieferte. Während er ständig Stéphan und sein Notizbuch zurate zog, ging Deschamps in die Hocke und hielt eine 30 Sekunden lange emotionale und von vielen Gesten begleitete Ansprache. Dann erhob er sich, einige der Spieler klatschten, und die Gruppe zerstreute sich.

Deschamps hatte zweieinhalb Minuten gebraucht, um die letzten Vorbereitungen seiner Mannschaft auf die entscheidende Phase des bedeutsamsten Fußballspiels der Welt abzuschließen. Die meiste Zeit verbrachte er dabei offenbar damit, seine Elfmeterschützen zusammenzusuchen. Der Kontrast zu Argentiniens Scaloni war enorm. Scaloni hatte offensichtlich einen Plan, weshalb er seiner Mannschaft in diesem spannungsgeladenen Moment nur sehr wenige Informationen übermitteln musste, und er beschränkte seine Kommunikation im Wesentlichen auf zwei kurze, stakkatoartige Ansprachen. Die Spieler willigten rasch ein, vermutlich waren ihnen ihre Rollen schon vorab klar. Fairerweise muss man erwähnen, dass Argentinien im Unterschied zu Frankreich bereits im Viertelfinale gegen die Niederlande ein Elfmeterschießen bestritten, somit gewissermaßen eine Generalprobe gehabt hatte. Wie auch immer, da die entscheidenden logistischen Fragen offenbar bereits im Vorfeld geklärt waren, konnte Scaloni seine ganze Aufmerksamkeit zwei Punkten zuwenden: 1) kurz und bündig die notwendigen taktischen Informationen zu übermitteln und 2) sich um die psychologischen Bedürfnisse seiner Spieler zu kümmern und sie zu unterstützen. Was letzteren Punkt betrifft, so verbrachte er den Großteil der verfügbaren Zeit mit Montiel, der in diesem Moment offensichtlich am dringendsten etwas Aufmunterung nötig hatte.

Außerdem hielten seine Assistenten für ihn Augen und Ohren offen und versorgten ihn mit weiteren Informationen über die emotionale Lage der Spieler: »Dieser Spieler braucht ein paar Worte«, »Haben Sie mit diesem Spieler gesprochen?« Es gab also eine Aufgabenteilung, doch die beschränkte sich auf das Sammeln von Informationen. Die Spieler hörten nur eine Stimme, und die kam von der Person mit der höchsten Autorität, ihrem Trainer.

Scaloni hat oft, ganz ähnlich wie im Zitat zu Beginn dieses Kapitels, wiederholt, im Mittelpunkt seines Trainingsstils stehe immer der Mensch. Ein solches Prinzip ist leichter formuliert als tatsächlich in die Praxis umgesetzt. Doch dieser Moment des WM-Finales bewies, dass Scaloni Wort hielt, selbst unter dem härtesten Druck, den dieser Sport überhaupt nur hervorbringen kann. Diese wenigen Minuten mit Scaloni nach dem Ende der Spielzeit bieten in vielerlei Hinsicht ein perfektes Lehrstück über erfolgreiche Führung unter massivem Druck. Sie enthalten außerdem die gesamte Checkliste der wichtigsten Aspekte des Teammanagements unter extremen Stressbedingungen:

- Gründliche Vorbereitung
- Möglichst viele wichtige Entscheidungen im Voraus treffen, sodass man sich auf die eigene emotionale Bereitschaft und die des Teams konzentrieren kann
- Präzise und effektive Kommunikation
- Offenheit für spontanen Input
- Flexibilität und Geschicklichkeit, um sich um die zu kümmern, die es im Moment am nötigsten brauchen

Im anschließenden Elfmeterschießen konnten die Argentinier alle vier Elfer verwandeln, und ihr Torhüter Emi Martínez wurde mit zwei Paraden zum Helden des Spiels. Für Frankreich schossen Mbappé und Kolo Muani Tore, während Coman und Tchouaméni, über dessen Einsatz sein Trainer so lange nachgedacht hatte, verschossen.

Und was war mit dem geknickten Gonzalo Montiel, mit dem sich Scaloni zwischen seinen beiden Ansprachen an das Team besonders beschäftigt hatte? Wie erging es dem Spieler aus Buenos Aires, dessen Handspiel Frankreich einen Elfmeter und damit den Ausgleich beschert hatte, dem Scaloni am sicherlich schwierigsten Punkt seiner Karriere einen aufmunternden Stoß versetzt und mit dem er dann fünf Sekunden lang unter vier Augen geredet hatte?

Montiel verwandelte den vierten und entscheidenden Elfmeter Argentiniens und gehört nun zu den Spielern, die mit einem unsterblichen Tor in die Fußballgeschichte eingegangen sind – er hat Argentinien 2022 den ersten WM-Sieg seit 1986 gebracht.

Führen unter Druck

Fußballspiele enden öfter in Elfmeterschießen, als man denkt. In den K.-o.-Phasen großer Turniere werden 20 bis 30 Prozent der Spiele im Elfmeterschießen entschieden. Von 2026 an wird das Finale für die beiden Mannschaften, die um den Sieg ringen, das fünfte K.-o.-Spiel in Folge sein. Die Wahrscheinlichkeit, dass mindestens eines dieser Spiele im Elfmeterschießen entschieden werden wird, ist also relativ hoch. Sollten Trainer und Trainerinnen dann vor einem K.-o.-Spiel immer noch verkünden, sie würden sich nicht auf ein Elfmeterschießen vorbereiten, sondern ganz darauf konzentrieren, das Spiel in der regulären Spielzeit zu gewinnen, wäre das nicht nur höchst unprofessionell, sondern würde auch den statistischen Wahrscheinlichkeiten zuwiderlaufen.

Forschende, die sich mit Führungsqualitäten in Extremsituationen befassen (Militär, Medizin, Strafverfolgung, Brandbekämpfung/ Feuerwehr, Krisenmanagement und so weiter), definieren ein Extremereignis als »einen klar umrissenen Zeitraum oder ein einzelnes Ereignis, in dem es zu einem beträchtlichen und möglicherweise nicht zu bewältigenden Ausmaß an Problemen physischer, psychologischer und materieller Natur für die Mitglieder der Organisation kommt.«[7] Für mich klingt das wie eine Beschreibung des Elfmeterschießens. Zu den wesentlichen Aufgaben von Führungskräften gehört es, ihre Organisation auf solche extremen Ereignisse vorzubereiten. Teil dieser Vorbereitung ist es, dem allzu menschlichen Gedanken »Uns kann so etwas nicht passieren« entgegenzuwirken. Führungskräfte müssen sich mit allen Möglichkeiten auseinandersetzen und auch für das Unwahrscheinliche gewappnet sein.

In der wissenschaftlichen Psychologie gibt es das merkwürdige Phänomen, das Verhalten echter Menschen in realen Situationen weitgehend auszublenden.[8] Und da dies dort schon seit Jahrzehnten der Fall ist, gibt es zwar eine Unmenge von Studien darüber, wie Menschen Leistungsdruck erleben und verarbeiten, doch nur sehr selten wird untersucht, wie sie sich dabei tatsächlich *verhalten*. Dasselbe Problem besteht in der Führungspsychologie. Eine kürzlich durchgeführte Vergleichsanalyse von 214 Studien zum Führungsverhalten zeigt, dass weniger als ein Fünftel dieser Studien überhaupt misst, was sie zu untersuchen vorgeben: tatsächliches Führungsverhalten.[9] Darüber hinaus sind nur 3 Prozent der untersuchten Variablen in diesen Studien verhaltensbezogen – der Rest beschäftigt sich in der Regel mit der Wahrnehmung und Bewertung von Verhaltensweisen. Das ist in der Sportforschung nicht anders. Eine Metastudie über 610 Arbeiten zum Thema Coaching im Sport zeigte, dass in weniger als einem Fünftel dieser Arbeiten zur Methodik auch die Beobachtung tatsächlicher Verhaltensweisen gehörte.[10] Dies heißt, dass wir im Grunde ziemlich wenige Erkenntnisse darüber haben, was Trainer*innen in der Vorbereitung und im eigentlichen Wettkampf tatsächlich tun.

Diese Wissenslücke betrifft auch das Elfmeterschießen. Es gibt keine einzige veröffentlichte Forschungsarbeit über das Verhalten von Profitrainern und -trainerinnen vor oder während dieser Art von Spielentscheid. Das ist in gewisser Weise nicht überraschend. Fernsehkameras zeigen in solchen Situationen Trainer und Trainerinnen sowie ihre Teams allenfalls kurz bei einem Kameraschwenk, sodass ihr Führungsverhalten kaum öffentlich dokumentiert ist. Das wiederum hat zur Folge, dass auch Expert*innen und Fans diesem Aspekt des Spiels nicht viel Aufmerksamkeit schenken.

Es ist mir gelungen, an ungeschnittenes Filmmaterial aller fünf Shootouts bei der Weltmeisterschaft 2022 zu kommen. Darauf ist alles zu sehen, was sich auf dem Spielfeld zugetragen hat, von ununterbrochen laufenden Kameras aus verschiedenen Blickwinkeln aufgenommen, einschließlich Nahaufnahmen von Spielern beider Mannschaften. Dies ermöglichte es mir zumindest, systematische Beobachtungen darüber anzustellen, wie die Trainer die zwei bis drei Minuten unmittelbar vor dem Elfmeterschießen, die ihnen zum Informationsaustausch und zur Unterstützung ihrer Spieler bleiben, genutzt haben.[11]

Aber was konnte ich dabei herausfinden?

Nun, an einem lässt dieser Videobeweis keinen Zweifel: Bei einer WM im 21. Jahrhundert muss vor einem Elfmeterschießen niemand Durst leiden. Wasserflaschen gab es bei allen Mannschaften in Hülle und Fülle. Dasselbe gilt für Handtücher, Energydrinks, Massagen … Heerscharen von Ärzten, Physiotherapeuten und Assistenten umschwärmten sogleich die Spieler und versorgten sie mit allem, was ihr Körper vielleicht brauchen konnte. In dieser Hinsicht ist im Elitefußball an alles gedacht.

Die psychologische Unterstützung hingegen … Hier gibt es für Verbesserungsmöglichkeiten wohl noch etwas Luft nach oben.

Beim Finalspiel Frankreich gegen Argentinien haben wir gesehen, wie ein Trainer relativ lange dafür brauchte, seine logistischen und taktischen Entscheidungen zu treffen und sie dann seiner Mannschaft mitzuteilen (Deschamps), während der andere Trainer seine Pläne und Entscheidungen viel schneller an seine Mannschaft kommunizierte (Scaloni).

Misst man die Zeit, die jeder der beteiligten Trainer benötigte, um bei der WM 2022 seine taktischen und logistischen Anweisungen an das Team zu übermitteln, ergibt sich ein klares Bild (*siehe Diagramm Seite* 241). Stets hat die Mannschaft das Elfmeterschießen gewonnen, die weniger Zeit benötigte, und jene, die länger brauchte, verloren. Ohne Ausnahme. Und der Unterschied fällt sogar ziemlich deutlich aus: Das Siegerteam, das am längsten für diese Besprechung brauchte (Marokko), war mit ihr immer noch schneller fertig als das Verliererteam, das am wenigsten Zeit benötigte (Frankreich).

Eine logische Erklärung dieser Beobachtungen ist, dass die Teams, die ihren Plan am schnellsten an ihre Mitglieder weitergaben, auch die Teams waren, die sich am umfangreichsten oder am besten auf das Elfmeterschießen vorbereitet hatten. Sind die meisten Entscheidungen über die Auswahl der Schützen und die Schusstaktik bereits vor dem Spiel getroffen, ist es natürlich einfacher, sich im entscheidenden Moment kurzzufassen. In diesem Zusammenhang sei darauf hingewiesen, dass Argentinien die beiden kürzesten Vorbereitungszeiten aufweist, mit der gegen Frankreich auf Platz 1. Im Spiel gegen Frankreich konnten Scaloni und Argentinien bereits auf ein Elfmeterschießen in diesem Turnier zurückblicken, was es vermutlich einfacher machte, beim zweiten Mal effektiv zu sein. Das war offensichtlich auch bei Kroatien der Fall, das beim zweiten Mal (gegen Brasilien) mehr als 20 Sekunden schneller war als beim ersten Mal (gegen Japan). Natürlich bekommt man nicht in jedem Turnier so ein

Zeit bis zur Beendigung der mannschaftlichen technischen Anweisungen nach der Verlängerung

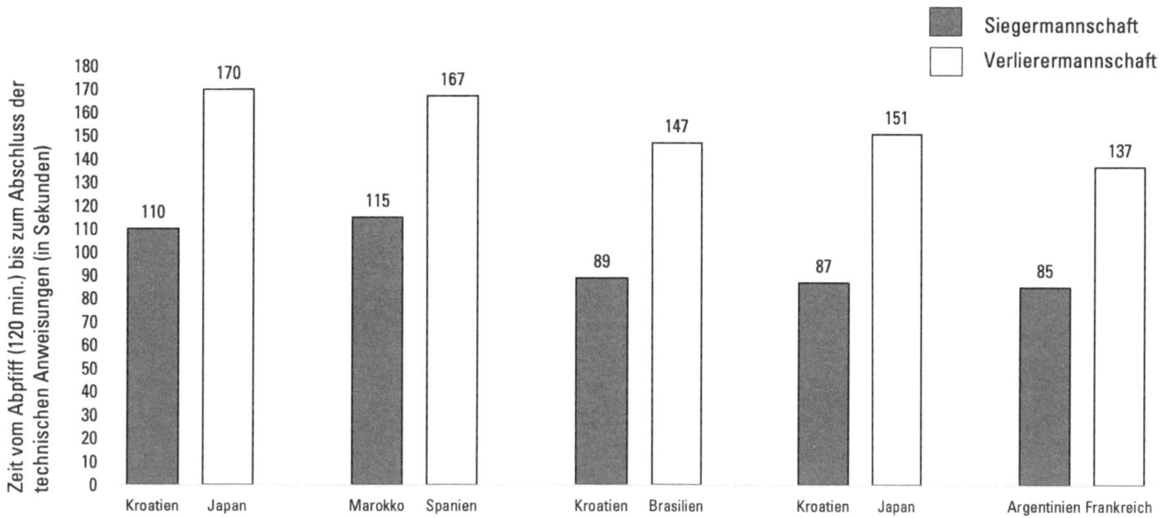

Alle fünf Elfmeterschießen bei der WM 2022 Mannschaften

Übungs-Elfmeterschießen, aber man kann daraus die Schlussfolgerung ziehen, dass es sinnvoll ist, Trainingsspiele mit Elfmeterschießen zu veranstalten oder realistische Elfmetersimulationen durchzuführen, bei denen auch die Kommunikation zwischen Trainerbank und Spielenden geprobt wird.

Auf der anderen Seite gab es Mannschaften, die zwar einen vorgefassten Plan zu haben schienen, aber lange brauchten, um ihn umzusetzen. Die Niederlande, die gegen Argentinien verloren, waren so ein Fall. Als die Spieler an die Seitenlinie kamen, ging Louis van Gaal relativ schnell von einem zum anderen, um sie zu fragen, ob sie schießen können, oder ihnen zu bestätigen, dass sie zu den Schützen gehören würden. Offenbar lag die Verantwortung für das Elfmeterschießen in den Händen von Frans Hoek, dem Torwarttrainer. Als sich die Gruppe zum Huddle versammelte, las Hoek sämtliche 11 Namen von einem Zettel ab. Dies war höchstwahrscheinlich die vorgesehene Reihenfolge aller niederländischen Elfmeterschützen – eine sehr gründliche Vorbereitung, die meisten Mannschaften haben nur einen Plan für die ersten fünf, höchstens sechs oder sieben Schützen. So weit, so gut.

Doch dann kam es zu einer intensiven Diskussion zwischen Spielern und Trainern, an der sich vor allem de Jong und Klaassen beteiligten. Auch van Gaal schaltete sich ein, und sowohl Hoek als auch Danny Blind, sein Assistenztrainer, schienen Einwände zu haben oder andere Ansichten zu vertreten. Ein lebhafter Wortwechsel entspann sich, der eine gefühlte Ewigkeit, nämlich 40 Sekunden, dauerte, bis die Spieler und Betreuer den Huddle mit einem Anfeuerungsruf auflösten. Man ist versucht, darüber zu spekulieren, ob hier nicht der typisch niederländische Führungsstil, jedem eine Stimme zu geben, die Spielerauswahl und die Taktikbesprechung erschwert hat. Die Niederländer sind für ihr System flacher Hierarchien bekannt, in dem Status und Titel keine große Bedeutung haben, niemand blindlings Anweisungen folgt, die Menschen direkt und unverblümt miteinander sprechen und jeder bestrebt ist, seine Ansichten einzubringen.[12] Dementsprechend nahm die Diskussion zwischen Spielern und Trainern viel Zeit in Anspruch. In der Zwischenzeit waren die Argentinier schon fertig und es könnte bei den Niederländern eine gewisse Panik ausgelöst haben, als sie sahen, dass die Gegner ihren Huddle schon auflösten, sodass sie sich ebenfalls beeilten, möglichst schnell fertig zu werden. Sicherlich verpasste van Gaal damit eine Gelegenheit, Spielern, die es vielleicht nötig hatten, noch ein wenig Mut zuzusprechen.

Sich bei taktischen Mitteilungen in letzter Minute und in Situationen mit hohem Leistungsdruck kurzzufassen, hat noch weitere Vorteile. Erstens sind Einfachheit, Klarheit und Eindeutigkeit stets Trumpf. Kein Trainer und keine Trainerin möchte seine oder ihre Spieler und Spielerinnen mit Last-Minute-Anweisungen überfordern, die alles nur verkomplizieren, Zweifel säen, die individuelle Schussvorbereitung beeinträchtigen und zum Overthinking verleiten.

Zweitens fördern präzise, knappe Mitteilungen das Gefühl von Kontrolle, indem sie den Spielerinnen und Spielern den Eindruck vermitteln, dass ein solider Plan und eine klare Strategie verfolgt werden. Auch hierfür bietet Argentinien ein Paradebeispiel. Während beider Elfmeterschießen ist Scaloni zweifelsfrei eine unglaublich reibungslose und gut funktionierende Kommunikation gelungen, die allen Beteiligten den Eindruck vermittelte, dass der Hauptverantwortliche wusste, was zu tun sei. Selbst wenn Scaloni dieses Gefühl der Kontrolle nur vorgetäuscht haben sollte (was ich keinesfalls glaube), wäre es dennoch förderlich gewesen; allein der Eindruck von Ordnung und Überblick durch die verantwortliche Person wirkt sich positiv auf unter Höchstdruck stehende Leistungsträger*innen aus.

Und drittens schafft eine schnelle Kommunikation Zeit für andere Dinge, nicht zuletzt für emotionale Unterstützung, wie wir es beim Austausch zwischen Scaloni und dem niedergeschlagenen Montiel gesehen haben. Wenn man sich zu lange mit dem Huddle aufhält, bleibt dafür kein Raum mehr.

Wie teilen Profitrainer und -trainerinnen dem Team die Aufstellung der Schützen und Schützinnen bei einem Elfmeterschießen mit? Häufig kombinieren sie die Auswahl und die Kommunikation der Auswahl, indem sie ganz einfach nach Freiwilligen fragen. So haben es während der Weltmeisterschaft 2022 mehrere Trainer getan, beispielsweise die von Kroatien und Marokko in Spielen, die sie dann gewannen. In beiden Fällen versammelten die Trainer, Zlatko Dalić beziehungsweise Walid Regragui, ihre Leute im Huddle und stellten wohl eine Frage wie: »Wer will schießen?«, denn man kann sehen, wie die Spieler nacheinander eine Hand oder einen Finger heben und die Trainer darauf ebenfalls mit Gesten reagieren, wohl um die Position des Schützen in der Reihenfolge mitzuteilen. Bei diesen beiden Teams lässt sich schwer sagen, ob dieser Vorgang spontan erfolgte oder ob die Spieler dieses Prozedere bereits kannten. Die Spieler schienen jedoch zumindest Vorinformationen zu besitzen, denn ihre Hände gingen schnell hoch, und zu keinem Zeitpunkt gab es Anzeichen von Verwirrung oder Unstimmigkeiten. Alles verlief ziemlich effizient.

Japan gehört zu den unterlegenen Teams, die diese Strategie wählten. Trainer Hajime Moriyasu fragte die versammelte Runde eindeutig nach Freiwilligen. Als nicht sofort eine Reaktion kam, streckte Moriyasu die Arme in einer Geste aus, die womöglich eine gewisse Frustration über seine zögerlichen Spieler zum Ausdruck bringen sollte, vielleicht aber auch besagen wollte, dass er für jeden offen sei – oder beides. Daraufhin hob Takumi Minamino die Hand, um Elfmeterschütze Nummer eins zu werden, ein paar Sekunden später folgte Kaoru Mitoma, er wurde Nummer zwei. Das waren die beiden Spieler mit dem höchsten Status im Team, und es dauerte eine Weile, bis auch andere die Hand hoben. Als zwischendurch wieder eine unbehagliche Pause entstand, wies einer der Ersatzspieler auf einen Mannschaftskameraden, so als wolle er ihn vorschlagen.

Für Japan verlief also die Suche nach Freiwilligen langsamer und holpriger als für die beiden oben genannten Teams. Im Elfmeterschießen verschossen dann sowohl Minamino und Mitoma als auch Maya Yoshida, sodass Japan aus vier Möglichkeiten nur ein Tor machen konnte. Nach der Weltmeisterschaft wurde dieses Nominierungssystem durch Handmeldung von Freiwilligen in Japan breit diskutiert, und Moriyasu erklärte, es so nicht noch einmal machen zu wollen: »Spieler, die den Ball dann nicht ins Tor bekommen, geben sich selbst die Schuld und leiden darunter, deshalb will ich von nun an die Entscheidungen selbst treffen.«[13]

Spanien und sein Trainer Luis Enrique baten ebenfalls um freiwillige Meldung, allerdings auf eine sehr ungewöhnliche Weise. Enrique wählte selbst die ersten drei Elfmeterschützen aus und überließ das Weitere den Spielern selbst.[14] Der Kapitän war Sergio Busquets, und nachdem er vom Trainer als Schütze Nummer drei nominiert worden war, erhielt er von ihm die Aufgabe, die beiden anderen Schützen zu bestimmen. Eine ziemlich anspruchsvolle Zusatzaufgabe für einen Spieler, der kurz davorsteht, den vielleicht wichtigsten Elfmeter seines Lebens zu schießen, noch dazu, wenn dieser Spieler wenig Erfahrung im Elfmeterschießen hat. (Busquets führt im Spiel niemals Strafstöße aus, war jedoch bei der Europameisterschaft 2021 zu einem Elfmeterschießen angetreten und hatte verschossen.) Außerdem war Busquets zu diesem Zeitpunkt zwar ein erfahrener spanischer Nationalspieler, aber kein erfahrener Mannschaftskapitän, da er die Binde zum ersten Mal Ende Oktober 2020 für sein Land getragen hatte. Jedenfalls nahm Busquets den etwas undankbaren Auftrag an, versammelte die Mannschaft im Kreis um sich und versuchte es mit der einfachsten Methode – er fragte nach Freiwilligen. Glücklicherweise meldeten sich recht schnell Aymeric Laporte und Pedri. Leider verschossen alle drei von Enrique ausgewählten Spieler, einschließlich Busquets, sodass die beiden freiwilligen Elfmeterschützen keine Chance bekamen, ihr Können unter Beweis zu stellen.

Ich habe nie die Vorteile des freiwilligen Ansatzes gesehen, ein Punkt, auf den ich in mehreren Artikeln hingewiesen habe.[15]

Vermutlich wählen Trainer und Trainerinnen diesen Weg, weil sie es für wichtig halten, dass alle, die in dieser Situation einen Elfer übernehmen, es auch wirklich *wollen*. Ich hege allerdings auch den Verdacht, dass einige Trainer und Trainerinnen dies aus reiner Bequemlichkeit tun. Eins sollte klar sein: Wenn eine Führungskraft vor versammelter Mannschaft nach Freiwilligen fragt, entsteht eine soziale Situation, die vor Fallstricken nur so strotzt. Mögliche damit einhergehende negative Konsequenzen sind:

1. Spieler und Spielerinnen, die sich freiwillig melden, sind nicht unbedingt diejenigen, die tatsächlich einen Elfmeter schießen wollen; Trainer und Trainerinnen bekommen dann eher jene, die denken, sie sollten die Verantwortung auf sich nehmen. Dabei handelt es sich nicht automatisch um die besten Elfmeterschützen und -schützinnen.
2. Wer in dieser Situation die Hand hebt, kommuniziert zugleich laut und deutlich: »Ich übernehme die Verantwortung für diesen Schuss!« Wenn ein Trainer oder eine Trainerin also Spieler oder Spielerinnen dazu bringt, sich freiwillig zu melden, überträgt er ihnen damit faktisch auch Verantwortung (und Druck). Wir wissen aber aus zahlreichen Beispielen in diesem Buch, dass mehr Druck auf den Schultern der Schützen und Schützinnen zu weniger Toren führt. Die Aufgabe eines Trainers oder einer Trainerin sollte es immer sein, Druck von den Spielern zu nehmen, nicht ihn zu erhöhen.
3. Die Freiwilligensuche ist für alle sichtbar und kommuniziert, dass es keinen Masterplan für das Elfmeterschießen gibt.
4. Die Spieler und Spielerinnen nicht nur zu fragen, ob sie sich bereit fühlen für einen Elfmeter, sondern auch von ihnen zu verlangen, dies vor versammelter Mannschaft kundzutun und

sich damit praktisch auch noch in der Rangfolge nach vorne zu drängeln, erhöht eindeutig ihren mentalen Stress in einem ohnehin schon schwierigen Moment. Mit dieser Frage schaffen Trainer und Trainerinnen eine komplizierte, unvorhersehbare und ungewisse soziale Situation in einem Moment, in dem die Spielerinnen und Spieler einfache und klare Anweisungen brauchen.

5. Wenn sich niemand freiwillig meldet (wie es beispielsweise bei der japanischen Mannschaft zunächst der Fall zu sein schien), hat man nicht mehr nur ein logistisches, sondern auch ein psychologisches Problem. Alle begreifen sofort, dass niemand etwas riskieren will, und das ruft in einer Gruppe leicht eine pessimistische, angsterfüllte und negative Atmosphäre hervor. Man weiß aus anderen Zusammenhängen, dass Risikobereitschaft ansteckend ist[16], und es ist wahrscheinlich, dass umgekehrt der Anblick von Teamkollegen und -kolleginnen, die das Risiko eines Elfmeters scheuen, andere ebenfalls beeinflusst und womöglich gar Vermeidungsverhalten und Angst auslöst.

Hope Powell, Trainerin des englischen Frauenteams bei der WM 2011, die beim Elfmeterschießen gegen Frankreich auf Freiwillige setzte, stieß genau auf dieses Problem: »Ich musste dreimal nach Freiwilligen fragen, bevor eine einzige Spielerin die Hand hob. Ich war erstaunt. Was war los mit denen?«[17] Am Ende hatte sie ihre fünf Schützinnen beisammen, doch Frankreich gewann das Elfmeterschießen. Als ich mit Powell darüber sprach, hatte sie schon klare Schlussfolgerungen gezogen: »Niemals nach Freiwilligen fragen! Wenn alle unter hohem Druck stehen, wird sich niemand vordrängeln, alle werden sich eher zurückziehen.« Im Grunde räumte sie ein, ihre Spielerinnen 2011 falsch eingeschätzt zu haben: »Wenn ich in ihrer Lage gewesen wäre, hätte ich mich sofort gemeldet. Ich bin davon ausgegangen, dass das allen so gehen würde, das war einfach falsch.« Ihr Fazit: »Ich muss die Verantwortung dafür übernehmen, die Spielerinnen nicht gut vorbereitet zu haben. Ich hätte nicht nach Freiwilligen fragen dürfen.« Sollte sie noch einmal ein Team in ein Elfmeterschießen führen, wollte sie eine Liste mit einer Rangfolge von Elfmeterschützinnen auf der Grundlage von Statistiken im Training parat haben – »wer kriegt die meistens Elfer rein, wer die wenigsten« – und vorher Gespräche mit den Spielerinnen führen, um herauszufinden, ob sie sich der Aufgabe auch gewachsen fühlen: »Man möchte schon, dass die Spielerinnen einverstanden sind.«

Oft bitten Trainer und Trainerinnen aber auch nicht offen um Freiwillige, sondern befragen die Spieler und Spielerinnen einzeln, aber im Huddle unmittelbar vor dem Elfmeterschießen. Auf diese Weise die Frage reihum zu stellen ist kaum besser als der schlichte Freiwilligen-Aufruf. Es drohen praktisch alle oben genannten negativen Konsequenzen. Und was ist, wenn Spielerinnen und Spieler Nein sagen? Aus unseren Interviews mit Spielern wissen wir, dass viele (bis zu 30 Prozent) das Angebot ihres Trainers in dieser Situation ablehnen. [18] Und das, obwohl damit das Gefühl einhergehen kann, die anderen im Stich zu lassen. Außerdem endet nicht jedes Elfmeterschießen mit dem fünften Ballduell, sodass manchmal auch Spieler und Spielerinnen, die in der Besprechung offen erklärt hatten, nicht schießen zu wollen, doch noch antreten müssen. Wenn sie dann aber doch schießen – nachdem sie dies, sicherlich nach gründlicher Überlegung, zuvor öffentlich abgelehnt hatten – wird das ihre Erfolgschancen nicht erhöhen.

Dennoch sollten Trainer und Trainerinnen wissen, wie ihre Spieler und Spielerinnen darüber denken, einen Kick im Elfmeterschießen zu übernehmen. Die Frage kann also durchaus gestellt werden. Aber, wie Powell sagte, am besten vorab und unter vier Augen. Wie Scaloni berichtete, wurden seine Spieler gefragt, wie sie zu einem Schuss stünden. »Als wir herumgingen, um zu sehen, wer einen Elfer übernehmen wollte, hatten wir zwei Spieler zu viel.«[19] Aber das geschah im Vorfeld des Turniers. Die Empfehlung für Trainer*innen lautet daher: Rechtzeitig vor einem Spiel, bei dem es zu einem Elfmeterschießen kommen könnte, alle Spieler*innen fragen, ob sie dazu bereit wären. Dies sollte eine offene Frage sein, die nicht nur darauf abzielt, zu erfahren, ob sie dazu Lust hätten oder nicht, denn niemand hat zu so etwas wirklich jemals Lust. Stattdessen sollte gefragt werden: Wie selbstsicher fühlst du dich? Wie sind deine Erfahrungen? Wie würdest du den Elfmeter schießen? Anhand des Gesprächsverlaufs können sich Trainer*innen ein Bild davon machen, wer sich der Aufgabe gewachsen fühlt. Eine Erkenntnis, die zu seiner Entscheidung, wer schießen wird, beitragen kann.

Eine Herausforderung für Trainer*innen wird es immer bleiben, dass sie im Voraus nicht wissen, wer am Ende der 120 Minuten auf dem Platz steht. Es ist unmöglich, im Voraus eine vollständigen Liste der Schütz*innen zu erstellen. Deschamps berichtete nach dem Finale der WM: »Keiner der eingeplanten Schützen stand mehr auf dem Platz.« Dieses Problem kann auf verschiedene Weise abgemildert werden. Vor allem müssen Trainer*innen und Mannschaften die Möglichkeit eines Elfmeterschießens völlig anders vorausplanen, als sie es derzeit in der Regel tun. Genauso wie die meisten Profitrainer und -trainerinnen derzeit viel Kraft in die Überlegung investieren, wer zu Anfang des Spiels auflaufen soll, müssen sie auch gründlich darüber nachdenken, wer das Spiel beendet. Es ist natürlich unmöglich, sämtliche Aspekte eines Spiels zu kontrollieren; so werden beispielsweise Auswechslungen je nach Spielsituation, Verletzungen und Spielstand vorgenommen. Dennoch müssen die Trainer und Trainerinnen immer mit Blick auf das Ende eines Spiels planen, sie müssen sich also überlegen, wen sie im Falle eines Elfmeterschießens auf dem Spielfeld haben wollen. Auf der Grundlage aller vor dem Spiel gesammelten Informationen sollte eine Rangliste der Elfmeterschützen und -schützinnen erstellt werden, sodass nach 120 Minuten auf einen Blick klar ist, wer noch infrage kommt. Jede Situation hat ihre Besonderheiten, doch die fünf bestmöglichen Elfmeterschützen und -schützinnen sollten sich stets relativ schnell und begründbar finden lassen. Ich vermute, so haben es Scaloni und sein Team auch gemacht.

Die Entscheidungen von Trainer*innen sollten idealerweise im Voraus kommuniziert werden. Ich bin überzeugt, dass der Gesamtnutzen der Vorhersehbarkeit in diesem Fall das Risiko überwiegt, dass sich die ausgewählten Spieler*innen schon vorab Sorgen um ihren Elfmetererfolg machen. Man kann sie einfach wissen lassen, dass sie immer das Recht haben, doch noch vom Elfmeter zurückzutreten, sollten sie sich aus irgendeinem Grund am betreffenden Tag dazu nicht bereit fühlen. Doch Trainer*innen sollten stets betonen, dass sie bestimmte Spieler*innen gern auf ihrer Liste hätten, weil sie daran glauben, dass diese auch unter extrem schwierigen Umständen eine gute Leistung erbringen werden. Können Schütz*innen nicht verwandeln, sollten Trainer*innen die Verantwortung für das Ergebnis übernehmen, auch nach dem Spiel vor der Presse.

Trainer*innen haben vor allem die Aufgabe, den Druck auf ihre Spieler*innen zu verringern. Das lässt sich oft mit erstaunlich einfachen Mitteln erreichen. Norwegens Trainer bei der Frauen-WM 2019, Martin Sjögren, sagte kurz vor dem Elfmeterschießen im Achtelfinale gegen Australien Folgendes zu den Spielerinnen: »Ganz gleich, wie's ausgeht, ich bin in jedem Fall superstolz auf euch.« Die norwegische Nationalspielerin Caroline Graham Hansen, die für Barcelona spielt, sagte hinterher, mit diesen Worten sei »einfach der ganze Druck weg« gewesen. Norwegen konnte alle seine Elfer verwandeln und kam in die nächste Runde.

Top-down-Führung

In der Führungsforschung wird generell die Ansicht vertreten, dass Teammitglieder unter Zeitdruck sehr empfänglich für klare Anweisungen ihrer Vorgesetzten sind.[20] Und Teams unter Druck scheinen es vorzuziehen, dass die Führungskraft nötige Entscheidungen selbst trifft und sie nicht delegiert.[21] Eine dominante Führungskraft kann in solchen Situationen viel erreichen.[22] Einige klassische Studien lassen den Schluss zu, dass autoritären Führungspersönlichkeiten unter extremen Bedingungen eher gefolgt wird.[23] Diese Studien sind allerdings schon recht alt, die Vorstellung effektiver Führung dürfte sich seit der Zeit ihrer Publikation gewandelt haben. Eine neuere deutsche Studie zeigt jedoch auch, dass in extremen Notfallsituationen, die sofortige Maßnahmen erfordern (beispielsweise bei Brandkatastrophen), autokratisches Führungsverhalten bei den Mitarbeitern mehr Vertrauen schafft als demokratisches.[24] In einem weniger dramatischen Umfeld hingegen schafft demokratisches Führungsverhalten mehr Vertrauen. Daraus kann man schlussfolgern, dass das Vertrauen, das im Vorfeld von Extremereignissen aufgebaut wurde, am Ende ausschlaggebend dafür ist, wie sich Menschen bei einem solchen Ereignis schließlich verhalten.[25] Anders ausgedrückt: Schwache Führung in Friedenszeiten führt zu noch schwächerer Führung in Kriegszeiten. Kluge Führungspersönlichkeiten sorgen also für einen Vertrauensvorrat, auf den sie zurückgreifen können, wenn die Lage unter Druck gerät.

Wenden wir uns noch mal Scaloni zu. Im Huddle vor dem Shootout hat er alle Entscheidungen getroffen, er alleine hat mit den Spielern gesprochen, und der Großteil seiner Kommunikation schien aus direkten Anweisungen zu bestehen. Allerdings griff er auch den Input seines Co-Trainers auf und setzte ihn unmittelbar um. All dies entspricht der Philosophie des Spielermanagements, wie sie Scaloni formuliert hat. »Jemandem etwas aufzuzwingen, hat für mich keinen Sinn, Punkt«, sagte er einmal. »Ich kann einem Spieler nicht sagen, er soll etwas tun, von dem er nicht überzeugt ist. Das ist unmöglich. Das ist schlecht für die Mannschaft und schlecht für ihn. Nach einer taktischen Übung frage ich oft, wie die Spieler die Sache sehen, ob sie sich wohlfühlen, ob sie überzeugt sind. Zwang passt einfach nicht zu mir. Man muss immer authentisch sein, anders geht's bei mir nicht, ich habe sonst kein gutes Gefühl. Es ist wichtig, dass ein Spieler mir abnimmt, was ich sage.«[26] In diesem Zusammenhang ist interessant, dass von den acht Trainern, deren Mannschaften bei der WM 2022 an einem Elfmeterschießen beteiligt waren, derjenige, der im Huddle vor dem Elfmeterschießen am autoritärsten und direktesten auftrat (Scaloni), zugleich derjenige ist, der in anderen Bereichen seiner Arbeit am demokratischsten vorgeht. Dies ist nur folgerichtig. Wer in der täglichen Arbeit auf dem Platz den Ansichten und Erfahrungen seiner Spieler Raum gibt, hat eben die Möglichkeit, auch einmal direkter zu führen, wenn eine Situation eintritt, die Autorität, Schnelligkeit und klare Ansagen erfordert.

Wir sehen hier, dass es für das Trainerteam von Vorteil ist, wenn es unmittelbar vor einer solchen Hochdrucksituation wie einem Elfmeterschießen mit einer Stimme spricht. Die letzten Minuten, bevor die Spieler den Mittelkreis betreten, sollten vom Cheftrainer geleitet werden, nicht von anderen Teambetreuern. Dieser Moment ist nicht nur der falsche Zeitpunkt, die Verantwortung an die Spieler zu delegieren, er ist sicher auch nicht dafür geeignet, die Verantwortung an die Trainerassistenten abzugeben.

Sämtliche Trainer der Siegerteams der Weltmeisterschaft 2022 haben dies beherzigt, ohne Ausnahme. Die Trainer von Argentinien, Kroatien und Marokko haben die Spieleransprache vor dem Elfmeterschießen selbst in die Hand genommen, sie waren die Einzigen, die zu den Spielern sprachen. Die Trainer der unterlegenen Mannschaften machten sich dies nicht zum Prinzip. Wiederum ohne eine einzige Ausnahme. Von den Trainern der unterlegenen Mannschaften übernahm noch am ehesten Frankreichs Deschamps in der Phase vor dem Elfmeterschießen die volle Verantwortung. Er sprach die Spieler einzeln an und hielt eine Ansprache an die gesamte Mannschaft. Aber stets folgte ihm dabei sein Assistent Stéphan auf dem

Fuß und unterstützte ihn, gab manchmal auch selbst Informationen an die Spieler weiter. Wie sieht es bei den anderen aus? Japans Trainer Hajime Moriyasu besorgte die Auswahl der Schützen, doch als er damit fertig war, übernahm ein Assistent, der den Spielern mit dem Notizblock in der Hand weitere technische Informationen vermittelte. Bei Spanien hielt Trainer Enrique eine Ansprache an die Mannschaft, übertrug aber dann dem Spieler und Kapitän Busquets die Auswahl der Elfmeterschützen sowie die Aufgabe, sie moralisch zu unterstützen, während er selbst mit den Schiedsrichtern sprach oder sich auf der Bank aufhielt. Bei den Niederländern sprach Trainer van Gaal einige Spieler persönlich an, doch dann übernahm Torwarttrainer Hoek und kommunizierte die Spielerauswahl. Gegen Ende der Teambesprechung mischten sich auch noch andere Assistenztrainer und Spieler ein.

Bei Brasilien schließlich zog sich Trainer Tite völlig aus dem Geschehen zurück und überließ alles seinen Assistenten. Während diese zur Mannschaft sprachen, lief Tite nervös auf und ab, hielt sich in 20 Meter Entfernung von seinen Spielern bei der Bank auf und setzte sich sogar einmal hin, wobei er unsicher und fast wie gelähmt wirkte. Für dieses scheinbar bizarre Verhalten des Teamchefs gab es jedoch Gründe. Im Jahr 1986 hatte Tite beim brasilianischen Verein Guarani FC gespielt, der im Finale des Campeonato Brasileiro auf São Paolo traf. Das Rückspiel endete 3:3 und ging ins Elfmeterschießen, das Guarani verlor. Tite hatte zwar selbst keinen Elfmeter getreten, war aber verständlicherweise ziemlich niedergeschlagen. Da er in dieser Nacht nicht schlafen konnte, beschlossen er und seine Frau, in den frühen Morgenstunden das Hotel zu verlassen und nach Hause zu fahren. Tite erinnerte sich: »Wir stiegen ins Auto und fuhren nach Caxias. Auf halbem Weg dorthin geriet ich ins Schleudern, und das Auto stürzte in eine Schlucht. Wir hätten tot sein können. Ein wirklich traumatisches Erlebnis für mich.«[27]

Aus diesem Grund war bei Brasilien Tites Assistent Cléber Xavier für das Elfmeterschießen zuständig. Xavier erklärte: »Ich mache eine Liste mit den besten Elfmeterschützen. Im Training und sonst, und ich teile diese Liste mit dem Betreuungsteam. Nur nicht mit Tite. Tite befasst sich nicht mit Elfmetern.«[28]

Auch wenn man all dies weiß, die Mannschaftsbesprechung Brasiliens war bei Weitem die unstrukturierteste aller Teams bei der WM 2022. Zu keinem Zeitpunkt hatte Xavier die ungeteilte Aufmerksamkeit der Spieler. Was er veranstaltete, glich eher einem lockeren Brainstorming. Einige Spieler, so etwa Neymar, Marquinhos und Antony, verließen mehrfach die Gruppe. Zur mangelnden Konzentration der Spieler könnte auch die Tatsache beigetragen haben, dass der Cheftrainer im Hintergrund herumspazierte.

Ich halte es für sinnvoll, dass die Führungsebene der Mannschaft intensiv in die Vorbereitung und Durchführung eines Elfmeterschießens eingebunden ist. So bekommt das Thema höhere Priorität. Wenn, wie im Beispiel von Scaloni, der Trainer die Kommunikation vor dem Elfmeterschießen leitet, werden die Spieler eher vollen Einsatz bringen. Unter großem Druck kann die persönliche Ansprache von entscheidender psychologischer Wirkung sein. Diese Chance sollte nicht vertan werden.

Kontakt herstellen

Wir alle wissen, wie wichtig Blickkontakt für die Kommunikation ist. Und falls nicht, sagt es uns die neuropsychologische Forschung: Direkter Augenkontakt ermöglicht eine schnellere, dauerhaftere und emotionalere Verbindung.[29] Man sollte also denken, dass Trainer und Trainerinnen dieses grundlegende Kommunikationsmittel in der spannungsgeladenen Phase vor einem Elfmeterschießen eifrig nutzen. Überraschenderweise greifen jedoch einige stattdessen zu Requisiten, die die Aufmerksamkeit der Spieler in Beschlag nehmen und die direkte Verbindung, die bei einer Kommunikation von Angesicht zu Angesicht aufgebaut wird, verhindern.

Notizbücher, Tablets, Zettel – Dinge dieser Art dominieren oft die Augenblicke vor einem Elfmeterschießen, und nicht immer sind sie hilfreich. Auch wenn sich daraus nicht mit absoluter Sicherheit etwas schlussfolgern lässt, so ist es doch zumindest bemerkenswert, dass keine der Siegermannschaften bei der Weltmeisterschaft 2022 kurz vor dem Shootout solche Organisationsrequisiten benutzt hat, sämtliche Verlierer hingegen schon.

So sah man etwa einen Zettel mit einer Liste der Elfmeterschützen (Enrique/Spanien, Hoek/Niederlande, Stéphan/Frankreich), eine Liste von Spielern, die mit Nummern ergänzt wurde, um die Reihenfolge der Schützen zu kennzeichnen (Xavier/Brasilien), und ein Tablet mit Daten über gegnerische Elfmeterschützen und Torhüter (Japan). Das Hantieren mit Zetteln und Tablets hat die Aufmerksamkeit der Schützen zumindest zum Teil gefesselt und den Blickkontakt und die Verbindung zum Sprechenden beeinträchtigt. Bei den Siegerteams hingegen schaute man sich direkt in die Augen und nutzte nonverbale Verhaltensweisen – Gesten, Berührungen –, um die vermittelten Botschaften zu untermauern, ohne dass irgendwo ein Stück Papier oder Elektronik ins Spiel kam. Alle Trainer der Gewinnermannschaften schienen völlig präsent zu sein und schenkten den Spielern ihre ungeteilte Aufmerksamkeit.

Kann ein Stückchen Papier in einem entscheidenden Moment wirklich den Ausgang eines Elfmeterschießens und damit eines ganzen Fußballturniers beeinflussen? Ich bin mir bewusst, dass das unwahrscheinlich klingen mag. Aber denken Sie einmal daran, was es für ein Gespräch bedeutet, wenn Ihr Gesprächspartner ständig mit seinem Telefon beschäftigt ist. Betrachten wir einmal, was den brasilianischen Spielern widerfuhr, nachdem sie am Ende der regulären Spielzeit gegen Kroatien das Spielfeld verlassen hatten, und wie sie die etwa zweiminütige Pause zusammen mit ihren Betreuern an der

Seitenlinie verbrachten, bevor sie wieder in den Mittelkreis zurückkehrten. Zunächst mussten sie 15 bis 20 Sekunden warten, bis die beiden Assistenztrainer Cléber Xavier und Matheus Bachi ihre private Besprechung beendet hatten. In dieser Zeit hätte der Trainer Tite mit der Mannschaft kommunizieren können, aber er verbrachte sie aus ganz privaten Gründen allein in der Coachingzone bei der brasilianischen Bank. Kaum waren die Assistenztrainer fertig, trat Xavier mit einem Notizblock in der einen und einem Stift in der anderen Hand in die lockere Formation der Spieler. Dann fragte er 20 bis 30 Sekunden lang einige von ihnen, ob sie einen Elfmeter übernehmen wollten. Ihre Antworten notierte er in seinem Notizbuch. Es dauerte nicht lange, und dieses Notizbuch schien magische Anziehungskräfte zu entwickeln. Es wurde zum Mittelpunkt der Veranstaltung, umlagert von Spielern, die zu erspähen versuchten, was er hineingekritzelt hatte. Manche, wie Thiago Silva, starrten mehr als eine Minute lang darauf. Die meisten Spieler sahen sich das Heft in den nächsten 40 Sekunden an – oder versuchten wenigstens, einen Blick darauf zu erhaschen. Schließlich legte Xavier das Notizbuch weg, und die Versammlung endete mit einem kurzen Huddle von 15 Sekunden, in dem Spieler wie Neymar den Ton angaben.

Insgesamt verbrachten die Spieler fast die Hälfte der verfügbaren Zeit damit, handschriftliche Notizen zu entziffern. Sollte man sich mit so etwas vor einem Elfmeter beschäftigen? Sicherlich nicht. Eins kann man jedoch sicher sagen, diese Leseminute verhinderte jede andere hilfreiche Interaktion, die in dieser Zeit hätte stattfinden können.

Ich will damit nicht sagen, dass man ein Elfmeterschießen nicht auch mit Zetteln und Notizbüchern gewinnen kann. Aber solche Gedächtnisstützen haben ihren Preis. Zumindest sollte genau überlegt werden, welche Requisiten zu solchen unter hohem Druck stattfindenden Besprechungen mitgenommen werden – und ob es nicht vielleicht besser wäre, sie bei der Bank zu lassen.

Auch an den Torwart denken

Inwieweit werden Torhüter und Torhüterinnen in die Kommunikation der Trainer und Trainerinnen vor dem Elfmeterschießen einbezogen? Sie haben ohnehin eine Sonderstellung und werden von einem eigenen Trainerstab betreut. Bei einem Elfmeterschießen sind Torhüter*innen allerdings die wichtigsten Personen auf dem Feld: Sie tragen als Einzige für mehr als einen Schuss Verantwortung. Meine Analyse des Elfmeterschießens bei der WM 2022 ergab jedoch, dass nur ein einziger Trainer in der Vorbereitung den Torwart persönlich angesprochen hat. Und das war, Sie werden es sich schon denken – Argentiniens Trainer Lionel Scaloni. Sonst keiner. Allenfalls könnte man hier noch Spaniens Luis Enrique nennen, der allen seinen Spielern die Hand schüttelte, als sie nach 120 Minuten das Spielfeld verließen, einschließlich seinem Torhüter Unai Simón, aber das war auch schon der ganze Kontakt zwischen den beiden. Die übrigen Trainer ließen ihre Torhüter außen vor, und bei einigen (ich denke hier insbesondere an den Kroaten Zlatko Dalić) konnte man fast den Eindruck gewinnen, als ob der Trainer seinen Torhüter *ignorieren wollte*. Die Mitspieler verhielten sich da ganz anders. Etliche traten auf ihren Torhüter zu, umarmten ihn oder sagten ein paar Worte zu ihm, eine natürliche und menschliche Reaktion, wenn ein Freund und Kollege eine führende und potenziell entscheidende Rolle in einem hochdramatischen Ereignis spielen soll. Hier hätten die Trainer vielleicht mal etwas von ihren Spielern lernen können.

Eine Revolution steht noch aus

Es gibt hier viel zu lernen über Führung und Kommunikation. Es existiert ein wunderbares Video, das Scalonis unmittelbare Reaktion auf den Elfmeterschuss von Montiel zeigt, der Argentinien zum

Weltmeister machte. Er hat es geschafft, er hat gerade mit seiner Mannschaft den World Cup errungen. Aber man sieht es ihm nicht an. Kein Jubel. Er springt nicht auf, reckt nicht die Fäuste in die Luft. Nichts Machohaftes. Vor dem Schuss ist Scalonis Gesichtsausdruck konzentriert und ruhig. Auch als der Ball im Netz ist, bleibt sein Gesichtsausdruck entspannt, nur ein Lächeln umspielt seine Lippen, und dann zeigt sich eine ganz kleine Träne im Augenwinkel. Ich kenne nur wenige Bilder aus der Welt des Fußballs, die die Kraft der Verletzlichkeit besser zum Ausdruck bringen.

Seit dem Jahr 2000 hat der Fußball einige Revolutionen erlebt. Das Spiel selbst hat sich unter der Führung einer Reihe von bahnbrechenden, manche würden sagen revolutionären Trainern und Trainerinnen, die mit taktischer Raffinesse völlig neue Spielweisen entwickelt haben, enorm weiterentwickelt. Sportwissenschaft und Fitnesstraining kommen in einem noch nie dagewesenen Ausmaß zum Einsatz und haben den körperlichen Auftritt der Spieler und Spielerinnen völlig verändert. Und in jüngster Zeit hat es auch eine Revolution der Spielanalyse gegeben, denn immer mehr Mannschaften setzen auf die Auswertung von Daten, um taktische Entscheidungen auf dem Spielfeld zu treffen oder zu stützen. Doch wo bleibt die vierte Revolution, die von manchen, darunter Arsène Wenger, prophezeit wird – die psychologische Revolution?

Auf einer Konferenz in London im Jahr 2010 sagte Wenger: »In den letzten 10 bis 15 Jahren haben wir uns auf den physischen und technischen Bereich konzentriert. In den nächsten 10 bis 15 Jahren werden wir uns sicherlich im mentalen Bereich weiterentwickeln. Nicht nur aus Siegeswillen, sondern auch im Hinblick auf unsere Vision, ein schnelleres Spielverständnis, und mit Sicherheit liegt hier das zukünftige Entwicklungspotenzial unseres Sports.«

Bislang ist davon jedoch nicht viel zu sehen. Sicherlich hat man das eine oder andere unternommen, mehr Spieler und Spielerinnen haben verstanden, dass mentales Training ihre Leistung steigern kann.

Aber im Großen und Ganzen bleibt das Fußballtraining so, wie es schon immer war. Die psychologische Revolution steht noch aus. Oder, wie Wenger es 2024 im Gespräch mit mir ausdrückte: »Im mentalen Bereich haben wir zwar Fortschritte gemacht, aber wir haben noch viel zu lernen. Ob es Fortschritte in Bezug auf den Umgang mit Leistungsdruck gibt? Ich glaube nicht.«

Der Mikrokosmos des Elfmeterschießens zeigt das größere Problem im Kleinen. Für viele Trainer und Trainerinnen ist ein Elfmeterschießen – vorausgesetzt, sie überwinden die »Glücksspiel«-Mentalität – vor allem eine technische Angelegenheit, in der Datenanalysen Entscheidungen über Torschüsse und Paraden produzieren und in der wenige und womöglich ausschlaggebende Minuten eher auf simple Logistik als auf die Unterstützung der auserkorenen Schützen und Schützinnen verwendet werden. Wie ich auf den Seiten dieses Buches hoffentlich deutlich gemacht habe, geht es beim Üben des Elfmeterschießens nicht einfach nur um das Training von Fußballern, sondern von Menschen. Menschen, die möglicherweise kurz davor stehen, den wichtigsten Ball ihres Lebens zu treten.

Oder wie Lionel Scaloni es ausdrückt: »Es sollte überhaupt keine Distanz zwischen dem Fußballspieler und dem Menschen geben. Letztendlich ist ein Fußballer nur einer, der Fußball spielt, und das ist immer noch ein menschliches Wesen.«[30]

NACHWORT

»Können Sie mit mir über die Vorbereitung auf ein Elfmeterschießen sprechen?«

Derartige Anfragen erhalte ich oft, manchmal von Fußballteams, manchmal von Journalist*innen. Die E-Mail, um die es jetzt gehen soll, kam vom Trainerassistenten einer Nationalmannschaft, von jemandem, den ich kannte, mit dem ich aber länger keinen Kontakt gehabt hatte. Das Ungewöhnliche an der Nachricht war ihr Zeitpunkt. Es war früh am Abend vor dem Spiel seiner Mannschaft im Viertelfinale einer Weltmeisterschaft.

Es ist ja klar, dass Fußball seinem Wesen nach im Hier und Jetzt stattfindet. Teams bereiten sich in der Regel nur auf die nächste Begegnung vor. »Ein Spiel nach dem anderen« ist auf Gedeih und Verderb das Mantra im Fußball. Ich werde kontaktiert, wenn man sich klar darüber wird, dass man im nächsten Spiel ins Elfmeterschießen kommen könnte. Es ist immer eine Ehre, und natürlich helfe ich gern. Aber *am Abend vor einem Weltmeisterschafts-Viertelfinale*? Wäre es nicht sinnvoll gewesen, daran ein bisschen früher zu denken?

In einer anderen Mail las ich: »Hallo Geir, hast du nächste Woche mal Zeit für ein Schwätzchen?« Der Absender arbeitete für einen Verein, der in der Champions League spielte. Und hier stimmte das Timing. Bis zur K.-o.-Phase waren es noch einige Monate: genug, um das, worüber wir sprechen würden, in die Praxis umzusetzen, wenn sie es denn wollten. Zu der verabredeten Zeit loggte ich mich in die vereinbarte Videokonferenz ein und erblickte kurz das Gesicht des Freundes, der sich an mich gewandt hatte. Doch bevor ich auch nur Hallo sagen konnte, entschuldigte er sich, und der Bildschirm wurde schwarz. Nach einigen Momenten der Verwirrung kam das Bild zurück, und er machte einen kurzen Kameraschwenk durch den Raum, in dem er sich befand. Er war voll besetzt. »Wir sind mit dem ganzen Betreuungsteam da«, erklärte er mir, »und die wollen alles wissen, was du über Elfmeter weißt. Was kannst du berichten? Wir haben 45 Minuten.«

Aha, das verstand er also unter einem Schwätzchen. Später entschuldigte sich mein Freund: Bis 5 Minuten vor dem Chat-Meeting hätte er noch nicht gewusst, dass sämtliche Betreuer teilnehmen wollten. Er bat mich, ihm eine Rechnung für meinen Zeitaufwand zu schicken.

Es war nicht das erste Mal, dass mir so etwas passierte. Ein paar Jahre zuvor hatte mich der Leiter des Leistungscenters eines Clubs zu einem »lockeren Gespräch« eingeladen, um mich dann freudig in einen voll besetzten Raum zu führen. Als ich Platz genommen hatte, eröffnete er die Begegnung zu meinem nicht geringen Schreck mit dem Satz: »Nun zeigen Sie uns mal, was Sie draufhaben!«

Dann gab es noch das Treffen, zu dem ich mit dem Trainer einer Nationalmannschaft im eindrucksvollen Hauptquartier eines großen europäischen Fußballverbandes verabredet war. Er kam zu spät, also wartete ich. Schließlich stiefelte er herein und erklärte forsch, er habe nur eine halbe Stunde Zeit für mich. Das war nicht gerade ideal, aber mir war ja bekannt, das er ein viel beschäftigter Mann war, und die Zeit war immer noch ausreichend, um das Wesentliche zu besprechen. Er sagte, er wolle zunächst einmal seine eigenen Gedanken über Elfmeter vortragen. Ich war natürlich einverstanden, und so fing er an zu reden. Und er redete. Nach 28 Minuten hatte der Trainer seine komplette Philosophie bis ins Kleinste vor mir ausgebreitet. Zum Abschluss fragte er: »Und? Was halten Sie davon?«

Es war keine Zeit mehr, etwas darauf zu erwidern. Ich dankte ihm für seine Ausführungen, und damit war die Begegnung zu Ende. Danach gab es keinen weiteren Kontakt mehr.

Diese Geschichten vermitteln einen Eindruck von den Einstellungen, die im Fußball zum Thema »Vorbereitung auf Elfmeter« auch heute noch vorherrschen: Fußball ist chaotisch, unberechenbar und auf den Augenblick fixiert. Das Hauptaugenmerk liegt immer darauf, was zum Sieg im nächsten Match nötig ist, und alles andere, einschließlich Elfmetern, wird auf die lange Bank geschoben. Der Fußballsport ist eine Milliarden-Industrie, die es sich leistet, einen potenziell entscheidenden Aspekt seltsam unstrukturiert, improvisiert oder bloß reaktiv zu behandeln. Dass man dem Elfmeter so wenig Struktur und Priorität einräumt, kann auch als eine tief sitzende Vermeidungsstrategie interpretiert werden. Es gibt Ausnahmen, von denen mehrere im Verlaufe dieses Buchs zur Sprache gekommen sind. Doch im großen Ganzen haben Chef- und Assistenztrainer sowie andere Entscheidungsträger im Fußball nie gelernt, über Elfmeter und deren Vorbereitung zu sprechen. Das Thema wird entweder so gut es geht vermieden oder ganz ignoriert.

Hierin liegt ein Problem. Es steht außer Frage, dass die Leistung darunter leidet, wenn eine Mannschaft nicht genügend Zeit oder Mühe in eine Aufgabe, und zwar egal welche, investiert. Das noch größere Problem ist jedoch, dass diejenigen, die zum Elfmeterschießen aufgestellt werden, nie das richtige Training und die angemessene Unterstützung erhalten. Die Folge ist, dass die Nichtbeachtung des Elfmeterschießens im Endeffekt die Spieler und Spielerinnen zutiefst bloßstellt, beschädigt oder im schlimmsten Fall sogar verbrennt. Das Problem ist nicht, dass die Leistungserbringung beim Elfmeterschießen eine zu harte Aufgabe ist oder dass Schützen und Schützinnen nicht jeder Schuss gelingt. Ein Elfmeterschießen ist extrem anspruchsvoll, und dass da auch mal ein Ball verschossen wird, das ist ganz normal. Das Problem ist vielmehr, dass von den Spielerinnen und

Spielern erwartet wird, unter massivem Leistungsdruck und ohne Hilfe erfolgreich zu sein. Allzu viele haben einen angemessenen Umgang mit dieser Situation nie gelernt, haben kein Training zur Bewältigung von Druck erhalten und sind mit Sicherheit von ihren Trainerinnen und Trainern in den Minuten direkt vor dem Ereignis nicht unterstützt worden. Solche Spielerinnen und Spieler werden unvorbereitet und ungeschützt in die Höhle des Löwen geschickt.

Es wäre zu einfach, allein die Trainer und Trainerinnen dafür verantwortlich zu machen. Teamchefs wie Didier Deschamps, Luis Enrique und Hijame Moriyasu haben ihre Spieler in schwierige Situationen gebracht, in denen sie kaum etwas in der Hand hatten, um gegen den Druck anzukämpfen, dem sie dort ausgesetzt waren. Doch schon diesen Trainern hatte niemand beigebracht, was in solchen Situationen zu tun ist. Sie kannten es aus ihrer Zeit als aktive Spieler nicht anders. Niemand hatte ihnen effektives Training, umfassende Vorbereitung und optimale Unterstützung derjenigen, die in ein Elfmeterschießen gingen, vorgelebt. Das Problem liegt nicht bei den Trainerinnen und Trainern. Und auch nicht bei Spielerinnen und Spielern. Vielmehr ist die Kultur das Problem. Fußball ist seinem Wesen nach traditionalistisch und konservativ. Schon immer hieß es, dass Spieler und Spielerinnen entweder das Selbstvertrauen und den Mut haben, diese Aufgabe zu übernehmen, oder nicht. Von dem konkreten Rüstzeug, das nötig ist, um angesichts dieser Aufgabe zu bestehen, war dabei allerdings nie die Rede. Diesen Kreislauf gilt es zu durchbrechen.

Historisch betrachtet, lag der Fokus im Fußball immer auf etwas anderem, was nicht heißen soll, dass seit den ungehobelten, wilden Elfmeterschießen der 70er und 80er Jahre, in denen man sich einfach auf seine Instinkte verließ und von denen zu Beginn des Buches die Rede war, keine Entwicklung stattgefunden hätte. Schon in den Anfängen verfestigte sich die Vorstellung, beim Elfmeterschießen unter wahnsinnig hohem Druck etwas ungeheuer Schweres und zugleich Gefahrvolles leisten zu müssen – und damit einhergehend der Gedanke, dass jede Art von Vorbereitung aussichtslos sei. Schnell verinnerlichten Spieler, dass ein verschossener Elfmeter einen potenziellen Karriereknick bedeutete. Ein einziges Versagen konnte ein Fußballerleben lang nachwirken. Und noch nicht einmal großes Talent war ein Garant dafür, dass man ungeschoren davonkam. Die größten Superhelden des Fußballs verschossen Elfmeter auf den größten Bühnen: Michel Platini und Zico bei der WM 1986; Diego Maradona bei der WM 1990; Marco van Basten bei der EM 1992; Franco Baresi und Roberto Baggio bei der WM 1994; Paolo Maldini und fast das gesamte Team der Niederlande bei der EM 2000, um nur eine Handvoll zu nennen. Gerade weil selbst die allerbesten Spieler häufig und spektakulär floppten[1] – und das mit verheerenden Folgen –, schien die Lehre klar: Ein Elfmeterschießen ist etwas, das von niemandem beherrscht werden kann. Es war für sie tatsächlich ein Glücksspiel. Entweder man schaffte es oder nicht.

Es verwundert daher nicht, dass diese ersten Jahrzehnte eine Zeit der kollektiven Realitätsflucht waren. Wer in ein Elfmeterschießen ging und mit dem immensen Stress umgehen musste, entschied sich in der Regel für den einfachsten Weg, also Vermeidung – »Bring's einfach hinter dich«, lautete die Devise. Sogar der Sport selbst schien in einer Art Verweigerungshaltung zum Thema Elfmeterschießen zu verharren, denn lange war man mit dem radikalsten aller Mittel bestrebt, es zu vermeiden: durch komplette Abschaffung. Sepp Blatter, FIFA-Generalsekretär von 1981 bis 1998 und dann von 1998 bis 2015 FIFA-Präsident, war nie ein Fan des Elfmeterschießens. »Fußball ist ein Mannschaftssport«, sagte er einmal, »aber beim Elfmeterschießen entscheidet nicht die Mannschaft, sondern der Einzelne.« Das ist sicher eine gängige Sichtweise auf das Elfmeterschießen, doch ich bin anderer Meinung: Ein Elfmeterschießen ist ganz klar eine Mannschaftsleistung. Doch Blatter konnte dem Elferduell nichts abgewinnen: »Ein WM-Endspiel ist Leidenschaft, die Verlängerung ein Drama, aber das Elfmeterschießen eine Tragödie.«[2]

Während Blatters gesamter FIFA-Karriere setzte er sich unermüdlich für die Abschaffung des Elfmeterschießens ein. So führte die FIFA im Jahre 1993 das »Golden Goal« ein: das erste in der Verlängerung erzielte Tor sollte die Partie entscheiden. Die Neuerung kam bei den Europameisterschaften der Männer von 1996 und 2000 zur Anwendung sowie bei den Herren-Weltmeisterschaften von 1998 und 2002. Das Weltmeisterschaftsfinale der Frauen 2003 wurde in der 98. Minute durch ein Golden Goal entschieden. Doch insgesamt wirkte sich die Neuregelung lähmend auf die Spielweise in der Verlängerung aus, weil sie zu extremer Vorsicht führte, anstatt das Spiel zu öffnen. So wurde sie wieder abgeschafft, und die Fans trauerten ihr nicht nach.

Dennoch lautete die Botschaft vom Dachverband des Fußballs, dass Elfmeterschießen das grundsätzlich falsche Mittel zur Entscheidung von Spielen seien, und dass es sie möglicherweise nur für eine begrenzte Zeit geben würde. So ist es wenig verwunderlich, dass Mannschaften Elfmeterschießen damals so wenig ernst nahmen. Noch bis weit in die 2000er Jahre hinein gaben sich Trainer und Trainerinnen alle Mühe, nicht an Elfmeterschießen zu denken und sie nicht einzuplanen. Es herrschte ein Gefühl vor, dass Gespräche mit Spielern und Spielerinnen über Elfmeter mehr Probleme schaffen als lösen und nur ihre enorme Angst davor noch steigern würden.

Doch zur Jahrtausendwende waren Elfmeterschießen zu einer regelmäßigen Begleiterscheinung von Wettkämpfen auf höchstem Niveau geworden, und zahlreiche der wichtigsten Partien wurden auf diesem Wege entschieden. Elfmeterschießen waren nicht mehr zu ignorieren. Und es bildeten sich Muster heraus: Deutschland gewann oft, während England, die Niederlande und zum Teil auch Spanien eher auf der Verliererseite standen. In der Folge begannen auch Wissenschaftler*innen, Analyst*innen und Autor*innen, sich für Elfmeter zu interessieren. Es wurden Studien durchgeführt und Bücher geschrieben. Die Forschung beschäftigte sich damals hauptsächlich mit der Frage, inwieweit der Torhüter oder die Torhüterin den Schuss vorausahnen kann. Es ging viel um den Schuss selbst: links, rechts, oder zentral; besser mit Wucht oder besser mit Präzision? Und man suchte das Rezept für den perfekten Elfmeter. In meinem Bücherregal finden sich sechs Publikationen über Elfmeter allein aus dem Zeitraum zwischen 1998 und 2005.[3] Was Forschende und Autoren verband, war die bisweilen konfrontativ vorgetragene Überzeugung,[4] dass Elfmeter wohl doch keine Lotterie sind.

Das ist auch heute noch Konsens, nicht zuletzt unter selbst ernannten Fußball-Intellektuellen. Diese strikte Ablehnung des Zufallselements bei Elfmetern hat jedoch auch ihre Kehrseite. Während die Überzeugung, dass Elfmeter *keine* reine Glückssache sind, zu Recht den Wert von Können unterstreicht und die Vorbereitung in den Mittelpunkt rückt, wird dadurch andererseits die ebenfalls nicht zu leugnende Tatsache vernachlässigt, dass ein Elfmeter nicht in jeder Hinsicht kontrolliert werden kann. Der Zufall spielt für den Ausgang eines Elfmeterschießens eine größere Rolle als für das Ergebnis einer Begegnung in der regulären Spielzeit, und abgesehen von einigen wenigen Elfmeterkünstlern und -künstlerinnen kann ein Schütze oder eine Schützin bei einem Elfmeter fast alles richtig machen und ihn dennoch verschießen. Es steht außer Frage, dass es für einen Elfmeterschützen oder eine Elfmeterschützin im Moment des Schusses vorteilhaft ist, zu 100 Prozent an sich selbst und die eigenen Fähigkeiten zu glauben und dem Zufall keinen Raum zu geben. Gleichwohl ist es eine Tatsache, dass Spieler und Spielerinnen das Gefühl bekommen können, der Zufall spiele eine zu große Rolle und sie verlören die Kontrolle. Das müssen wir bei Vorbereitung und Training mit berücksichtigen, um sie dabei zu unterstützen, auch mit den psychologischen Aspekten von Elfmetern besser klarzukommen. Außerdem sollten Coaches, die an die Lotterie-Metapher glauben, nach einem verlorenen Elfmeterschießen ihre Spieler und Spielerinnen wenigstens in Schutz nehmen, wenn sie ihnen schon zuvor nichts zu bieten hatten, das ihnen bei dieser Aufgabe helfen konnte.

Seit etwa zehn Jahren hat die digitale Revolution den Profisport aufgemischt und eine neuerliche Flut an Büchern und wissenschaftlichen Veröffentlichungen über den Elfmeter ausgelöst,[5] was zweifellos Auswirkungen auf das Spiel gehabt hat, etwa auf die Schussplatzierung, die Position des Torhüters oder der Torhüterin und die Dynamik zwischen Schütze oder Schützin und Torwart oder Torwartin. Doch meist blicken derartige Analysen bloß auf die Zahlen, ohne den Kontext oder psychologischen Hintergrund mit einzubeziehen. Meine Erfahrung ist, dass ironischerweise gerade die glühendsten Verfechter von Datenanalysen im Zusammenhang mit Elfmetern stärker in ihrem eigenen Denken verstrickt sind als jene, die in der Ära des »Elfmeter sind eine Lotterie« stehen geblieben sind. Das ist wahrscheinlich normal und menschlich; man sollte eben auch stets seine eigenen Denkpräferenzen hinterfragen (wie ich es im Laufe dieses Buches versucht habe; zum Beispiel mit meiner Faszination für Verhaltensanalyse, die mich dazu verführen könnte, Verhaltensweisen Bedeutung zuzuschreiben, die in Wirklichkeit rein zufällig sind).

Um die Gefahr einer rein datenbasierten Analyse besser zu verstehen, wollen wir zum Schluss das flächendeckend im Fußball eingeführte Konzept des »First Mover Advantage« betrachten, eine Idee, die ursprünglich von dem spanischen Wirtschaftswissenschaftler Ignacio Palacios-Huerta stammt. Sie besagt im Kern, dass stets die Person im Vorteil ist, die den ersten Schritt macht. Er fand heraus, dass 61 Prozent der Mannschaften, die bei einem Elfmeterschießen zuerst schießen, gewinnen, und seit der Veröffentlichung seiner Studie im Jahr 2010 verzichtet kaum noch ein Kapitän oder eine Kapitänin nach einem gewonnenem Münzwurf auf den ersten Schuss. Nachdem jedoch Studien publiziert wurden, die sich auf eine größere Basis und auf neuere Daten gründeten, ist der First Mover Advantage beständig und dramatisch gesunken: eine Studie bescheinigte der zuerst schießenden Mannschaft eine 55-prozentige Chance, das

Elfmeterschießen zu gewinnen,[6] eine zweite 51 Prozent[7] und die dritte, die größte und mit den aktuellsten Daten, kam auf nur 49 Prozent.[8] Es bedeutet mithin keinen Vorteil mehr, als Erster anzutreten. In der Spielpraxis scheint es also gelungen zu sein, den Vorteil dessen, der zuerst schießt, auszugleichen und das Losglück zu neutralisieren. Menschen sind eben komplexer als Zahlen, die von einer Statistik-Software bearbeitet wurden. Sie entwickeln neue Verhaltensweisen und passen sich an, heutzutage schneller denn je. So ist das, was vor einigen Jahren noch eine bedeutende Entdeckung war, unter Umständen heute überhaupt nicht mehr aktuell. Erkenntnisse altern äußerst schnell, und Daten müssen ständig aktualisiert und Folgerungen revidiert werden. Meine Arbeit bildet da keine Ausnahme. Ich lade Forschende mit besseren Datensätzen, schärferen Analysen und besseren statistischen Tools als meinen ein, meine Befunde zu hinterfragen und die hier beschriebenen Untersuchungen neu aufzurollen. Ich stelle mich darauf ein, dass einige meiner Erkenntnisse und Schlussfolgerungen Bestand haben werden, andere dagegen nicht.

Inzwischen ist die Psychologie zusehends mit ins Spiel gekommen. Einige der heutigen Elfmeterschützen und -schützinnen konzentrieren sich auf weit mehr als nur die mechanische Ausführung ihres Schusses. Es ist ihnen gelungen, ein Gespür für Kontrolle am Elfmeterpunkt zu erlangen. Und wie gesehen, verfügen Torhüter und Torhüterinnen über Techniken zur Manipulation und Verwirrung ihrer Kontrahenten, denen selbst ein Machiavelli applaudieren würde. Andererseits haben auch Spielerinnen und Spieler ausgeklügelte Methoden entwickelt, um ihre Teamkolleginnen und kollegen vor derartigen machiavellistischen Übergriffen zu schützen. Heute erstellen viele europäische Spitzenteams nicht nur eine Liste ihrer bevorzugten Elfmeterschützen und -schützinnen (was die meisten Teams schon seit einiger Zeit praktizieren), sondern eine weitere mit zwei oder drei Namen, die für die Abschirmung der ausführenden Person zuständig sind. Manche richtungsweisenden Trainer und Trainerinnen simulieren Stresssituationen in der Vorbereitung und haben ihre Kommunikation optimiert. Mannschaften und Verbände integrieren mittlerweile Forschungsergebnisse in die Praxis und schnüren ein Gesamtpaket zum Zwecke maximaler Durchschlagskraft.

Doch die Zeit ist reif dafür, diese neue, besser durchdachte psychologische Herangehensweise an das Elfmeterschießen zu vertiefen und zu erweitern. Das soll nicht bedeuten, dass das Ereignis an Intensität verlieren soll; auch nicht, dass wir an einen Punkt gelangen sollten, an dem Elfmeter gar nicht mehr verschossen werden. Es sollte vielmehr darum gehen zu akzeptieren, dass man der eigenen Verletzlichkeit und enormem Druck ausgesetzt ist, und dann die notwendigen Schritte zu unternehmen, um den Druck auszuhalten und unter Druck die gewünschte Leistung zu erbringen. Erforderlich dafür sind Kontrollstrategien, Teamarbeit, Druckabbau-Training auf hohem Niveau sowie einfühlsame Kommunikation und Unterstützung seitens des Trainers oder der Trainerin. Glücklicherweise ist die neue Generation von Elitefußballern und -fußballerinnen und jungen aufgeschlossenen Trainern und Trainerinnen bereit für diese Entwicklung. Sie nutzen Internetressourcen, Videoaufzeichnungen und bewährte Praktiken auf einem noch nie dagewesenen Niveau. Sie studieren das Spiel mit Leidenschaft. Das trifft ebenfalls auf die besten Fußballverbände zu. So wie einige Mannschaften ihr Spiel in Standardsituationen (bei Eckbällen, Freistößen und Einwürfen) in den vergangenen zehn Jahren durch die Einstellung spezieller Trainer und Trainerinnen auf ein neues Niveau an Finesse und Effektivität gehoben haben, so bin ich davon überzeugt, dass wir nun etwas Ähnliches auch im Bereich des Elfmeters sehen werden.

Die Psychologie wird bei all dem eine immer wichtigere Rolle spielen. Wir werden in Zukunft weiter anzuerkennen lernen, dass ein Elfmeterschießen so viel mehr ist als eine Serie von Schüssen: dass es um Körpersprache geht, um die Beziehung zwischen Teamkolleginnen und -kollegen, um Kommunikation – kurzum, dass es ein komplexes mentales, emotionales und soziales Ereignis ist. Topspielerinnen und -spieler von heute haben ein viel besseres Verhältnis zur Psychologie als noch die vorige Generation. Es fällt ihnen viel leichter, ihre Verletzlichkeit zu zeigen, und so sind sie offen für das, was die Psychologie ihnen auf diesem Gebiet zeigen und sie lehren kann. Wenn ein Erling Haaland über seine Erfahrungen am Elfmeterpunkt spricht, dann schreckt er nicht davor zurück, seine Aufregung zu thematisieren. Diese Offenheit im Umgang mit den eigenen Ängsten wäre unter den besten Stürmern früherer Generationen undenkbar gewesen.

Diese Erkenntnis betrifft jedoch auch eine Wahrheit über das Elfmeterschießen – und womöglich einen der Hauptgründe dafür, dass dieses Spektakel uns so tief berührt. Bei einem Drama, in dem es um alles geht, verlassen die Elfmeterschützinnen oder -schützen den Rest ihrer Mannschaft und stehen allein vor dem Ball. In diesem Augenblick sehen wir zuallererst das Menschliche in ihnen – Menschen, die unter Druck gesetzt werden, die dem ganzen Spektrum an Emotionen unterworfen sind, das man in solch einer Situation fühlt, und die ihr Bestes tun, um zu bestehen und es hinter sich zu bringen. Und das können wir sehr gut nachempfinden. Ihr Druck ist in diesem Moment unser Druck.

DANKSAGUNG

Dieses Buch mag, ähnlich wie seine Hauptfigur, der Elfmeter, nach außen hin wie eine Einzelleistung wirken, tatsächlich jedoch ist es ein Teamprojekt gewesen, an dem viele maßgeblich mitgearbeitet haben.

Zunächst einmal bin ich Rebecca Nicolson von New River Books sehr dankbar dafür, dass sie den Stein ins Rollen gebracht hat. Auch andere haben sich für das Entstehen dieses Buches eingesetzt, aber niemand so vehement und überzeugend wie Rebecca. Mit ihr zusammenzuarbeiten war mir eine Ehre und ein Vergnügen.

Aurea Carpenter und Giles Smith danke ich für ihre Lektoratsarbeit in den verschiedenen Phasen, und Susanna Lea und ihrem Team danke ich dafür, dass sie das Buch einem größeren internationalen Publikum zugänglich gemacht haben.

Arsène Wenger gehört weltweit zu den führenden Pionieren der Fußballpsychologie und inspiriert mich seit Jahrzehnten. Ich bin ihm äußerst dankbar und stolz auf seine Beiträge zu diesem Buch.

Menschen, die auf höchster Ebene des internationalen Fußballs agieren, sind oft sehr verschlossen und zögerlich, wenn es darum geht, über ihre Gedanken, Gefühle und Strategien zu sprechen, vor allem, wenn es um Informationen geht, die von anderen in dem Geschäft ausgenutzt werden könnten. Folgende Personen haben sich weit aus dem Fenster gelehnt und mich großzügig unterstützt: Celso Borges, Yasuhito Endō, Erling Braut Haaland, Niklas Häusler, Alex

Hodgins, Robert Lewandowski, Chris Markham, Maren Mjelde, Zećira Mušović, Ørjan Nyland, Fabi Otte, Hope Powell und Martin Ødegaard. Vielen Dank!

Mein Dank für wertvolle Hilfe geht auch an Frank Abrahamsen, Kaori Araki, Aksel Bergo, Christine Bolger, Lars Brotangen, Jan-Erik Buskerud, Thomas Cooper, Maud Craigie, Kuba Galanty, Peter Haberl, Thomas Elinam Jenssen, Pål Arne Johansen, Filip Kopeć, Bjørn Mannsverk, Alan McCall, Scott McLachlan, Anders Meland, Gareth Morgan, Barry Pauwels, Hans Erik Ramberg, Hege Riise, Jaeson Rosenfeld, Atle Røsseland, Christian Schönsberg, Sebastian Høyvik Skjold, Kenny Stamatopoulos, Viggo Strømme, Leif Gunnar Smerud, Bjørn Frode Strand, Rachel Vickery, Krzysztof Waloszczyk, Tania Wight, Takuma Yamanaka und Egil Østenstad sowie an Lone Friis Thing, Kristin Andersen und meine wunderbaren Kolleg*innen vom Institut für Sport und Sozialwissenschaften an der Norwegischen Sporthochschule.

Dieses Buch ist auch das Ergebnis jahrelanger Forschungsarbeit, an der Marije Elferink-Gemser, Esther Hartman, Chris Visscher, Koen Lemmink, Gert-Jan Pepping, Tjerk Moll, Einar Sigmundstad, Philip Furley, Matt Dicks und Foppe de Haan maßgeblich mitgewirkt haben.

Dennoch wäre es niemals entstanden ohne die brillante Yanique Fletcher, die mich während der gesamten Arbeit mit ihrem geradezu forensischen Blick fürs Detail unterstützt und dabei doch nie das große Ganze aus den Augen verloren hat.

ANMERKUNGEN

Einleitung

1 FIFA (2023).
2 Tartaglione (2022).
3 Basierend auf der Untersuchung von 6853 Spielen in 6 großen europäischen Ligen (Premier League, Serie A, Bundesliga, Eredivisie, La Liga, Champions League) über 5 Spielzeiten (2015/2016 bis 2019/2020), Veldkamp & Koning (2023).
4 Edgar (2022).

Kapitel 1

1 MrFrandefoot (2009).
2 FIFA (2022).
3 Wilbert-Lampen u. a. (2008).
4 Witte u. a. (2000).
5 Siehe die Metaanalyse von 13 Studien von Lin u. a. (2019) sowie die Metaanalyse von 19 Studien von Wang u. a. (2020).
6 Pearce (2000), S. 3.
7 Jordet & Elferink-Gemser (2012).
8 Russell & Lightman (2019); Rohleder u. a. (2007).
9 Rogers u. a. (2003).
10 Jafari u. a. (2017); Stephenson u. a. (2022).
11 Shields u. a. (2016).
12 Stephenson u. a. (2022); Balk u. a. (2013).
13 Jordet u. a. (2008).
14 Jordet & Elferink-Gemser (2012).
15 Martens u. a. (1990).
16 Guardian Sport (2021).
17 Rashford & Anka (2021).
18 Beim letzten Elfmeter vor der WM, im Spiel gegen Louisville, zögerte sie länger –

7,5 Sekunden. Vor diesem Schuss war sie allerdings gerade dabei, ihre Hose zurechtzuziehen, als der Freigabepfiff ertönte, und nahm erst Anlauf, als sie damit fertig war. Deshalb ist dieser Elfmeter in der Grafik nicht enthalten, denn das Aufzeigen der Pausezeiten soll hier die mentale Vorbereitung anzeigen, nicht die Zeit, die mit dem Arrangieren des Trikots oder anderen praktischen Dingen verbracht wird.

19 Diese Theorien haben unterschiedliche Bezeichnungen, man spricht etwa von Turning-Toward-Theorien, explizitem Monitoring oder bewusster Abwicklung (Gray, 2020). Der Einfachheit halber spreche ich hier übergreifend von zu langem Nachdenken (overthinking).

20 Baumeister (1984).

21 Beilock u. a. (2002).

22 Slutter u. a. (2021).

23 Interview mit einem holländischen Spieler nach dem Elfmeterschießen zwischen den Niederlanden und Nigeria bei der U20-WM 2005.

24 Wegner u. a. (1998).

25 Bakker u. a. (2006); Binsch u. a. (2010).

26 Vickers (1996).

27 Lebeau u. a. (2016).

28 Giancamelli u. a. (2022).

29 Brimmell u. a. (2019); Moore u. a. (2013).

30 Eysenck u. a. (2007); Wilson u. a. (2009).

31 Hayes u. a. (1996); Gardner & Moore (2004).

32 Watzlawick u. a. (1967).

33 FIFA (2022).

34 Jordet & Hartman (2008).

35 Jordet (2009).

36 Furley u. a. (2012); Furley u. a. (2012); Greenlees u. a. (2008); Laurin & Pellet (2023).

37 Bijlstra u. a. (2020).

38 FIFA (2022).

39 Sowohl Verteidiger als auch Mittelfeldspieler erzielen bei gehaltenem Blick mehr, aber nicht maßgeblich mehr Treffer.

40 Furley & Roth (2021).

41 Jordet, Hartman & Sigmundstad (2009).

42 Lonsdale & Tam (2008).

43 Jackson (2003).

44 WorldRugby (2021).

45 Stein (1997), S. 1.

46 Southgate u. a. (2003), S. 191.

47 Gerrard (2006), S. 420.

48 Gucciardi u. a. (2010); Hill u. a. (2010).
49 Berns u. a. (2006); Mischel u. a. (1969).
50 Story (2014).
51 Jordet u. a. (2009).
52 Männer: EM 2020, Olympische Spiele 2020, Copa America 2021, Afrika-Cup 2022, WM 2022. Frauen: Olympische Spiele 2020, EM 2022, WM 2023.
53 Soccer Illustrated (1994). Aufgrund der Erhebungsmethoden in den 1990er-Jahren könnte die wirkliche Zahl allerdings wesentlich niedriger gewesen sein.
54 Baggio (2022).
55 Arrondel u. a. (2019).
56 Vollmer u. a. (2023).
57 Zuerst erschienen in Jordet & Hartman (2008), mit einem Update aller Elfmeterschießen derselben Turniere bis 2023 versehen.
58 Mannschaften neigen dazu, ihre besten Elfmeterschützen zuerst einzusetzen, daher ist anzunehmen, dass die weniger erfahrenen Spieler öfter die negativen Schüsse ausführen, denn deren Wahrscheinlichkeit nimmt ab dem 6. Schuss des Elfmeterschießens zu. Das könnte die Ergebnisse verfälschen. Andererseits jedoch besteht, wenn wir die Analyse nur auf die ersten fünf Schüsse beschränken, ein noch stärkerer Zusammenhang zwischen Schusstypus und Trefferquote (58 % bei negativen Schüssen, 72 % bei neutralen und 87 % bei positiven). Hier ist auch der Unterschied zwischen negativen und neutralen Schüssen auffällig.
59 Arrondel u. a. (2019).
60 Vollmer u. a. (2023).

Kapitel 2

1 Sky Sports (2009).
2 AFP (2022).
3 Lyttleton (2021).
4 Weiß u. Murphy (2023).
5 Ball u. Shaw (1996), S. 178.
6 Navia u. a. (2019).
7 Jordet u. a. (2006).
8 CIES Football Observatory (2022).
9 Deux-Zero (2023).
10 Datenquelle: transfermarkt.com.
11 Diese Zahl stammt ebenso wie die folgenden Erfolgsquoten von transfermarkt.com.
12 Jordet (2009b).
13 Almeida u. Volossovitch (2023).
14 Brinkschulte u. a. (2023).

15 Wunderlich u. a. (2020).

16 Horn u. a. (2021); Almeida u. Volossovitch (2023).

17 Bar-Eli u. a. (2007).

18 Farkas (2023).

19 Die Lewandowski-Zitate in diesem Buch haben es nie in die Endfassung des Films geschafft, werden hier aber mit Genehmigung Lewandowskis und der Filmproduzenten veröffentlicht.

20 Interessant ist, dass die Torhüter nur bei sieben dieser Schüsse (33 Prozent) richtig lagen. Das könnte darauf hindeuten, dass Lewandowski bei diesen Schüssen ein wenig Glück hatte und dass seine Verwandlungsquote bei torwartunabhängigen Schüssen etwas überhöht ist.

21 Mukherjee (2022).

22 HaytersTV (2018).

23 Cotterill (2010); Perry u. Katz (2015); Hill u. a. (2010); Hazell u. a. (2014); Cohn u. a. (1990).

24 Rupprecht u. a. (2021).

25 Jordet u. a. (2009).

26 Hustad (2018).

27 Horsinek u. Barth (2019).

28 Logisch, denn er steht beim Anpfiff oft am Ball, und es dauert, bis er zurückgelaufen ist.

29 Robazza u. a. (1998). Die körperliche Beanspruchung durch das längere Anspannen des Bogens könnte hier jedoch ein Faktor sein.

30 60 Minutes (2023).

31 Balban u. a. (2023).

32 Honigstein (2021).

33 Aus Gesprächen mit Rachel Vickery, Atemtrainerin und Coach für mentales Training für Spitzenteams verschiedener Sportarten, beispielsweise für das NBA-Team Golden State Warriors.

34 Haaland verwendet zur Steigerung »grævla«, einen regionalen Kraftausdruck aus seiner norwegischen Heimat um Bryne und Jæren.

35 Der Ausdruck »scheißnervös« ist die wörtliche Übersetzung des von ihm verwendeten norwegischen Wortes: »dritnervøs«.

36 Nach einem bekannten Wort von Mark Twain: »Mut ist Widerstand gegen die Angst, die Beherrschung von Angst – nicht die Abwesenheit von Angst«, Heshmat (2022).

37 Rotella u. Lerner (1993), S. 536.

38 60 Minutes (2023).

39 Jackson u. Delehanty (1995).

40 Jordet (2009a). Ähnliche Tendenzen lassen sich auch bei Spielern anderer Mannschaften feststellen.

41 Jordet u. Elferink-Gemser (2012).

Kapitel 3

1 Ahmed (2017).

2 Die Auszeichnung, die von der Fußball-Fachzeitschrift *France Football* für die beste Torhüterleistung des Jahres verliehen wird.

3 Maheshwari (2021).

4 Vignolo (2023).

5 Ben u. Gabe (2023).

6 Der Fairness halber muss gesagt werden, dass die Niederländer an diesen Psychospielen aktiv beteiligt waren. Sie könnten sie sogar ausgelöst haben, als ihr Torhüter, Andries Noppert, und Lionel Messi um den ersten Elfmeter aneinandergerieten. Letztlich aber hatte die Verstimmung zwischen beiden Teams schon vorher begonnen, mit harten Zweikämpfen während der Partie und noch davor mit verletzenden Bemerkungen auf den Pressekonferenzen.

7 Vignolo (2023).

8 LFC History (2023).

9 LFC History (2023).

10 FIFA (2022).

11 Geleit (2022).

12 Wood u. Wilson (2010).

13 Furley u. a. (2017).

14 Dieser Unterschied war allerdings statistisch nicht relevant (p=0,056). Ein fein justierter und abgestufter Test des Torhüterverhaltens (auf der Grundlage von Dicks u. a. 2010) zeigte einen signifikanten Unterschied (p=0,029). Das legt jedoch nahe, dass der beobachtete Unterschied nicht sehr deutlich ist.

15 Ramsdale gegen Manchester United, 2. Dezember 2021, und Gabriel gegen Manchester City, 1. Januar 2022.

16 Gegen Liverpool, 28. August 2021.

17 Gegen West Ham, 20. Oktober 2022.

18 Gegen Brighton, 23. April 2023 (im Elfmeterschießen).

19 Gegen Brentford, 18. September 2021.

20 Guus Hiddink wäre van Gaal fast zuvorgekommen, als er in Australiens entscheidendem Qualifikationsmatch für die Weltmeisterschaft 2006 die Einwechslung des Torwarts gegen Uruguay vorbereitete. Der Ersatzkeeper für Australien, Zejlko Kalac, ein Hüne von 2,02 Metern, der bei einem Elfmeterschießen ein einschüchternder Gegner gewesen wäre, machte sich in der zweiten Halbzeit der Verlängerung schon

warm, als eine Verletzung Hiddink zwang, eine andere späte Einwechslung vorzunehmen und seinen Plan zu verwerfen. Am Ende ging alles gut aus für Hiddink. Sein Stammtorhüter Mark Schwarzer wehrte zwei Elfmeter ab, und Australien war für die WM qualifiziert.

21 Roth (2019).

22 Conmy (2005); McDermott u. Lachlan (2021).

23 Svenson (1981).

24 Conmy al. (2013).

25 Yip u. a. (2018).

26 Die Zahl basiert auf seinen 29 Treffern in 33 Elfmeterschüssen – *vor* den beiden Elfmetern, die im Folgenden beschrieben werden.

27 Van de Vooren (2006).

28 Budgen (2022).

29 Die Originalstudie wurde von Masters u. a. (2007) durchgeführt; dann wiederholt von Weigelt u. a. (2012), Weigelt u. Memmert (2012), Noel u. a. (2016) und Noel u. a. (2015).

30 Meine Empfehlung beruht auf der Interpretation der eben angeführten Untersuchungen sowie auf Memmert u. a. (2020).

31 Masters u. a. (2010).

32 Brinkschulte u. a. (2023).

33 Engber (2005).

34 Sports Illustrated (2012).

35 Engber (2015).

36 Wolfers (2015).

37 Benz (2019).

38 Die Münze wurde schließlich geworfen. Als Ferdinand gewann, schien er einen Augenblick lang zu zögern, wandte sich dann seiner Mannschaft zu und rief: »Chef [gemeint: der Teammanager; Anm.d.Ü.], hey, schießen wir zuerst?« Er wiederholte die Frage drei weitere Male, während Terry begann, ungeduldig an Ferdinands Trikot zu zupfen, damit er schneller zu einer Entscheidung kommen möge.

39 Jordet u. a. (2009).

40 Berry u. Wood (2004).

41 Goldschmied u. a. (2010).

42 Hsu u. a. (2019).

43 Veldkamp u. Koning (2023).

44 Eysenck u. a. (2007); Hsu u. a. (2008).

45 Wilson u. Richards (2011).

46 Oettingen u. a. (2012).

47 IFAB (2023).

48 Kerchnar (2015); Kerchnar (2018); Johnson u. Taylor (2018).

Kapitel 4

1 UEFA (2021).

2 Renard zeigte allerdings nicht die gleiche Unterstützung für die beiden französischen Spielerinnen, die zuvor vergeben hatten, und bei Becho war es zu spät – Australien verwandelte den nächsten Elfmeter und gewann das Spiel.

3 Das namibische Pokalendspiel um den NFA Cup 2005 zwischen KK Palace und Civics wurde erst nach 48 Elfmeterschüssen entschieden. Manche Spieler beider Mannschaften mussten dreimal antreten, und das Shootout dauerte fast so lange wie das Spiel zuvor. Das Match hielt den Rekord des längsten Elfmeterschießens, bis im Jahr 2022 die englischen Non-League-Clubs Washington und Bellington 54 Elfmeter brauchten (von denen 49 verwandelt wurden), um ein Spiel in der ersten Runde des Memorial Cup zu entscheiden.

4 Weick & Sutcliffe (2007).

5 Helmreich (2000).

6 Weick u. Sutcliffe (2007); Reason (2000).

7 Wir konnten 8 der 10 beteiligten Spieler interviewen.

8 Baumeister u. Leary (1995).

9 Eisenberger u. Cole (2012).

10 Uchino u. Garvey (1997).

11 Ditzen u. a. (2008).

12 Zum ersten Mal übernahm Luís diese Rolle am 20. August 2020, als Flamengo beim Stand von 0:1 im Heimspiel gegen Grêmio in der 86. Minuten einen Elfmeter bekam. Barbosa traf zum Ausgleich, und Flamengo erzielte ein Unentschieden.

13 Roberts (2009).

14 Graham u. a. (2005).

15 Fox u. Sobol (2000).

16 Hobbs u. a. (2002).

17 Graham (2000).

18 Henderson (2022), S.4.

19 Bei beiden Gelegenheiten hatte Henderson es zufällig mit demselben Torhüter zu tun, nämlich mit David Ospina.

20 Chelsea FC (2022.)

21 Kelly (2023).

22 Tracy u. a. (2023).

23 FIFA (2022).

24 Moll u. a. (2010).

25 Hinweis: Maradonas oben erwähnter Schuss gehörte nach diesen Kriterien nicht dazu, denn zu dem Zeitpunkt lag die argentinische Mannschaft vorn.

26 Furley u. a. (2015)

27 Morrison (2016.)
28 Doms (2017).
29 Crooks (2022).
30 Sky Sport Austria (2019).
31 Nicol (2023).

Kapitel 5

1 Ricotta (2016).
2 Pardon (2023).
3 McTear (2023).
4 Cruyff (2012).
5 NTV (2019).
6 Purewal (2021).
7 Nair (2022).
8 Purewal (2021).
9 Victor (2022).
10 GetFootball (2022).
11 Inside FIFA (2023).
12 Mehr dazu siehe Hiddink u. Jordet (2019).
13 Van den Nieuwenhof (2006), S.145.
14 Long (1980); Fletcher u. Arnold (2021).
15 Calabrese u. a. (2007).
16 Taleb (2013); Kiefer u. a. (2018).
17 Russo u. a. (2012); Fletcher u. Arnold (2021).
18 Parker u. a. (2004); Parker u. a. (2005); Lyons u. Parker (2007).
19 Krishnan u. a. (2007); Berton u. a. (2007); Greenwood u. Fleshner (2008).
20 Fletcher u. Arnold (2021).
21 Neff u. Broady (2011).
22 Collins u. a. (2016); Hardy u. a. (2017); Howells u. Fletcher (2015); Sarkar u. a. (2015).
23 Hardy u. a. (2017).
24 Van Yperen (2009).
25 Collins u. a. (2016).
26 Collins u. MacNamara (2012).
27 Oudejans u. Pijpers (2009); Oudejans u. Pijpers (2010).
28 Gröpel u. Mesagno (2017).
29 Kent u. a. (2018).
30 Low u. a. (2021).
31 Fletcher u. Arnold (2021).
32 Owusu-Sekyere u. Gervis (2016).

33 Fletcher u. Arnold (2021).
34 Stoker u. a. (2016).
35 Fletcher u. Arnold (2021).
36 Talk SPORT (2021).
37 Bloechle u. a. (2024).
38 Jordet u. Elferink-Gemser (2012).
39 Ellis u. Ward (2022).
40 Berander u. a. (2021).

Kapitel 6

1 Tribuna (2019).
2 Noticias & Protagonistas (2022).
3 Phillips (2022).
4 All about Argentina (2024).
5 Noticias u. Protagonistas (2022).
6 Chiatorrini (2022).
7 Hannah u. a. (2009).
8 Baumeister u. a. (2007); Dolinski (2018).
9 Banks u. a. (2023).
10 Gilbert u. Trudel (2004).
11 Der Umgang und die Kommunikation mit Menschen ist natürlich stets eine hochkomplexe Angelegenheit, weshalb es unmöglich ist, einen allgemeingültigen Führungsstil unter hohem Druck zu identifizieren, der für sämtliche Führungskräfte und Gruppen auf allen Ebenen, in sämtlichen Kulturen und in jeder Lage passt. Außerdem ist die Stichprobe sehr klein (fünf Elfmeterschießen mit nur acht verschiedenen Trainern und Betreuungsteams, denn Argentinien und Kroatien nahmen jeweils an zweien dieser Entscheidungsduelle teil).
12 Crossculture2go (2024).
13 Yomiuri (2023).
14 Quaile (2022).
15 Jordet u. Elferink-Gemser (2012); Furley u. a. (2020).
16 Mavletova u. Witte (2016).
17 Powell (2016).
18 Jordet u. Elferink-Gemser (2012).
19 Tembah (2023).
20 James u. Wooten (2010).
21 Vroom u. Yetton (1973).
22 Fodor (1978).
23 Mulder u. a. (1986).

24 Rosing u. a. (2022).

25 Hannah u. a. (2009).

26 New Paradigm (2022).

27 Gilberto (2020).

28 Gilberto (2020).

29 Senju u. Johnson (2009).

30 Noticias u. Protagonistas (2022).

Nachwort

1 Spieler, die mehr im Rampenlicht stehen, verschießen ihre Elfmeter häufiger als solche, die ähnlich talentiert sind, aber einen weniger hohen Bekanntheitsgrad haben (Jordet, 2009b).

2 Doyle (2006) sowie *Die Welt*, 27.9.2006. https://www.welt.de/sport/article155791/Blatter-will-Elfmeterschiessen-abschaffen.html

3 Auf Englisch: *He Always Puts It to the Right: A History of the Penalty Kick* von Clark Miller (1998), der leider während der Arbeit an seinem letzten Kapitel verstarb; *On Penalties* von Andrew Anthony (2000); *How to Take a Penalty: The Hidden Mathematics of Sport* von Rob Eastaway u. John Haigh (2005); auf Niederländisch: *De strafschop: Zoektocht naar de ultieme penalty* von Gyuri Vergouw (2000); *Penalty: Het trauma van Oranje* von Henri van der Steen (2004); auf Deutsch: *Elfmeter: Kleine Geschichte einer Standardsituation* von René Martens (2003).

4 Vor allem von dem niederländischen Autor Gyuri Vergouw.

5 Bücher auf Englisch: *Twelve Yards: The Art and Psychology of the Perfect Penalty* von Ben Lyttleton (2014); *Beautiful Game Theory: How Soccer Can Help Economics* von Ignacio Palacios-Huerta (2014; ein Buch nicht ausschließlich über Elfmeter, aber mit aufschlussreichen Abschnitten zu diesem Thema); auf Niederländisch: *Duel in de zestien: De penalty wetenschappelijke ontleed* von John van der Kamp u. Geert Savelsbergh (2014); auf Deutsch: *Elfmeter: Die Psychologie des Strafstoßes* von Daniel Memmert u. Benjamiin Noël (2017).

6 Rudi u. a. (2020).

7 Santos (2023).

8 Vollmer u. a. (2023).

LITERATURVERZEICHNIS

60 Minutes (11. Dezember 2023). »›Even though there is no physical contact in tennis, there's still a lot of eye contact,‹ says Novak Djokovic. […]« [Tweet]. X. https://twitter.com/60Minutes/status/1734022929141158153?s=20

Ahmed, M. (17. März 2017). How to save a penalty: The truth about football's toughest shot. *Financial Times*. https://www.ft.com/penalties

AFP (10. December 2022). »Van Gaal says World Cup exit on penalties ›incredibly painful‹.« *New Straits Times*. https://www.nst.com.my/sports/football/2022/12/859466/van-gaal-says-world-cup-exit-penalties-incredibly-painful

All About Argentina (22. Januar 2024). »Unedited video of Lionel Scaloni right after the loss against Saudi Arabia with English subtitles. […]« [Tweet]. X. https://twitter.com/AlbicelesteTalk/status/1749326028433186832?s=20

Almeida, C. H., Volossovitch, A. (2023). Multifactorial analysis of football penalty kicks in the Portuguese First League: A replication study. *International Journal of Sports Science & Coaching*, 18(1), 160-175. https://doi.org/10.1177/17479541221075722

Anthony, A. (2000). *On penalties*. Yellow Jersey Press.

Arrondel, L., Duhautois, R., Laslier, J.-F. (2019). Decision under psychological pressure: The shooter's anxiety at the penalty kick. *Journal Of Economic Psychology*, 70, 22–35. https://doi.org/10.1016/j.joep.2018.10.008

Baggio, R. (19. Mai 2002). My penalty miss cost Italy the World Cup? *The Guardian*. https://www.theguardian.com/sport/2002/may/19/worldcupfootball2002.football

Bakker, F. C., Oudejans, R. R. D., Binsch, O., Kamp, J. V. D. (2006). Penalty shooting and gaze behavior: Unwanted effects of the wish not to miss. *International Journal of Sport Psychology*, 37(2-3), 265–280.

Balban, M. Y., Neri, E., Kogon, M. M., Weed, L., Jo, B., Holl, G., Zeitzer, J. M., Spiegel, J. M., Huberman, A. D. (2023). Brief structured respiration practices enhances mood and reduce physiological arousal. *Cell Reports Medicine*, 4(1). https://doi.org/10.1016/j.xcrm.2022.100895

Balk, Y. A., Adriaanse, M. A., de Ridder, D. T., Evers, C. (2013). Coping under pressure: Employing emotion regulation strategies to enhance performance under pressure. *Journal of Sport & Exercise Psychology*, 35(4), 408-418. https://doi.org/10.1123/jsep.35.4.408

Ball, P., Shaw, P. (1996). *The Umbro book of football quotations*. Ebury.

Banks, G. C., Woznyj, H. M., Mansfield, C. A. (2023). Where is »behavior« in organizational behavior? A call for a revolution in leadership research and beyond. *The Leadership Quarterly*, 34(6), 101581.

Bar-Eli, M., Azar, O. H., Ritov, I., Keidar-Levin, Y., Schein, G. (2007). Action bias among elite soccer goalkeepers: The case of penalty kicks. *Journal of Economic Psychology*, 28(5), 606–621. https://doi.org/10.1016/j.joep.2006.12.001

Baumeister R. F. (1984). Choking under pressure: Self-consciousness and paradoxical effects of incentives on skillful performance. *Journal of Personality and Social Psychology*, 46(3), 610–620. https://doi.org/10.1037//0022-3514.46.3.610

Baumeister, R. F., Leary, M. R. (1995). The need to belong: Desire for interpersonal attachments as a fundamental human motivation. *Psychological Bulletin*, 117(3), 497–529.

Baumeister, R. F., Vohs, K. D., Funder, D. C. (2007). Psychology as the science of self-reports and finger movements: Whatever happened to actual behavior? *Perspectives on Psychological Science*, 2(4).

Beilock, S. L., Carr, T. H., MacMahon, C., Starkes, J. L. (2002). When paying attention becomes counterproductive: Impact of divided versus skill-focused attention on novice and experienced performance of sensorimotor skills. *Journal of Experimental Psychology: Applied*, 8(1), 6–16. https://doi.org/10.1037//1076-898x.8.1.6

Ben, T., Gabe, T. (Produzenten) (30. Dezember 2023). *Captains of the world*. [TV-Serie], Netflix.

Benz, L. (26. Dezember 2019). Does Arizona State's curtain of distraction work? Luke Benz. https://lukebenz.com/post/asu_curtain/#:~:text=Conclusion,-doesn't%20necessarily%20contradict%20i

Berander, M., Rydén, A., Asahara, A. (6. August 2021). Segers besvikelse efter OS-silvret: »Allt är brutalt«. *Aftonbladet*. https://www.aftonbladet.se/sportbladet/fotboll/a/jaBdmw/segers-besvikelse-efter-os-silvret-allt-ar-brutalt

Berns, G. S., Chappelow, J., Cekic, M., Zink, C. F., Pagnoni, G., Martin-Skurski, M. E. (2006). Neurobiological substrates of dread. *Science*, 312(5774), 754–758. https://doi.org/10.1126/science.1123721

Berry, S. M., Column Edi, Wood, C. (2004). A statistician reads the sports pages: The cold-foot effect. *Chance*, 17(4), 47–51. https://doi.org/10.1080/09332480.2004.10554926

Berton, O., Covington 3rd, H. E., Ebner, K., Tsankova, N. M., Carle, T. L., Ulery, P., Bhonsle, A., Barot, M., Krishnan, V., Singewald, G. M., Singewald, N., Birnbaum, S., Neve, R. L., Nestler, E. J. (2007). Induction of FosB in the periaqueductal gray by stress promotes active coping responses. *Neuron*, 55, 289–300.

Bijlstra, G., Furley P., Nieuwenhuys, A. (2020). The power of nonverbal behavior: Penalty-takers' body language influences impression formation and anticipation perfor-

mance in goalkeepers in a simulated soccer penalty task. *Psychology of Sport and Exercise*, 21(2), 137–151.
Binsch, O., Oudejans, R. R. D., Bakker, F. C., Hoozemans, M. J. M., Savelsberg, R. A. H. (2010). Ironic effects in a penalty shooting task: Is the negative wording in the instruction essential? *International Journal of Sport Psychology*, 41, 118–133.
Bloechle, J.-L., Audiffren, J., Le Naour, T., Alli, A., Simoni, D., Wüthrich, G., Bresciani, J.-P. (2024). It's not all in your feet: Improving penalty kick performance with human-avatar interaction and machine learning. *The Innovation*, 5. https://doi.org/10.1016/j.xinn.2024.100584
Brimmell J., Parker J., Wilson M. R., Vine S. J., Moore L. J. (2019). Challenge and threat states, performance, and attentional control during a pressurized soccer penalty task. *Sport, Exercise, and Performance Psychology*, 8(1), 63–79.
Brinkschulte, M., Wunderlich, F., Furley, P., Memmert, D. (2023). The obligation to succeed when it matters the most: The influence of skill and pressure on the success in football penalty kicks. *Psychology of Sport and Exercise*, 65. https://doi.org/10.1016/j.psychsport.2022.102369 (88, 152)
Budgen, S. (17. Juni 2022). Hero Socceroos goalkeeper Andrew Redmayne reveals the toll throwing away Peruvian goalkeeper's water bottle took on him: ›It goes against every moral fibre in my body‹. *Daily Mail*. https://www.dailymail.co.uk/sport/football/article-10925559/Andrew-Redmayne-reveals-throwing-away-Peruvian-goalkeepers-water-bottle-took-huge-toll-him.html
Calabrese, E. J., Bachmann, K. A., Bailer, A. J., Bolger, P. M., Borak, J., Cai, L., Cedergreen, N., Cherian, M. G., Chiueh, C. C., Clarkson, T. W., Cook, R. R., Diamond, D. M., Doolittle, D. J., Dorato, M. A., Duke, S. O., Feinendegen, L., Gardner, D. E., Hart, R. W., Hastings, K. L., … Mattson, M. P. (2007). Biological stress response terminology: Integrating the concepts of adaptive response and preconditioning stress within a hormetic dose-response framework. *Toxicology and Applied Pharmacology*, 222(1), 122–128. https://doi.org/10.1016/j.taap.2007.02.015
Chelsea FC (13. Februar 2022). Azpilicueta reveals how he helped Havertz and expresses pride at completing the set. Chelsea FC. https://www.chelseafc.com/en/news/article/azpi-reveals-how-he-helped-havertz-and-expresses-pride-at-comple
Chitarroni, C. (15. Dezember 2022). Scaloni's leadership. Rosario Nuestro. https://rosarionuestro.com/el-liderazgo-de-scaloni-2/?_x_tr_sl&_x_tr_tl&_x_tr_hl
CIES Football Observatory (2022). Penalty stats across Europe: Manchester United stands out. CIES. https://football-observatory.com/IMG/sites/b5wp/2021/wp364/en/
Cohn, P. J. (1990). Preperformance routines in sport: Theoretical support and practical applications. *The Sport Psychologist*, 4(3), 301–312. https://doi.org/10.1123/tsp.4.3.301
Collins, D., MacNamara, Á. (2012). The rocky road to the top: Why talent needs trauma. *Sports Medicine*, 42, 907–914.

Collins, D., MacNamara, Á., McCarthy, N. (2016). Super champions, champions, and almosts: Important differences and commonalities on the rocky road. *Frontiers in Psychology*, 6, 171615.

Conmy, O. B. (2005). Investigating a conceptual framework for trash talk: Cognitive and affective states [Unveröffentlichte Masterarbeit]. Florida State University.

Conmy, B., Tenenbaum, G., Eklund, R., Roehrig, A., Filho, E. (2013). Trash talk in a competitive setting: Impact on self-efficacy and affect. *Journal of Applied Social Psychology*, 43(5), 1002–1014. https://doi.org/10.1111/jasp.12064

Cotterill, S. (2010). Pre-performance routines in sport: Current understanding and future directions. *International Review of Sport and Exercise Psychology*, 3(2), 132–153. https://doi.org/10.1080/1750984X.2010.488269

Coyle, D. (2018). *The culture code: The secrets of highly successful groups*. Bantam.

Crooks, G. (3. Februar 2022). »Ronny Deila learned it 10 yrs ago when he was at @godset & it helped #NYCFC win #MLS Cup.« [Tweet]. X. https://twitter.com/GlennCrooks/status/1489305722684907521?s=20

Crossculture2go (2024). Country guide Netherlands. https://crossculture2go.com/leadership-in-the-netherlands/#:~:text=Managers%20always%20involve%20 all%20team,eye%20level%20with%20each%20other

Cruyff, J. (2012). *Voetbal*. Schuyt Nederland.

Deux-Zero (2023). *Penalties – Classement des tireurs de la saison*. Deux Zero. https://www.deux-zero.com/ligue-1/penalties-tireurs-epreuve/edition/2022-2023

Dicks, M., Button, C., Davids, K. (2010). Examination of gaze behaviors under in situ and video simulation task constraints reveals differences in information pickup for perception and action. *Attention, Perception, & Psychophysics*, 72, 706–720.

Ditzen, B., Schmidt, S., Strauss, B., Nater, U. M., Ehlert, U., Heinrichs, M. (2008). Adult attachment and social support interact to reduce psychological but not cortisol responses to stress. *Journal of Psychosomatic Research*, 64(5), 479–486. https://doi.org/10.1016/j.jpsychores.2007.11.011

Dolinski, D. (2018). Is psychology still a science of behavior? *Social Psychology Bulletin*, 13(2).

Doms, K. (2017). ESSEVEE bedankt noorse psycholoog voor bekerwinst. HLN. https://www.hln.be/zulte-waregem/essevee-bedankt-noorse-psycholoog-voor-bekerwinst-~a214a366/?referrer=https%3A%2F%2Fwww.google.com%2F

Doyle, P. (27. September 2006). Blatter suggests scrapping shoot-outs. *The Guardian*. https://www.theguardian.com/football/2006/sep/27/newsstory.sport3

Eastaway, R., Haigh, J. (2005). *The Hidden Mathematics of Sport*. Robson.

Edgar, B. (2022). A history of scorelines in English football: 95 different results in 203229 matches. *The Times*. https://www.thetimes.co.uk/article/a-history-ofscorelines-in-english-football-95-different-results-in-203-329-matches-3gsllqcj8

Eisenberger, N. I. Cole, S. W. (2012). Social neuroscience and health: Neurophysiological mechanisms linking social ties with physical health. *Nature Neuroscience,* 15(5), 669–674. https://doi.org/10.1038/nn.3086

Ellis, L., Ward, P. (2022). The effect of a high-pressure protocol on penalty shooting performance, psychological, and psychophysiological response in professional football: A mixed methods study. *Journal of Sports Sciences,* 40(1), 3–15.

Engber, D. (6. Januar 2005). How a Slate scientist changed the NBA forever— or at least a week. Slate. https://slate.com/culture/2005/01/how-a-slate-scientist-changed-the-nba-forever.html

Engber, D. (17. Februar 2015). Is ASU's bizarre new technique the holy grail of free-throw distraction? Slate. https://slate.com/culture/2015/02/asu-curtain-ofdistraction-has-arizona-state-university-discovered-the-holy-grail-of-free-throwdistraction.html

Eysenck, M. W., Derakshan, N., Santos, R., Calvo, M. G. (2007). Anxiety and cognitive performance: Attentional control theory. *Emotion,* 7(2), 336–353. https://doi.org/10.1037/1528-3542.7.2.336

Farkas, F. (4. Juli 2023). Liverpool: Dominik Szoboszlai's secret weapon revealed, proving Neymar wrong. ClutchPoints. https://clutchpoints.com/liverpool-news-dominik-szoboszlai-secret-weapon-neymar-wrong

FIFA (2022). *The long walk.* [TV-series]. FIFA plus. https://www.plus.fifa.com/en/content/the-long-walk/cfb1f47c-42aa-4c9c-a906-766ae87afe69

FIFA (2023). One Month On: 5 billion engaged with the FIFA World Cup Qatar 2022™. FIFA. https://www.fifa.com/tournaments/mens/worldcup/qatar2022/news/one-month-on-5-billion-engaged-with-the-fifa-world-cup-qatar-2022-tm

Fletcher, D., Arnold, R. (2021). Stress and pressure training. In: R. Arnold, D. Fletcher (Hsg.), *Stress, well-being, and performance in sport.* Routledge.

Fodor, E. M. (1978). Simulated work climate as an influence on choice of leadership style. *Personality and Social Psychology Bulletin,* 99, 20–35.

Fox, J. G., Sobol, J. J. (2000). Drinking patterns, social interaction, and barroom behavior: A routine activities approach. *Deviant Behavior,* 21(5), 429–450. https://doi.org/10.1080/01639620050085834

Furley, P., Dicks, M., Jordet, G. (2020). The psychology of penalty kicks: The influence of emotions on penalty taker and goalkeeper performance. In: J. G. Dixon, J. B. Barker, R. C. Thelwell, I. Mitchell (Hsg.), *The Psychology of Soccer* (S. 29-43). Routledge.

Furley, P., Dicks, M., Memmert, D. (2012). Nonverbal behavior in soccer: The influence of dominant and submissive body language on the impression of success of soccer players. *Journal of Sport & Exercise Psychology,* 34(1), 61–82.

Furley, P., Dicks, M., Stendtke, F., Memmert, D. (2012). Get it out the way. The wait's killing me: Hastening and hiding during soccer penalty kicks. *Psychology of Sport and Exercise,* 13(4), 454–465. https://doi.org/10.1016/j.psychsport.2012.01.009

Furley, P., Moll, T., Memmert, D. (2015). »Put your hands up in the air«? The interpersonal

effects of pride and shame expressions on opponents and teammates. *Frontiers in Psychology*, 6, 1361. https://doi.org/10.3389/fpsyg.2015.01361
Furley, P., Noël, B., Memmert, D. (2017). Attention towards the goalkeeper and distraction during penalty shootouts in association football: A retrospective analysis of penalty shootouts from 1984 to 2012. *Journal of Sports Sciences*, 35(9), 873–879. https://doi.org/10.1080/02640414.2016.1195912
Furley, P., Roth, A. (2021). Coding body language in sports: The nonverbal behavior coding system for soccer penalties. *Journal of Sport & Exercise Psychology*, 43(2), 140–154. https://doi.org/10.1123/jsep.2020-0066
Gardner, F. L., Moore, Z. E. (2004). A mindfulness-acceptance-commitment-based approach to athletic performance enhancement: Theoretical considerations. *Behavior Therapy*, 35(4), 707–723. https://doi.org/10.1016/S0005-7894(04)80016-9
Geleit, L. (2022). »It was discussed weeks prior«: Aussie hero Redmayne opens up on water bottle tactic. Sen. https://www.sen.com.au/news/2022/06/16/it-was-discussed-weeks-prior-redmayne-opens-up-on-water-bottle-tactic/
Gerrard, S. (2006). *Gerrard: My autobiography*. Bantam Press.
GetFootball (8. Dezember 2022). Argentina coach: »We're ready for penalties, all 8 teams are good enough for the final.« GetFootball. https://getfootball.eu/argentina-coach-were-ready-for-penalties-all-8-teams-are-good-enough-for-the-final/
Giancamilli, F., Galli, F., Chirico, A., Chirico, A., Fegatelli, D., Mallia, L., Palombi, T., Cordone, S., Alivernini, F., Mandolesi, L., Lucidi, F. (2022). When the going gets tough, what happens to quiet eye? The role of time pressure and performance pressure during basketball free throws. *Psychology of Sport and Exercise*, 58.
Gilbert, W. D., Trudel, P. (2004). Analysis of coaching science research published from 1970–2001. *Research Quarterly for Exercise and Sport*, 75(4), 388-399.
Gilberto, T. (Producer). (2020). All or nothing: Brazil national team. [TV-Serie]. Amazon. https://www.primevideo.com/region/eu/detail/0G58NJZZOX5C-9CUYK7L5YJF8TI/ref=atv_sr_fle_c_Tn74RA_1_1_1?sr=1-1&pageTypeId-Source=ASIN&pageTypeId=B083STCJ5C&qid=1710409262024
Goldschmied, N., Nankin, M., Cafri, G. (2010). Pressure kicks in the NFL: An archival exploration into the deployment of TOs and other environmental correlates. *The Sport Psychologist*, 24(3), 300-312.
Graham, K. (2000). Preventive interventions for on-premise drinking: A promising but underresearched area of prevention. *Contemporary Drug Problems*, 27, 593-668.
Graham, K., Bernards, S., Osgood, W., Homel, R., Purcell, J. (2005). Guardians and handlers: The role of bar staff in preventing and managing aggression. *Addiction*, 100(6), 755–766.
Grant, A. (2013) *Give And Take. A Revolutionary Approach To Success*. Viking.
Gray, R. (2020). Attentional theories of choking under pressure revisited. In: G. Tenenbaum, R. C. Eklund (Hsg.), *Handbook of Sport Psychology* (S. 595–610). John Wiley & Sons.

Greenlees, I., Leyland, A., Thelwell, R., Filby, W. (2008). Soccer penalty takers' uniform colour and pre-penalty kick gaze affect the impressions formed of them by opposing goalkeepers. *Journal of Sports Sciences*, 26(6), 569–576.

Greenwood, B. N., Fleshner, M. (2008). Exercise, learned helplessness, and the stress-resistant brain. *NeuroMolecular Medicine*, 10(2), 81–98.

Gröpel, P., Mesagno, C. (2017). Choking interventions in sports: A systematic review. *International Review of Sport and Exercise Psychology*, 12(1), 176-201. https://doi.org/10.1080/1750984X.2017.1408134

Guardian Sport (2021). Marcus Rashford sorry for penalty but says ›I will never apologise for who I am‹. *The Guardian*. https://www.theguardian.com/football/2021/jul/12/marcus-rashford-sorry-for-penalty-but-says-i-will-never-apologise-for-who-i-am

Gucciardi, D. F., Longbottom, J. L., Jackson, B., Dimmock, J. A. (2010). Experienced golfers' perspectives on choking under pressure. *Journal of Sport & Exercise Psychology*, 32(1), 61–83. https://doi.org/10.1123/jsep.32.1.61

Hannah, S. T., Uhl-Bien, M., Avolio, B. J., Cavarretta, F. L. (2009). A framework for examining leadership in extreme contexts. *The Leadership Quarterly*, 20(6), 897-919.

Hardy, L., Barlow, M., Evans, L., Rees, T., Woodman, T., Warr, C. (2017). Great British medalists: Psychosocial biographies of super-elite and elite athletes from Olympic sports. *Progress in Brain Research*, 232, 1-119.

Hayes, S. C., Wilson, K. G., Gifford, E. V., Follette, V. M., Strosahl, K. (1996). Experimental avoidance and behavioral disorders: a functional dimensional approach to diagnosis and treatment. *Journal of Consulting and Clinical Psychology*, 64(6), 1152–1168. https://doi.org/10.1037//0022-006x.64.6.1152

HaytersTV (25. Juni 2018). Harry Kane | How to take the perfect penalty – England v Belgium. [Video]. YouTube. https://www.youtube.com/watch?v=bjswoKhan7E

Hazell, J., Cotterill, S. T., Hill, D. M. (2014). An exploration of pre-performance routines, self-efficacy, anxiety and performance in semi-professional soccer. *European Journal of Sport Science*, 14(6), 603–610. https://doi.org/10.1080/17461391.2014.888484

Helmreich R. L. (2000). On error management: lessons from aviation. *BMJ*, 320(7237), 781–785. https://doi.org/10.1136/bmj.320.7237.781

Henderson, J. (2022). *Jordan Henderson: The autobiography*. Michael Joseph Ltd.

Heshmat, S. (2022). 10 Sources of a Courageous Mindset: Courage is an antidote to anxious mind. *Psychology Today*. https://www.psychologytoday.com/intl/blog/ science-choice/202207/10-sources-courageous-mindset

Hiddink, G., Jordet, G. (2019). The coach nomad. In: D. Collins, A. Cruickshank, G. Jordet (Hsg.), *Routledge handbook of elite sport performance*. London: Routledge.

Hill, D. M., Hanton, S., Matthews, N., Fleming, S. (2010). A qualitative exploration of choking in elite golf. *Journal of Clinical Sport Psychology*, 4(3), 221–240. https://doi.org/10.1123/jcsp.4.3.221

Hobbs, D., Hadfield, P., Lister, S., Winslow, S. (2002). ›Door lore‹. The art and economics of intimidation. *The British Journal of Criminology*, 42(2), 352–370. https://doi.org/10.1093/bjc/42.2.352

Honigstein, R. (19. August 2021). Robert Lewandowski: My game in my words. *The Athletic*. https://theathletic.com/2775337/2021/08/19/robert-lewandowski-my-game-in-my-words/

Horn, M., de Waal, S., Kraak, W. (2021). In-match penalty kick analysis of the 2009/10 to 2018/19 English Premier League competition. *International Journal of Performance Analysis in Sport*, 21(1), 139–155. https://doi.org/10.1080/24748668.2020.1855052

Horsinek, J., Barth, J.C. (2019). Emil (20) var den siste som reddet en Haaland-straffe. TV2. https://www.tv2.no/sport/fotball/emil-20-var-den-siste-somreddet-en-haaland-straffe/10972183/

Howells, K., Fletcher, D. (2015). Sink or swim: Adversity-and growth-related experiences in Olympic swimming champions. *Psychology of Sport and Exercise*, 16, 37-48.

Hsu, K. E., Man, F. Y., Gizicki, R. A., Feldman, L. S., Fried, G. M. (2008). Experienced surgeons can do more than one thing at a time: Effect of distraction on performance of a simple laparoscopic and cognitive task by experienced and novice surgeons. *Surgical Endoscopy*, 22(1), 196–201. https://doi.org/10.1007/s00464-007-9452-0

Hsu, N. W., Liu, K. S., Chang, S. C. (2019). Choking under the pressure of competition: A complete statistical investigation of pressure kicks in the NFL, 2000-2017. PLOS ONE, 14(4), e0214096. https://doi.org/10.1371/journal.pone.0214096

Hustad, T. (15. April 2018). Haaland tok ballen fra Aursnes: Jeg er best på straffespark. *Aftenposten*. https://www.aftenposten.no/sport/fotball/i/xPJodj/haaland-tok-ballen-fra-aursnes-jeg-er-best-paa-straffespark

IFAB (2023). Law Changes 23/24. IFAB. https://www.theifab.com/law-changes/latest/

Inside FIFA (9. Mai 2023). Argentina coach Lionel Scaloni talks to Coaches Forum about FIFA World Cup™ campaign. InsideFIFA. https://www.fifa.com/technical/news/argentina-coach-lionel-scaloni-talks-to-coaches-forum-about-fifaworld-cup-campaign

Jackson, P., Delehanty, H. (1995). *Sacred hoops: Spiritual lessons of a hardwood warrior*. Hachette Books.

Jackson, R. C. (2003). Pre-performance routine consistency: Temporal analysis of goal kicking in the Rugby Union World Cup. *Journal of Sports Sciences*, 21(10), 803–814. https://doi.org/10.1080/0264041031000140301

Jafari, Z., Kolb, B. E., Mohajerani, M. H. (2017). Effect of acute stress on auditory processing: A systematic review of human studies. *Reviews in the Neurosciences*, 28(1), 1–13. https://doi.org/10.1515/revneuro-2016-0043

James, E. H., Wooten, L. P. (2010). *Leading under pressure. From surviving to thriving before, during and after a crisis*. Routledge.

Johnson, C., Taylor, J. (2020). More than bullshit: Trash talk and other psychological tests of sporting excellence. *Sport, Ethics, and Philosophy*, 14(1), 47-61.
Jordet, G. (2009a). Why do English players fail in soccer penalty shootouts? A study of team status, self-regulation, and choking under pressure. *Journal of Sports Sciences*, 27(2), 97–106. https://doi.org/10.1080/02640410802509144
Jordet, G. (2009b). When superstars flop: Public status and choking under pressure in international soccer penalty shootouts. *Journal of Applied Sport Psychology*, 21(2), 125–130. https://doi.org/10.1080/10413200902777263
Jordet, G., Elferink-Gemser, M. T. (2012). Stress, coping, and emotions on the world stage: The experience of participating in a major soccer tournament penalty shootout. *Journal of Applied Sport Psychology*, 24(1), 73-91. https://doi.org/10.1080/10413200.2011.619000
Jordet, G., Elferink-Gemser, M. T., Lemmink, K. A. P. M., Visscher, C. (2006). The »Russian roulette« of soccer?: Perceived control and anxiety in a major tournament penalty shootout. *International Journal of Sport Psychology*, 37(2–3), 281–298.
Jordet, G., Elferink-Gemser, M. T., Lemmink, K. A. P. M., Visscher, C. (2008). Emotions at the penalty mark: An analysis of elite players performing in an international penalty shootout. In: T. Reilly, F. Korkusuz (Hsg.), *Science and football VI: The proceedings of the sixth world congress on science and football*. London: Routledge.
Jordet, G., Hartman, E. (2008). Avoidance motivation and choking under pressure in soccer penalty shootouts. *Journal of Sport & Exercise Psychology*, 30(4), 450–457.
Jordet, G., Hartman, E., Sigmundstad, E. (2009). Temporal links to performing under pressure in international soccer penalty shootouts. *Psychology of Sport and Exercise*. 10(6), 621–627.
Jordet, G., Hartman, E., Vuijk, P. J. (2011). Team history and choking under pressure in major soccer penalty shootouts. *British Journal of Psychology*, 103(2), 268-283. https://doi.org/10.1111/j.2044-8295.2011.02071.x
Kelly, C. (21. März 2023). Keylor Navas penalty twist revealed as he fails to get in yet another Newcastle player's head. Chronicle Live. https://www.chroniclelive.co.uk/sport/football/football-news/newcastle-penalty-keylor-navas-twist-26519563
Kent, S., Devonport, T. J., Lane, A.M., Nicholls, W., Friesen, A. P. (2018). The effects of coping interventions on ability to perform under pressure. *Journal of Sport Science and Medicine*, 17, 40–55.
Kershnar, S. (2015). The moral rules of trash talking: Morality and ownership. *Sport, Ethics and Philosophy*, 9(3): 303–323. https://doi.org/10.1080/17511321.2015.1099117
Kershnar, S. (2018). For ownership theory: A response to Nicholas Dixon. *Sport, Ethics and Philosophy*, 12(2): 226–235. https://doi.org/10.1080/17511321.2018.1428148
Kiefer, A. W., Silva, P. L., Harrison, H. S., Araújo, D. (2018). Antifragility in sport: Leveraging adversity to enhance performance. *Sport, Exercise, and Performance Psychology*, 7(4), 342– 350. https://doi.org/10.1037/spy0000130
Krishnan, V., Han, M.-H., Graham, D.L., Berton, O., Renthal, W., Russo, S.J., LaPlant, Q.,

Graham, A., Lutter, M., Lagace, D.C., Ghose, S., Reister, R., Tanous, P., Green, T.A., Neve, R.L., Chakravarty, S., Kumar, A., Eisch, A.J., Self, D.W., … Nestler, E.J., (2007). Molecular adaptations underlying susceptibility and resistance to social defeat in brain reward regions. *Cell, 131*, 391-404.

Laurin, R., Pellet, J. (2024). Affective responses mediate the body language of penalty taker – decision-making relationship from soccer goalkeepers. *Research Quarterly for Exercise and Sport*, 95(1), 227–234. https://doi.org/10.1080/02701367.2023.2189466

Lebeau, J. C., Liu, S., Sáenz-Moncaleano, C., Sanduvete-Chaves, S., Chacón-Moscoso, S., Becker, B. J., Tenenbaum, G. (2016). Quiet eye and performance in sport: A meta-analysis. *Journal of Sport & Exercise Psychology*, 38(5), 441–457. https://doi.org/10.1123/jsep.2015-0123

LFC History (2023). *Dynasty: The Joe Fagan years 1983-1985 (based on Paul Tomkins' book Dynasty)*. LFC history. https://www.lfchistory.net/Articles/Article/898/2

Lin, L.-L., Gu, H.-Y., Yao, Y.-Y., Zhu, J., Niu, Y.-M., Luo, J., Zhang, C. (2019). The association between watching football matches and the risk of cardiovascular events: A meta-analysis. *Journal of Sports Sciences*, 37(24), 2826–2834.

Long, B. C. (1980). Stress management for the athlete: A cognitive-behavioral model. In: C. H. Nadeau, W. R. Halliwell, K. M. Newell, G. C. Roberts (Hsg.), *Psychology of motor behaviour and sport – 1979* (S. 73–83). Human Kinetics.

Lonsdale, C., Tam, T. M. J. (2008). On the temporal and behavioural consistency of pre-performance routines: An intra-individual analysis of elite basketball players' free throw shooting accuracy. *Journal of Sports Sciences*, 26(3), 259-266. https://doi.org/10.1080/02640410701473962

Low, W. R., Sandercock, G. R. H., Freeman, P., Winter, M. E., Butt, J., Maynard, I. (2021). Pressure training for performance domains: A meta-analysis. *Sport, Exercise, and Performance Psychology*, 10, 149–163.

Lyons, D., Parker, K. J. (2007). Stress inoculation-induced indications of resilience in monkeys. *Journal of Traumatic Stress*, 20(4), 423–433.

Lyttleton, B. (2014). *Twelve yards: The art and psychology of the perfect penalty*. Bantham Press.

Lyttleton, B. (14. Juli 2021). *Frank de Boer and Dutch penalty trauma*. Twelve Yards. https://twelveyards.substack.com/p/frank-de-boer-and-dutch-penalty-trauma

Maheshwari, A. (8. Juli 2021) How Emiliano Martinez resorted to dirty mind games during penalties against Columbia | Watch. India.com. https://www.india.com/sports/copa-america-how-emiliano-martinez-resorted-to-dirty-mind-gamesduring-penalties-against-columbia-watch-4797671/

Martens, R. (2003). *Elfmeter: kleine Geschichte einer Standardsituation*. Eichborn.

Martens, R., Burton, D., Vealey, R. S., Bump, L.A., Smith, D. E. (1990) Development and validation of the Competitive State Anxiety Inventory-2 (CSAI-2). In: R. Martens, R. S. Vealey, D. Burton (Hsg.), *Competitive anxiety in sport* (S. 117-190). Human Kinetics.

Masters, R. S., van der Kamp, J., Jackson, R. C. (2007). Imperceptibly off-center goalkeepers influence penalty-kick direction in soccer. *Psychological Science*, 18(3), 222–223. https://doi.org/10.1111/j.1467-9280.2007.01878.x
Masters, R., Poolton, J., van der Kamp, J. (2010). Regard and perceptions of size in soccer: Better is bigger. *Perception*, 39(9), 1290–1295. https://doi. org/10.1068/p6746
Mavletova, A., Witte, J. (2016). Is the willingness to take risks contagious? A comparison of immigrants and native-born in the United States. *Journal of Risk Research*, 20(7), 827–845.
McDermott, K. C. P., Lachlan, K. A. (2021). Emotional manipulation and task distraction as strategy: The effects of insulting trash talk on motivation and performance in a competitive setting. *Communication Studies*, 72(5), 915–936. https://doi.org/10.1080/10510974.2021.1975139
McTear, E. (10. Januar 2023). Ancelotti: »We have things to work on, but we don't have training time to work on them«. Managing Madrid. https://www.managingmadrid.com/2023/1/10/23548250/ancelotti-press-conference-valencia-super-cup
Memmert, D., Noel, B. (2017). *Elfmeter: Die Psychologie des Strafstoßes*. Hogrefe.
Memmert, D., Noël, B., Machlitt, D., van der Kamp, J., Weigelt, M. (2020). The role of different directions of attention on the extent of implicit perception in soccer penalty kicking. *Human movement science*, 70, 102586. https://doi.org/10.1016/j.humov.2020.102586
Miller, C. (1998). *He always puts it to the right: A history of the penalty kick*. Orion.
Mischel, W., Grusec, J., Masters, J.C. (1969). Effects of expected delay time on the subjective value of rewards and punishments. *Journal of Personality and Social Psychology*, 11, 363–373.
Moll, T., Jordet, G., Pepping, G.-J. (2010). Emotional contagion in soccer penalty shootouts: Celebration of individual success is associated with ultimate team success. *Journal of Sports Sciences*, 28(9), 983–992. https://doi.org/10.1080/02640414.2010.484068
Moore, L. J., Vine, S. J., Freeman, P., Wilson, M. R. (2013). Quiet eye training promotes challenge appraisals and aids performance under elevated anxiety. *International Journal of Sport and Exercise Psychology*, 11(2), 169–183. https://doi.org/10.1080/1612197X.2013.773688
Morrison, I. (2016). Keep calm and cuddle on: Social touch as a stress buffer. *Adaptive Human Behavior and Physiology*, 2(4), 344–362. https://doi. org/10.1007/s40750-016-0052-x
MrFandefoot (23. November 2009). C2: Finale 1980: Valence – Arsenal: 0-0 Pen. [Video]. YouTube. https://www.youtube.com/watch?v=C_DBNAc4FdE
Mulder, M., de Jong, R. D., Koppelaar, L., Verhage, J. (1986). Power, situation, and leaders' effectiveness: An organizational field study. *Journal of Applied Psychology*, 71, 566–570.
Mukherjee, S. (10. April 2022). What is Diego Maradona's record in penalties? Goal. https://www.goal.com/en/news/what-is-diego-maradona-s-record-in-penalties/blt8308abdd6b4e890b
Nair, R. (5. Dezember 2022). I told my players to take 1000 penalties – Spain's Luis Enrique.

Reuters. https://www.reuters.com/lifestyle/sports/i-told-my-playerstake-1000-penal ties-spains-luis-enrique-2022-12-05/

Navia, J. A., van der Kamp, J., Avilés, C., Aceituno, J. (2019). Self-control in aiming supports coping with psychological pressure in soccer penalty kicks. *Frontiers in Psychology*, 10, 1438. https://doi.org/10.3389/fpsyg.2019.01438

Neff, L. A., Broady, E. F. (2011). Stress resilience in early marriage: Can practice make perfect? *Journal of Personality and Social Psychology*, 101(5), 1050.

New Paradigm (2022). Leaders and leading a team. https://presscoaching-com.translate.goog/los-lideres-y-la-conduccion-de-un-equipo/?_x_tr_sl=es&_x_tr_tl=en&_x_tr_hl=en&_x_tr_pto=sc

Nicol, S. (2023). Video auf X. https://x.com/adamkeys_/status/1708885240108740934?s=20

Noël, B., van der Kamp, J., Memmert, D. (2015). Implicit goalkeeper influences on goal side selection in representative penalty kicking tasks. PLOS ONE. https://doi.org/10.1371/journal.pone.0135423

Noël, B., van der Kamp, J., Masters, R., Memmert, D. (2016). Scan direction influences explicit but not implicit perception of a goalkeeper's position. *Attention, Perception & Psychophysics*, 78(8), 2494–2499. https://doi.org/10.3758/s13414-016-1196-2

Noticias & Protagonistas (11. December 2022). Lionel Scaloni: the peaceful leader. https://noticiasyprotagonistas.com/editoriales/lionel-scaloni-el-liderpacifico/?_x_tr_sl&_x_tr_tl&_x_tr_hl

NTV (6. Februar 2019). Pokal-Krimis: Antwort auf Kovac »Druck beim Elfmeter kann man simulieren.« NTV. https://www.n-tv.de/sport/fussball/Druck-beim-Elfmeter-kann-man-simulieren-article20845498.html

Oettingen, G., Marquardt, M. K., Gollwitzer, P. M. (2012). Mental contrasting turns positive feedback on creative potential into successful performance. *Journal of Experimental Social Psychology*, 48(5), 990–996. https://doi.org/10.1016/j.jesp.2012.03.008

Oudejans, R. R., Pijpers, J. R. (2009). Training with anxiety has a positive effect on expert perceptual-motor performance under pressure. *Quarterly Journal of Experimental Psychology*, 62(8), 1631–1647.

Oudejans, R. R., Pijpers, J. R. (2010). Training with mild anxiety may prevent choking under higher levels of anxiety. *Psychology of Sport and Exercise*, 11(1), 44–50.

Owusu-Sekyere, F., Gervis, M. (2016). In the pursuit of mental toughness: Is creating mentally tough players a disguise for emotional abuse? *International Journal of Coaching Science*, 10(1).

Pardon, J. (30. November 2023). EdF: Didier Deschamps ne compte toujours pas travailler les tirs au but. Footmercato. https://www.footmercato.net/a6788749745195094769-edf-didier-deschamps-ne-compte-toujours-pastravailler-les-tirs-au-but

Palacios-Huerta, I. (2014). *Beautiful game theory: How soccer can help economics*. Princeton University Press.

Parker, K. J., Buckmaster, C. L., Justus, K. R., Schatzberg, A. F., Lyons, D. M. (2005). Mild early life stress enhances prefrontal-dependent response inhibition in monkeys. *Biological Psychiatry*, 57, 848–855.

Parker, K. J., Buckmaster, C. L., Schatzberg, A. F., Lyons, D. M. (2004). Prospective investigation of stress inoculation in young monkeys. *Archives of General Psychiatry*, 61, 933–941.

Pearce, S. (2000). *Psycho: The autobiography of Stuart Pearce*. Headline.

Perry, I. S., Katz, Y. J. (2015). Pre-performance routines, accuracy in athletic performance and self-control. *Athens Journal of Sports*, 2(3), 137–151. https://doi.org/10.30958/ajspo.2-3-1

Phillips, M. (2022). Saudi Arabia win is statistically biggest World Cup shock, say Gracenote. Reuters. https://www.reuters.com/lifestyle/sports/saudi-arabia-win-is-statistically-biggest-world-cup-shock-say-gracenote-2022-11-22/

Powell, H. (2016). *Hope: My life in football*. Bloomsbury Sport.

Purewal, N. (29. Mai 2021). Pep Guardiola and Thomas Tuchel prepared for penalties in Champions League final. Breaking news.ie. https://www.breakingnews.ie/sport/pep-guardiola-and-thomas-tuchel-prepared-for-penalties-in-champions-league-final-1134792.html

Quaile, K. (6. Dezember 2022). Luis Enrique: »I chose the first three penalty takers and the rest were decided by the players.«. Get football news spain. https://getfootballnewsspain.com/luis-enrique-i-chose-the-first-three-penalty-takers-andthe-rest-were-decided-by-the-players/?expand_article=1

Rashford, M., Anka, C. (2021). *You Are a Champion – How to Be the Best You Can Be*. Macmillan Children's Books.

Reason, J. (2000). Human error: Models and management. *BMJ*, 320(7237), 768–770. https://doi.org/10.1136/bmj.320.7237.768

Ricotta, J. (6. Juli 2016). Euro 2016: Ne pas s'entraîner aux tirs au but, une erreur des Bleus? Europe1. https://www.europe1.fr/sport/euro-2016-ne-pas-sentraineraux-tirs-au-but-une-erreur-des-bleus-2791987

Robazza, C., Bortoli, L., Nougier, V. (1998). Physiological arousal and performance in elite archers: A field study. *European Psychologist*, 3(4), 263-270.

Roberts, J. C. (2009). Bouncers and barroom aggression: A review of the research. *Aggression and Violent Behavior*, 14(1), 59–68. https://doi.org/10.1016/j.avb.2008.10.002

Rogers, T. J., Alderman, B. L., Landers, D. M. (2003). Effects of life-event stress and hardiness on peripheral vision in a real-life stress situation. *Behavioral Medicine*, 29(1), 21–26.

Rohleder, N., Beulen, S. E., Chen, E., Wolf, J. M., Kirschbaum, C. (2007). Stress on the dance floor: The cortisol stress response to social-evaluative threat in competitive ballroom dancers. *Personality and Social Psychology Bulletin*, 33(1), 69-84. https://doi.org/10.1177/0146167206293986

Rosing, F., Boer, D. (2022). When timing is key: How autocratic and democratic leadership relate to follower trust in emergency contexts. *Frontiers in Psychology*, 13, 904605.

Rotella, R. J., Lerner, J. D. (1993). Responding to competitive pressure. In: R. N. Singer, M. Murphy, L. K. Tennant (Hsg.), *Handbook of research on sport psychology*. (S. 528–541). Macmillan.

Roth, A.M., Reig, S., Bhatt, U., Shulgach, J., Amin, T., Doryab, A., Fang, F., Veloso, M. (2019). A robot's expressive language affects human strategy and perceptions in a competitive game. *IEEE International Workshop on Robot and Human Communication* (ROMAN).

Rupprecht, A. G. O., Tran, U. S., Gröpel, P. (2021). The effectiveness of pre-performance routines in sports: A meta-analysis. *International Review of Sport and Exercise Psychology*. https://doi.org/10.1080/1750984X.2021.1944271

Rudi, N., Olivares, M., Shetty, A. (2020). Ordering sequential competitions to reduce order relevance: Soccer penalty shootouts. *PLOS ONE*. https://doi.org/10.1371/journal.pone.0243786

Russell, G., Lightman, S. (2019). The human stress response. *Nature Reviews Endocrinology*, 15(9), 525-534. https://doi.org/10.1038/s41574-019-0228-0

Russo, S. J., Murrough, J. W., Han, M. H., Charney, D. S., Nestler, E. J. (2012). Neurobiology of resilience. *Nature Neuroscience*, 15(11), 1475–1484. https://doi.org/10.1038/nn.3234

Santos, R. M. (2023). Effects of psychological pressure on first-mover advantage in competitive environments: Evidence from penalty shootouts. *Contemporary Economic Policy*, 41(2), 354–369.

Sarkar, M., Fletcher, D., Brown, D. J. (2015). What doesn't kill me…: Adversity-related experiences are vital in the development of superior Olympic performance. *Journal of Science and Medicine in Sport*, 18(4), 475–479.

Savage, J., Collins, D., Cruickshank, A. (2017). Exploring traumas in the development of talent: What are they, what do they do, and what do they require? *Journal of Applied Sport Psychology*, 29(1), 101–117.

Senju, A., Johnson, M. H. (2009). The eye contact effect: mechanisms and development. *Trends in Cognitive Sciences*, 13(3), 127–134.

Shields, G. S., Sazma, M. A., Yonelinas, A. P. (2016). The effects of acute stress on core executive functions: A meta-analysis and comparison with cortisol. *Neuroscience and Biobehavioral Reviews*, 68, 651-668. https://doi.org/10.1016/j.neubiorev.2016.06.038

Sky Sports (23. Dezember 2009). Capello knows penalty takers. Sky Sports. https://www.skysports.com/football/news/12016/5794402/capello-knows-penalty-takers

Sky Sport Austria (28. Oktober 2019). Salzburg holte gegen Rapid »ganz wichtige« drei Punkte. Skysportaustria. https://www.skysportaustria.at/salzburg-holte-gegen-rapid-ganz-wichtige-drei-punkte/

Slutter, M. W., Thammasan, N., Poel, M. (2021). Exploring the brain activity related to missing penalty kicks: an fNIRS study. *Frontiers in Computer Science*, 3(32). https://doi.org/10.3389/fcomp.2021.661466

Soccer Illustrated (1994). 1994 FIFA World Cup… by the numbers. *Soccer Illustrated.* https://www.rsssf.org/wk94/numbers.html

Southgate, G., Woodman, A., Walsh, D. (2003). *Woody and Nord: A football friendship.* Michael Joseph.

Sports Illustrated (13. Februar 2012). Fine art of the free throw distraction. *Sports Illustrated.* https://www.si.com/college/2012/02/13/13fine-art-of-the-freethrow-distraction#gid=ci0255c94190042515&pid=utah-state-fans

Stein, M. (1997). *Chris Waddle: The authorised biography.* Simon & Schuster.

Stephenson, M. D., Schram, B., Canetti, E. F. D., Orr, R. (2022). Effects of acute stress on psychophysiology in armed tactical occupations: A narrative review. *International Journal of Environmental Research and Public Health* 19, 1802. https://doi.org/10.3390/ijerph19031802

Stoker, M., Lindsay, P., Butt, J., Bawden, M. Maynard, I. (2016). Elite coaches' experiences of creating pressure training environments for performance enhancement. *International Journal of Sport Psychology,* 47(3), 262-281.

Story, G. (2014). Anticipating pain is worse than feeling it. *Harvard Business Review.*

Svenson, O. (1981). Are we all less risky and more skillful than our fellow drivers? *Acta Psychologica,* 47(2), 143–148. https://doi.org/10.1016/0001-6918(81)90005-6

Taleb, N. N. (2012). *Antifragile: Things that gain from disorder.* Allen Lane.

Taleb, N. N. (2013). *Antifragilität: Anleitung für eine Welt, die wir nicht verstehen.* Knaus.

Talk SPORT (29. Juni 2021). José Mourinho REVEALS the secrets behind Harry Kane's penalty technique. [Video]. YouTube. https://www.youtube.com/watch?v=5wPZmXQ8lwY

Tartaglione, N. (2022). *World Cup ratings: Epic final sets all-time viewing record in France.* Deadline. https://deadline.com/2022/12/world-cup-ratings-final-all-timeviewing-record-france-tf1-1235202220/

Tembah (10. Mai 2023). Argentina coach Scaloni reveals the change in Argentina's style! https://tembah.net/en/news?nid=32126

Tracy, J. L., Mercadante, E., Hohm, I. (2023). Pride: The emotional foundation of social rank attainment. *Annual Review of Psychology,* 74(1), 519–545. https://doi.org/10.1146/annurev-psych-032720-040321

Tribuna (2019). Maradona fumes about Argentina coach Scaloni: Messi's return comforts me, but where's Aguero? https://tribuna.com/en/news/fcbarcelona-2020-03-06-maradona-fumes-about-argentina-coach-scaloni-messis-return-comforts-me-but-wheres-aguero/?utm_source=copy

Uchino, B. N., Garvey, T. S. (1997). The availability of social support reduces cardiovascular reactivity to acute psychological stress. *Journal of Behavioral Medicine,* 20(1), 15–27. https://doi.org/10.1023/A:1025583012283

UEFA (2021). UEFA EURO 2020 impresses with 5.2 billion cumulative global live audience. UEFA. https://www.uefa.com/insideuefa/news/026d-132519672495-56a014558e80-1000--uefa-euro-2020-impresses-with-5-2-billion-cumulative-globa/

Van de Vooren, J. (2006). Het verbrande penaltyboekje van Reker. https://www.nu.nl/jurryt/769085/het-verbrande-penaltyboekje-van-reker.html

Van den Nieuwenhof, F. (2006). *Hiddink: Dit is mijn wereld.* Eindhoven DeBoeken Makers.

Van der Kamp, J., Savelsbergh, G. J. P. (2014). *Duel in de zestien. De penalty wetenschappelijk ontleed.* 2010 Uitgevers.

Van der Steen, H. (2004). *Penalty. Het trauma van Oranje.*

Van Yperen, N. W. (2009). Why some make it and others do not: Identifying psychological factors that predict career success in professional adult soccer. *The Sport Psychologist,* 23(3), 317–329.

Veldkamp, J., Koning, R. H. (2023). Waiting to score. Conversion probability and the video assistant referee (VAR) in football penalty kicks. *Journal of Sports Sciences,* 41(18), 1692–1700. https://doi.org/10.1080/02640414.2023.2292893

Vergouw, G. S. (2000). *De strafschop: zoektocht naar de ultieme penalty.* Funsultancy.

Vickers J. N. (1996). Visual control when aiming at a far target. *Journal of Experimental Psychology.* Human perception and performance, 22(2), 342–354. https://doi.org/10.1037//0096-1523.22.2.342

Victor, J.M. (8. Dezember 2022). Scaloni: »¿Pensar ahora en penales? Eso es de mediocres«. ArgentinaAS. https://argentina.as.com/futbol/scaloni-pensar-ahora-en-penales-eso-es-de-mediocres-n/

Vignolo, S. (Produzent). (2023). *Campeones, un año después* [TV-Serie]. Star+.

Vollmer, S., Schoch, D., Brandes, U. (2023). Penalty shootouts are tough, but the alternating order is fair. *Arxiv.* https://doi.org/10.48550/arXiv.2310.04797

Vroom, V. H., Yetton, P. W. (1973). *Leadership and decision-making* (Vol. 110). University of Pittsburgh Press.

Wang, H., Liang, L., Cai, P., Zhao, J., Guo, L., Ma, H. (2020). Associations of cardiovascular disease morbidity and mortality in the populations watching major football tournaments: A systematic review and meta-analysis of observational studies. *Medicine,* 99(12).

Watzlawick, P., Beavin, J. H., Jackson, D. D. (1967). *Pragmatics of human communication: Study of interactional patterns, pathologies and paradoxes.* WW Norton.

Wegner, D. M., Ansfield, M., Pilloff, D. (1998). The putt and the pendulum: Ironic effects of mental control in action. *Psychological Science,* 9(3), 196–199.

Weick, K. E., Sutcliffe, K. M. (2007). *Managing the unexpected: Resilient performance in an age of uncertainty* (2. Ausg.). Jossey-Bass.

Weigelt, M., Memmert, D. (2012). Goal-side selection in soccer penalty kicking when viewing natural scenes. *Frontiers in Psychology,* 3, 312. https://doi.org/10.3389/fpsyg.2012.00312

Weigelt, M., Memmert, D., Schack, T. (2012). Kick it like Ballack: The effects of goalkeeping gestures on goal-side selection in experienced soccer players and soccer novices. *Journal of Cognitive Psychology*, 24(8), 942–956. https://doi.org/10.1080/20445911.2012.719494

White, J., Murphy, D. (2023). talkSport. [Radio]. talkSPORT. https://twitter.com/talkSPORT/status/1414533241835458568?s=20

Wilbert-Lampen, U., Leistner, D., Greven, S., Pohl, T., Sper, S., Völker, C., Güthlin, D., Plasse, A., Knez, A., Küchenhoff, H., Steinbeck, G. (2008). Cardiovascular events during World Cup soccer. *The New England Journal of Medicine*, 358(5), 475–483. https://doi.org/10.1056/NEJMoa0707427

Wilson, M. R., Richards, H. (2011). Putting it together: Skills for pressure performance. In: D. Collins, A. Button, H. Richards (Hsg.), *Performance psychology: A practitioner's guide* (S. 337–360). Churchill.

Wilson, M. R., Vine, S. J., Wood, G. (2009). The influence of anxiety on visual attentional control in basketball free throw shooting. *Journal of Sport & Exercise Psychology*, 31(2), 152–168. https://doi.org/10.1123/jsep.31.2.152

Witte, D. R., Bots, M. L., Hoes, W. W., Grobbee, D. E. (2000), Cardiovascular mortality in Dutch men during 1996 European football championship: Longitudinal population study. *British Medical Journal*, 321, 1552-1554.

Wolfers, J. (13. Februar 2015). How Arizona State reinvented free-throw distraction. *The New York Times*. https://www.nytimes.com/2015/02/14/upshot/how-arizona-state-reinvented-free-throw-distraction.html

Wood, G., Wilson, M. R. (2010). A moving goalkeeper distracts penalty takers and impairs shooting accuracy. *Journal of Sports Sciences*, 28(9), 937–946. https://doi.org/10.1080/02640414.2010.495995

WorldRugby (2021). Amazing and nail biting World Cup conversions! [Video]. Youtube. https://www.youtube.com/watch?v=nJheKNA8C8M

Wunderlich, F., Berge, F., Memmert, D., Rein, R. (2020). Almost a lottery: The influence of team strength on success in penalty shootouts. *International Journal of Performance Analysis in Sport*, 20(5).

Yip, J. A., Schweitzer, M. E., Nurmohamed, S. (2018). Trash-talking: Competitive incivility motivates rivalry, performance, and unethical behavior. *Organizational Behavior and Human Decision Processes*, 144, 125–144. https://doi.org/10.1016/j.obhdp.2017.06.002

Yomiuri (2023). https://www.yomiuri.co.jp/sports/soccer/worldcup/20230219-OYT1T50076/

FSC
www.fsc.org
MIX
Papier | Fördert gute Waldnutzung
FSC® C083411

Das bei der Produktion dieses Buches entstandene CO_2
wurde durch die Finanzierung von Klimaschutzprojekten kompensiert:
climate-id.com/17531-2110-1001/de

Die englische Originalausgabe erschien 2024 unter dem Titel ›Pressure‹
bei New River Books, London.

International Rights Management:
Susanna Lea Associates on behalf of New River Books

1. Auflage 2024

Übersetzung: Ulrike Becker, Sven Dörper, Thomas Wollermann
Umschlaggestaltung: Lübbeke Naumann Thoben, Köln
Satz: Fagott, Ffm
Gesetzt aus der Albertina MT Pro
Druck und Verarbeitung: CPI books GmbH, Leck
Gedruckt auf säurefreiem und chlorfrei gebleichtem Papier
Printed in Germany
ISBN 978-3-7558-0020-0

www.dumont-buchverlag.de